教育文献信息资源建设
2020年

张　伟　刘宝卿　主编

华中师范大学出版社
2022年·武汉

新出图证（鄂）字 10 号

图书在版编目（CIP）数据

教育文献信息资源建设 2020 年/张伟，刘宝卿主编. —武汉：华中师范大学出版社，2021.1

ISBN 978-7-5622-9300-2

Ⅰ. ①教…　Ⅱ. ①张…　②刘…　Ⅲ. ①院校图书馆—文献资源建设—文集　Ⅳ. ①G258.6-53

中国版本图书馆 CIP 数据核字（2021）第 016788 号

教育文献信息资源建设 2020 年

©张　伟　刘宝卿　主编

责任编辑：廖国春　　**责任校对：**童　雯　　**封面设计：**罗明波

编 辑 室：综合编辑室　　**电　　话：**027-67867370

出版发行：华中师范大学出版社有限责任公司

社　　址：湖北省武汉市珞喻路 152 号　　**邮　　编：**430079

电　　话：027-67863426/3280（发行部）　027-67861321（邮购）

传　　真：027-67863291

网　　址：http://press.ccnu.edu.cn　　**电子信箱：**press@mail.ccnu.edu.cn

印　　刷：湖北恒泰印务有限公司　　**督　　印：**刘　敏

字　　数：278 千字

开　　本：710mm×1000mm　1/16　　**印　　张：**15.5

版　　次：2022 年 5 月第 1 版　　**印　　次：**2022 年 5 月第 1 次印刷

定　　价：58.00 元

欢迎上网查询、购书

不忘服务初心　勇担抗疫使命

（代序）

2020年春节期间，一场人类史上绝无仅有的新型冠状病毒肺炎席卷了中华大地。在这场没有硝烟的疫情阻击战中，华中师范大学图书馆在校党委和行政的坚强领导下主动应战，积极作为，一方面按上级要求全力抓实抓细抓好单位的疫情防控工作；另一方面着力线上资源供给保障，为广大师生提供线上文献及信息资源服务，做到闭馆不闭资源，闭馆不闭服务，为全校师生线上教学、科研保驾护航，不仅赢得了疫情防控的主动权，取得了疫情防控成效，而且赢得了各级领导的认可和师生们的信赖，为学校打赢疫情防控阻击战，保证学校事业可持续发展做出了应有贡献。

疫情就是军令，防疫就是战斗。自2020年1月23日武汉封城开始，面对在岗职工及离退休老同志防疫、救治需求，面对师生最关心的文献资源利用需求，图书馆第一时间做出应急反应，提前谋划，周密布置：1月27日，图书馆通过官方网站、微信公众号，对外发布《关于推迟开馆的通告》，一方面明确推迟春季开馆时间；另一方面本着以读者为本的原则，对疫情期间因推迟开馆导致超期的图书一律不做超期处罚。1月30日，图书馆及时召开馆领导班子集体视频会议，一方面学习、传达各级疫情防控的通知精神；另一方面迅速成立单位疫情防控应急领导小组，全面领导单位疫情防控工作，制定单位疫情防控应急方案，依据疫情及单位实际组建了疫情监控组、线上资源组织组、线上技术服务保障组、线上参考咨询组、线上教学及培训组、舆情监控与宣传组、疫情应急救助组、抗疫物资保障组8个工作小组，明确各自工作任务，全力以赴做好疫情防控工作。

疫情无情，人间有爱。在这场轰轰烈烈的疫情阻击战中，我们全体图书馆人同舟共济、众志成城，体现出了应有的责任与担当，为学校最终取得疫情防控阶段性成果做出了应有的贡献。疫情期间，图书馆疫情监控组、应急救助组及抗疫物资保障组在各负责馆领导的组织和领导下各就各位，既明确分工又团结协作，抓细抓实抓好单位的疫情监控、离退休老同志生活救助、单位抗疫物资采购和争取工作，确保了单位疫情防控工作高效有序运行。自2月5日学校组建华中师范大学疫情防控应急队到4月8日武汉解禁的60多个日子里，馆领导率领多名在汉在校的干部职工踊跃报名，逆行而上，从老同志的衣食住行到日常生活必需品再到医药卫生，全力为在校离退休老同志提供应急救助服务。2月6日，图书馆博物馆党总支本着自愿原则为学校疫情防控捐赠特殊党费，有39名党员参与。3月3日，校党委组织部号召全校党员缴纳特殊党费，我馆又有31名党员参与，先后累计40余名党员70余人次参与，累计缴纳特殊党费16300元。不少滞留在外地的老师，在疫情初期自觉服从并主动配合地方疫情防控要求，在家隔离，在疫情后期主动加入所在地防疫志愿服务队，为所在地居民提供志愿服务。在以习近平同志为核心的党中央的坚强领导和正确决策下，经过70余日艰苦卓绝的战斗，中国人民终于赢得了新冠病毒肺炎阻击战的初步胜利，我校也取得了疫情防控阶段性成果。

文献及信息资源服务是图书馆的立馆之本。过去图书馆更多地关注读者到馆服务，关注线下的服务，如今面对突如其来的疫情，图书馆不得不按疫情防控要求闭馆，全面停止线下实体服务。如何保证闭馆不闭资源，闭馆不闭服务，需要我们图书馆转变服务方式，变线下服务为线上服务，并保证图书馆各项业务及服务在线上规范有序展开。疫情期间，资源组织组、线上技术服务保障组、线上参考咨询组、线上教学及培训组在馆领导的领导下，以微信、微博为主阵地，以馆员多年工作中建立的院系工作QQ群、学科服务群为抓手，为师生提供以下线上服务：一是全体学科馆员线上办公，依托院系学科服务QQ群、华中师范大学文献互助群直接对接师生的需求，师生不会查的文献、查不到的文献，只要在群中提供标题，学科馆员就会及时进行查询；二是加大线上文献及信息资源保障及线上资源使用的推广力度——自2月5日起，每天向师生们推送一条微信消息，从新冠病毒知识的普及到疫情研究科普类文献，从免费学术资源汇总到VPN的使用，从线上课堂开设及教学组织到微信、微博后台读者咨询服务，从毕业生毕业论文写作格式到文献综述撰写，最大限度地满足师生们的各种需求；三是动员用户信息素养教师队伍克服人在外地的困难，积极响应本科生院对于疫情防控时期本科教育教学工作的通知，通过云课堂、QQ群、在线直播、重难点内容展示等方式，为本科生开设文献信息检索与利用线上通识课及核心通识课，最大限度满足师生文献获取、信息素养需求。武汉方舱医院建成后，图书馆又为方舱医院捐赠图书1212册，给患者们带去精神食粮。

图书馆既是学校的文献及信息资源保障中心，也是校园文化建设的重要平台，还是社会文化建设的引领高地。疫情期间，除了基本的文献及信息资源保障外，图书馆组织阅读推广团队精心策划系列线上活动：从诵读大赛、检索大赛到校领导芸窗共读领读活动，从悦读之星读书演讲展示到“‘宅在家中抗疫的日子’——华中师范大学战疫征文”活动。师生可将疫情期间自己的所见所闻、所思所想，以文章、书信、摄影、海报等形式在线上呈现出来。这一系列线上活动的开展，既缓解了师生对疫情的恐慌，又丰富了疫情期间师生们的文化生活；既展示了疫情期间读者的心路历程，又成了馆员和读者的共同记忆，成为华师人弥久珍藏的档案史料。

自疫情暴发以来，图书馆（博物馆）上至领导班子集体，下至各部室中心主任、一般馆员、办公室工作人员，他们逆行而上，一方面服从学校的统一调遣，参加学校整体疫情防控工作；另一方面他们善作善为，周密布置单位疫情防控及线上资源服务保障工作，既全力抓细抓实抓好单位疫情防控工作，为单位职工、家属、遗属提供救助服务，又密切协作，全方位保证疫情期间师生线上资源需求及教学、科研需要，经受住了这次突发事件的考验，彰显了图书馆的应急服务能力。

为了应对后疫情时代图书馆复馆，图书馆领导班子集体团结带领全体员工，按疫情防控常态化要求，自 4 月 8 日武汉解禁后便着手应对主馆（桂子山）复馆及南湖馆开馆工作。为此图书馆疫情应急领导小组一方面制定并推出图书馆复馆方案；另一方面按疫情常态化防控要求，组织专业队伍对主馆分三步进行消杀：第一步对主馆中央空调内循环系统进行消杀，第二步对主馆所有阅览室及书库进行空气消杀，第三步对主馆大厅、报告厅、会议室、研讨间、卫生间、楼梯间、电梯间、走廊及过道进行消杀，确保主馆符合疫情防控要求。与此同时，组织南湖分馆团队，一方面与主馆同步按疫情常态化防控要求对南湖分馆进行防控物质准备；另一方面与学校相关职能部门对接，为南湖新馆开馆做好思想上、物质上、条件上的保障准备，以保障南湖校区师生教学、科研需要。正是因为图书馆谋事在前，全程全方位全领域抓实抓细抓好疫情防控，做好了疫期、疫后各种应急预案，也做细做实做好了疫情常态化防控准备，才保证了主馆及南湖分馆在学校复学时如期对读者开放，为学校事业可持续发展做出了应有贡献。

2011 年，美国 Alfred 大学的图书馆馆员 Brian T. Sullivan 发表了《2050 年大学图书馆实践报告》，再次引发了业界对图书馆未来发展的忧虑。此次疫情，让我们经历了他所说的让大学图书馆“消亡”的环境。疫情是危机，也是契机，2020 年的这场疫情突发事件带给图书馆人的触动是全方位的、多元化的，从疫情防控时期的线上服务，到疫情防控成为常态化，再到后疫情时代图书馆管理与服务，图书馆的应急服务体系、信息咨询与参考服务、信息分析与推送、决策服务与决策支持、信息素养教育、线上阅读推广等，都需要进行新的探索与创新。我们图书馆人既要不忘自己的初心，增强自身责任感和使命感，又要牢记自己的服务使命，增强忧患意识、危机意识和竞争意识，增强自己的应对能力，在数字化环境中彰显图书馆新的价值和地位。

所幸，此次疫情全方位应对也让我们看到了图书馆顽强的生命力。正是因为有了这样的生命力，我很欣喜地看到，我们的馆员也结合平时的工作，从不同视角对后疫情时代图书馆管理服务与创新进行主动思考，提出一些积极应对的对策和方案。为此，我们结合馆员2年来的科研积累，组织出版《教育文献信息资源建设2020年》一书。期望本书的出版，能进一步推动全体馆员的服务意识、进取意识和创新意识，进而推进我校图书馆事业可持续发展。

目　录

后疫情时代高校图书馆服务新要求

洪 星

（华中师范大学图书馆，武汉，430079）

【摘 要】2020 年新冠肺炎疫情期间，高校师生表现出对图书馆电子资源更加依赖，对图书馆员更加信任，对图书馆文献信息服务需求更加多样化等新特点，使得高校图书馆服务从内容到形式发生了重大变化。进入后疫情时代，高校图书馆应该对电子资源组织结构进行重构，更加积极运用现代技术保障优质服务，更加主动为科研团队提供精准文献资源服务，以适应读者对文献信息服务的新要求。

【关键词】后疫情时代　高校图书馆　文献服务

2020 年的世界因新冠肺炎疫情暴发而变得不一样了。全社会的各个方面，包括政治、经济、文化、教育、生活都发生了很大的变化。高校图书馆服务从内容到形式也进行了重大调整，充分利用现代信息技术开展疫情期间的文献信息服务成为全国同行的不二选择。2020 年 6 月 16 日，习近平主席同塔吉克斯坦总统拉赫蒙通电话时，提到“后疫情时代”一词。时隔 6 天，在以视频方式会见欧洲理事会主席米歇尔和欧盟委员会主席冯德莱恩时，习近平再次提出“推动‘后疫情时代’中欧关系更加稳健成熟”[1]。无论疫情何时结束，我们正处在后疫情时代[2]。此时，利用现代信息技术重建高校图书馆服务体系，是后疫情时代对我们提出的新要求，也是我们面临的巨大的挑战。运用现代信息技术重建高校图书馆服务体系，不是特殊时期的权宜之计，也不是疫情结束后的补充形式，而是新时代高校图书馆顺应世界变化的主动适应行为，是后疫情时代图书馆建设的发展方向。

1　疫情期间，图书馆读者的新变化

突如其来的新冠肺炎疫情，让图书馆和读者都有点措手不及。疫情期间，各学校迅速开启“停课不停教，停课不停学，停课不停研”的线上教学和科研模式。只要不停止教学、科研，师生就会对文献信息有需求，而且因无法到图书馆，纸本文献的查找获取受限，对图书馆的电子资源需求比以往更多。

1.1　新冠肺炎疫情下读者需求的变化——依赖电子资源

据淘宝公布的数据，2020 年 2 月该平台新开直播的商家数环比增长 719%，每天有约 3 万新的直播商家入驻。直播商家的订单总量平均每周以 20%的速度增长，成交金额跟 2019 年同期相比翻倍[3]。人们的生活方式发生了巨大改变，以前一直拒绝网购的中老年人也都开始学着网上购物了。疫情期间，人们对电子资源的需求明显上升。就连平日里不太习惯看电子书、电子文献的读者，因为不能亲临图书馆，借不到纸质图书，不能查阅馆藏纸本文献，也纷纷转向电子资源。因此，师生对文献信息资源的需求，大多数都要依赖电子资源。

1.2　新冠肺炎疫情下读者对图书馆馆员的新认识——信任馆员

疫情期间，读者需要的报刊论文主要从图书馆购买的数据库中获取。有些资料，如图书等纸质文献资料，网上搜索无果。特别是很多要写博士学位论文的学生，他们原计划只在家待几天，过年后就回学校，原来收集整理的资料，包括优盘，甚至电脑和书刊都放在学校。因此，疫情期间，他们非常需要重新获得这些资料。还有的读者，在家中使用数据库时遇到各种问题，无法访问或者无法下载等。在疫情期间，很多读者会向图书馆馆员提请帮助。图书馆馆员通过自身对数据库的了解以及熟练的检索技能，帮助读者找到网上资源。对于纸质文献则将读者需要的图书章节扫描或拍照后再线上传递给读者。

1.3　新冠肺炎疫情下读者对线上图书馆利用有了新要求——拓展线上扩容

疫情没有阻断师生的教学、科研，他们对图书馆的需求更多。师生的各种检索需求由原来的线下面对面的交流沟通转为 QQ 群、微信群、电话沟通。网络那一边的师生在使用图书馆过程中，遇到如数据库无法正常访问、掉线、卡顿，找到的资料无法正常下载等问题，均需在线解答、指导操作。毕业生论文需要查重，找工作需要查收查引，研究生办理毕业手续需要提交硕士、博士学位论文等，都转为线上沟通、传递文件，在线为读者服务。

2　后疫情时代，读者对图书馆的新要求

疫情暴发初期，图书馆积极推出线上资源 VPN 使用、数据库培训、图书章节的文献传递、网上检索服务等。线上服务除了往常的咨询平台，还迅速建立了各种专项服务 QQ 群、微信群，公布对口服务电话，及时回复公众号的留言等。同时开设线上文献信息检索课、线上阅读推广活动等。图书馆在疫情期间快速转战线上，这些举措都取得了积极的效果。

疫情结束之后，图书馆可以正常开放，纸质版图书也可以正常借阅。但是

这时候，读者需求已经发生了变化，同时他们获取信息的方式也发生了改变。这种改变会延续，读者已经习惯了获取电子资源，他们不再热衷于去图书馆或者说去图书馆借阅很多的纸质资源，读者收集文献和利用文献的方式已经发生了变化。

2.1　对电子资源有更多的需求

后疫情时代，读者对电子资源的需求更加旺盛，相比较对其他的纸质实体性文献资源的需求，呈现一高一低的态势。

读者对电子资源的旺盛需求，一方面在对数据库的需求量继续加大，另一方面对馆藏纸本图书的电子化有更多要求。

2.2　图书馆资源检索利用更便捷

（1）电子资源访问顺畅

读者在使用图书馆的数据库时，需要访问顺畅，要将网站无法打开或卡顿延迟等情况降至最少。

（2）问题咨询、专项需求一站式完成

读者的问题咨询、专项需求，能够在线上及时得到解决。随着图书馆专业化程度的提高，分工也越来越细。读者的咨询的回复速度、专项需求完成的时长还不尽如人意。咨询台馆员不是万能的，对于不确定的问题及需求要几经周转才到达对口馆员，得到解决，时间较长。读者需要的是通过图书馆的服务系统一站式完成提交，快速得到解决。

在对电子资源、线上服务越来越依赖的后疫情时代，线上体验感的好坏直接影响到读者的满意度，影响到读者的流失量。

2.3　助力科研团队提供文献支持

疫情期间，图书馆在为院系课题组提供文献信息资源服务过程中，得到了师生一定的认可。我们知道，科研人员投入查检资料的时间和精力越多，投入研究当中的时间和精力必定会减少。在后疫情时代，科研人员对图书馆提供文献信息资源服务的需求将会更大。图书馆为重大项目提供专门的点对点的文献资源服务，协助科研人员寻找文献资源，可以减少科研人员辗转于各种网站、各类数据库查阅资料的时间。

3　后疫情时代，高校图书馆服务的新变化

在后疫情时代，图书馆要适应读者的要求，顺势而为，乘风破浪。顺应读者已经习惯的网上获取文献信息的趋势，珍惜读者在疫情期间培养起来的对馆员的依靠与信任，将网络服务变得更顺畅、便捷，更适应师生的实际需要。图

书馆的网络服务应从辅助业务走向重要业务。开展线上服务和线上资源保障，是图书馆未来的发展趋势和我们更应该重视的方向。图书馆在提升服务韧性的同时更要设法提高师生对图书馆服务的黏性[4]。具体来说主要有三个方面：

3.1 电子资源组织结构的重构

后疫情时代，读者对线上资源的需求越来越大已是不争的事实。一方面，图书馆要购买读者需要的数据库；另一方面，图书馆要积极推进读者需要的图书电子化，为读者提供图书部分章节的电子版。电子资源的建设将成为图书馆文献资源建设的一个重点。图书的电子化，特别要注重具有本馆特色的纸质文献的电子化。读者对线上文献资源获取方式的简便性有更高要求，图书馆需要重新设计和建构服务平台。不能简单地把一些数据库购买之后，就挂一个链接，而要通过现代技术手段，搭建一个建构在各类电子资源基础上的多库检索的综合性服务平台，把馆藏资源通过构建高效服务平台，进行深度开发与利用。

购买数据库需要大量资金，而高校图书馆的图书经费是有限的。因此，图书馆还应重视对已有资源的主动推介，形成一个有针对性的、系统的推介体系。图书馆开展文献资源保障的基础工作之一就是要让已经拥有的大量文献资源，为读者所知所用。目前，无论是阅读，还是为教学、科研收集资料，读者已经越来越习惯于线上获取资源，图书馆理应更加重视线上的资源推广，制订出资源推广计划，分步骤、有目的、适时推出资源，为学校的教学计划、科研发展各个阶段的需求开展系列资源推广活动。

3.2 用现代技术保障优质服务

我们要与图书馆的现代技术一起成长，而不是对立。图书馆馆员应主动学习，跟上现代技术发展的节奏，能向未来的要求不断靠近，而不被快速发展的时代淘汰，让自己更为熟悉与图书馆相关的现代技术，让现代技术为我所用，将现代技术的挑战视作发展自我的机遇。

（1）确保电子资源的有效访问

图书馆的数据库很多，它们的网络链接情况不尽相同，经常出现网站无法打开或卡顿延迟等情况。传统的人工检测，费时、费力，持续性差，时常有读者反映数据库无法访问。因此，图书馆要利用现代技术手段开发网站及服务器的自动检测系统，发现数据库无法访问及时反馈给系统维护人员，确保数据库网站及服务器 24 小时有效访问[5]。

（2）建设线上服务管理平台

为读者的专项需求提供服务，让读者需求网上一站式提交。读者论文的收录证明、论文查重、硕士和博士学位论文提交以及文献传递等服务，均可通过线上服务管理平台进行。由系统自动按类型筛选，分别将需求通知到相关馆员，馆员处理后，通过系统及时将结果反馈至读者。同一入口解决多种专项需求，可以提高读者的线上体验感。

(3) 网上智能咨询解答

疫情期间，图书馆为读者提供资源使用在线支持。通过建立各种微信群，与读者保持直接的联系，并提供在线服务。在这些微信群里，读者的提问大部分都是简单的如图书超期、还书方式，稍专业的如涉及 VPN 使用以及数据库的登录、下载等问题。回答这些问题都需要时间。特别是回答大量简单的问题，占用了专业馆员大量的时间，解答专业问题的时间就有限了。如果得不到及时的回复，或者解决不了问题，可能会让读者对数据库的使用失去兴趣，对图书馆的服务不再满意。因此，图书馆自行开发或与公司合作设计咨询解答机器人，那些简单的常规性咨询问题，可由机器人回答。这样，既有规范性、准确性，又可取代一些重复性工作。同时，专业馆员可以有更多的精力更好地解答那些专业问题，让读者在利用图书馆资源的过程中，有地方问问题，有及时的回复，有在线的协助，这将大大提升图书馆资源服务的层次和内涵，从而保障读者对图书馆的刚性需求。

3.3 为科研团队提供精准文献资源服务

后疫情时代，图书馆应深入开展符合读者需求的科研支持服务。图书馆馆员要针对读者的需求为课题组提供文献资源保障服务。馆员应该更加主动地介入一些重大的研究项目当中，实现图书馆馆员与科研团队的一种实质性的融合。也就是说，图书馆要为重大项目提供专门的点对点的文献资源服务。

成立为学院、系所重大科研项目提供文献资源保障服务的团队。团队成员由咨询部、文献建设部、流通部和网络部的馆员组成。

建立专项课题沟通平台，可以是 QQ 群、微信群，与科研项目师生保持顺畅的联系，实时解答师生咨询问题。小组成员从课题申报、立项、科研一直到结项，要参与课题的讨论、调研、汇报等活动，在不同的阶段提供不同的文献支持。申报阶段，利用对馆藏和网络信息资源的检索和查找，将与课题有关的文献资料等收集、加工、整理后提供给课题组，帮助科研用户组织申报课题。在研阶段，关注、了解和研究该课题在国内外的进展情况、学术发展动向、最新研究动态等，并收集相关的信息，为课题提供参考，补充课题所需的材料。结项后，整理相关资料，存档建库。

图书馆在提供这种专业的精准的文献资源服务的时候，需要团队通力合作。对于馆员的要求是提高信息素养，既要有文献检索能力，又要掌握现代信息技术，协助科研人员寻找文献信息资源。

即使没有疫情的冲击，资源电子化、服务智能化也是图书馆的大势所趋。此次疫情加速了这一进程。图书馆应抓住这一机会，利用图书馆丰富的文献资源和专业人才，通过现代技术手段满足读者要求，向数字化、智能化服务全速前进。

参考文献：

[1] 吴刚，等. 推动中欧关系迈上新台阶——习近平主席视频会见欧盟领导人时关于发展中欧关系的重要主张引发国际社会热烈反响［N］. 人民日报，2020-06-26（3）.

[2] 赵英臣. 后疫情时代的全球化重塑［J］. 山西师大学报（社会科学版），2020，47（4）：89-94.

[3] 李嘉宝. “直播经济”加速向我们走来［N］. 人民日报海外版，2020-03-16（8）.

[4] 王世伟. 深化人工智能与图书馆更新的若干问题——再论人工智能与图书馆更新［J］. 图书与情报，2020（3）：93-103.

[5] 周琼，欧阳剑. 全面线上教学期间上海外国语大学图书馆的服务及对策［J］. 高校图书馆工作，2020（3）：75-78.

后疫情时期高校图书馆文献资源建设

武　彬　黄　杰

（华中师范大学图书馆，武汉，430079）

【摘　要】疫情以来，我们都经历了特殊的生活方式，广大师生的学习、科研也遇到了不少新问题，学校教学模式也发生了重大变化，图书馆服务模式也必然要随着环境的变化而创新服务手段，利用现代信息服务技术进行线上服务是主流。随着我国疫情防控取得了决定性的胜利，人们的生活、学习和工作逐步恢复正常，图书馆各项工作也逐渐步入正轨，但疫情带来的影响也逐渐显现出来，首先是国家财政税收的减少，为此，国家实行了许多财政税收政策，在这种情况下，各高校图书馆经费将会有所削减。那么，如何为线上教学的顺利开展提供有力的文献保障，这就是后疫情时期图书馆文献资源建设所面临的问题。

【关键词】疫情　高校图书馆　文献资源建设

突如其来的新冠疫情，曾一度令学校停课、工厂停工、物流中断、实体店客流锐减，一切社会活动仿佛停摆，疫情的突发对国民经济、行业发展和人们生活等均产生较大影响，同样，对图书馆事业也造成了一定的冲击。当下，全国上下共同抗击疫情，采取多种措施避免因疫情带来的各种影响，在全国人民的共同努力下，疫情得到有效的控制，遭受重创的行业正努力从危机中走出来，逐步恢复生机。

在高校，按照党中央、国务院统一部署和教育部"开学不返校，停课不停教"要求的原则，各高校全面开展线上教学。在此大背景下，各高校图书馆努力创造条件、开拓创新，积极探索疫情时期读者服务新方式，持续强化线上服务，为师生的教学、科研活动提供数字文献资源保障。从文献传递服务、参考咨询服务、阅读推广服务等方面构建图书馆在线服务保障体系，为满足特殊时期师生对图书馆服务的需求，为线上教学的顺利开展提供了有力的文献保障。

随着我国疫情防控取得了决定性的胜利，人们的生活、学习和工作逐步恢复正常，图书馆各项工作也逐渐步入正轨，但疫情带来的影响也逐渐显现出来。首先是国家财政税收的减少，为此，国家实行了许多财政税收政策，在这种情况下，各高校图书馆经费将会有所削减，那么，后疫情时期图书馆文献资源建设应该怎样发展，确实是需要我们思考的一个问题。

1 整合力量做好图书馆文献资源建设发展规划

在图书馆经费有限，而用户需求无限的情况下，图书馆资源建设只能未雨绸缪，寻求最佳的平衡点，这就需要我们进行科学的规划，图书馆信息资源建设发展规划不仅包括资源建设特色、载体、收藏范围、学科、负责资源建设部门职责等，还应有资源评估、资源发展规划、资源评价方法、资源建设深度指标等，显然，后疫情时期图书馆资源建设发展规划将成为图书馆资源建设科学化的一个起点。

馆藏文献资源建设发展规划要对资源的收藏范围、馆藏的保存、资料的剔除与保留加以规定。图书馆要根据已有的馆藏情况和过去的使用情况，在明确资源保障程度的基础上，制定针对不同载体、不同语种、不同学科类型资源的馆藏发展政策，明确资源选择标准、资源评估、选择决策、谈判和定价策略、采购支付等政策，要对不同文献的采购确定经费分配比例，这不仅是作为资源建设的依据，也是争取上级经费的依据。

在资源建设规划中：一是从资源发现到资源送达（所见即所得）；二是合作建设；三是尽量消除多余复本，保留合适复本；四是数字优先、数字唯一；五是聚焦特色及独有资源的建设；六是推进元数据战略。由此，我们可以进一步看到，数字化策略、合作建设馆藏以及突出特色资源是应优先考虑的工作。在制定资源发展规划时，要注意从过去的资源导向转向以学科建设为主。高校图书馆应以读者、采访馆员、学科馆员三位一体组成学科资源建设团队开展资源建设。由团队规划并制定科学的学科资源建设方案，以实现不同学科资源的精准采选。

2 做好数字资源和传统资源的融合

图书馆资源建设应由六部分构成：第一，自有资源，包括购买和保存的资源；第二，可借用的资源；第三，许可使用的资源；第四，可共享的印本文献资源；第五，需求驱动的资源；第六，免费的资源，包括谷歌学术上的资源、免费提供的电子书、Web资源导航等。可见，现代图书馆信息资源建设应该是自有资源、网络资源、共享资源、开放资源等充分融合的多元化的资源体系随着数字技术不断发展的。目前，各类印刷型期刊已基本被电子期刊全文数据库取代，文献资源的数字化，导致用户使用行为发生了极大改变，也对图书馆的信息资源建设与服务模式产生了极大影响。

在这次疫情防控的过程中，我们也看到了图书馆数字资源的特殊作用。在图书馆闭馆期间，为保障广大用户的信息需求，基本上都是让图书馆数字资源一天 24 小时开放，使广大用户足不出户就可以通过电脑或移动端等方式轻松获取海量文献资源，宅家安心学习和潜心科研。

在后疫情时期，数字资源肯定要进一步加强建设，但纸质资源也不应该被忽视。对于很多读者而言，纸质资源仍然是他们离不开的信息来源。那么图书馆应该怎样做好数字资源与传统资源的融合？我们很难用“以谁为主”或“两者并重”这样抽象的说法来描述数字资源和传统文献资源的关系。因为不同的图书馆有自己不同的情况，它们的性质、任务不同，读者需求不同，基础和条件不同，因而在对传统文献和数字文献进行融合的时候，必须要根据自己的实际做出不同的选择。如湖北省图书馆针对疫情推出“方舱数字文化之窗”，整合海量数字资源进行文化服务，对接公共数字文化工程，包含专业课程以及丰富的读书活动、精彩的文博展览、趣味的在线游戏、群众艺术普及教程等数字资源；还设有疫情信息更新、权威辟谣、心理疏导等栏目，为疫情防控起到了积极的作用。

在具体处理纸本馆藏和数字资源采访比例时，要坚持需求导向、协调互补、成本效益等原则，在此基础上可以考虑：中文文献以纸本馆藏为主，外文文献以数字资源为主。大型图书馆注重保藏职能，对纸本文献保证收藏；中小型馆注重满足需要，对纸本文献选择性收藏。文科专业不能忽视纸本文献收藏，理工农医专业要注意 e-only 的发展，以服务引导各类资源建设。

3　进一步加强特色资源建设

特色资源是图书馆资源的重要组成部分，也是图书馆对外发散知识信息的一个亮点，所以它被置于图书馆内涵建设与外延发展的交叉点上，既是图书馆内涵的个性化标记，也是校园文化的标志性高地。

就目前国家对教育的投入而言，各高校都有一定的经费来保证图书馆资源建设，高校图书馆围绕学科建设配置图书文献资料，包括数据库和其他电子资源，其拥有的资源数量虽然会因经费充足与否而有所不同，但购买的资源基本内容相差无几，馆藏同质化现象越来越严重，而特色资源却能够弥补这一根本性缺陷，使图书馆在精神取向上获得较大的提升。特色资源是图书馆针对用户需求，以某一学科、专题、人物和某一历史时期、地域特点等为对象，对文献信息资源进行收集、整理、存储、分析、评价，并按照一定的标准和规范进行组织、管理，形成的该馆独有或别馆少有的资源。具体来说，特色资源是指那些只有本馆拥有而别馆却不具备，或本馆收藏丰富而别馆却相对贫乏的各种馆藏资源。它的含义应该包括两个方面：一是指图书馆收藏的独具特色的那部分信息资源；二是指图书馆建设起来的信息资源体系所具有的特色，特色资源建设要以重点学科领域、重点专题领域为依托，实现特色资源的深度整合，从学科信息门户入手，将学科特色资源建设与学科知识服务无缝结合。

4　开放存取文献资源的建设

开放存取（Open Access，OA）是在 20 世纪 90 年代发展起来的一种新型学术信息共享理念和出版机制，是公开科学研究成果、共享学术信息的一种重要的在线学术资源。任何科研人员都可以跨越时间和空间的限制免费获取和使用学术资源，包括开放存取期刊、开放仓储（学科知识库、机构知识库）、其他资源（个人网站、博客、论坛）。

开放存取期刊一般由作者支付论文加工出版费，期刊出版后读者可以免费从期刊网站阅读和下载论文，论文版权则由作者保留。机构知识库指图书馆将本单位的学术著作、期刊论文、学位论文、咨询报告、学术报告、精品课程、教学视频、学者讲座等众多学术资源收集整理而形成的数据库，供读者免费使用。

后疫情时期，图书馆需要将开放存取资源纳入信息资源建设的范畴，采购、采集同时进行，包括建立开放存取资源的导航或整合平台；建设机构知识库；资助开放存取资源的出版。

图书馆应使现有文献订购经费在体量上足以支付所有学术论文的开放出版费用，应通过把原来用于订购期刊的公共经费转变为支持论文开放出版的经费，推动学术期刊从订阅模式向开放出版模式的变革，以实现绝大多数学术论文的开放获取。该举措不仅支持了开放存取出版，也从出版源头上为图书馆的资源建设提供了保障，更重要的是，图书馆还可以选择优良的出版社予以资助，一定程度上起到出版导向的作用。

5　积极参与高校图书馆联盟的资源共建共享

信息资源共享是 20 世纪图书馆学最重要的实践成果和理论成果之一，是图书情报学界普遍关注的重大课题，近 10 年来信息技术的飞速发展，特别是网络环境的形成，使图书馆合作与资源共建共享问题变得更为必要，也更加迫切，同时也使它的内容变得更为丰富，也更具有实现的条件。

信息资源与其他资源最重要的区别是其共享性，主要指信息资源具有可以为许多用户所共同使用的特征，物质资源和能源资源的利用表现为占有和消耗。当物质资源或能源资源的数量一定时，使用者在资源利用上总是存在着明显的竞争关系；而在信息资源的使用中使用者彼此之间不存在直接的制约作用，同一信息可以同时被不同的使用者利用。信息资源的这种共享性为信息资源在社会经济生活中更有效地发挥作用奠定了基础。

国际图联和联合国教科文组织共同主持制订的《公共图书馆服务指南》对资源共享作过这样的表述：每个图书馆的藏书都有其独特性。但是，没有任何一个图书馆能收藏公众所需要的一切资料。因此，图书馆应该通过为读者提供其他图书馆的资源来大力加强服务工作。图书馆应当参加所有层次的资源共享计划，包括地方、全国和国际性的计划，与拥有信息资源的各类图书馆合作。

20 世纪 90 年代我国图书馆联盟起步，2000 年以后区域性图书馆联盟兴起。CALIS、NSTL、CASHL 等全国层面的联盟，均取得了一定成效，对于克服我国信息资源共建共享的体制性障碍具有重要的意义。

我国的图书馆联盟虽然由政府实施宏观管理，有较严密的组织形式，但主要还是通过自愿建立起来的。参与的成员主体地位平等，参与的程度由成员自主决定，参与的利益由成员共同分享。因此这种联盟是符合我国国情的，也是富有生命力的。

后疫情时期，图书馆联盟将更多地在图书馆文献资源的协调采集、联机联合编目、馆际互借与电子文献传递、数据库建设和网络信息资源开发等领域，拓展资源获取和服务渠道，减轻各图书馆资源保障压力，满足全社会不同用户的多元化和个性化需求，从而实现信息资源建设的制度创新。我们希望有更多的图书馆能够加入相应的图书馆联盟，真正实现图书馆信息资源的共建共享。

总结与启示：疫情以来，我们都经历了特殊的生活方式，广大师生的学习、科研也遇到了不少新问题，学校教学模式也发生了重大变化，图书馆服务模式也必然要随着环境的变化而创新服务手段，利用现代信息服务技术进行线上服务是主流，而做好图书馆信息资源建设是图书馆工作的重中之重，它是图书馆为读者提供特色服务的基础，是提供特色服务的保障，为各高校线上教学的顺利开展提供了有力的文献保障。

参考文献：

[1] 胡文华，周健．疫情时期高校图书馆服务特色探微——以华东师范大学图书馆为例[J]．高校图书馆工作，2020（3）：67-70．

[2] 刘万国，周秀霞，孙波．“双一流”建设视角下高校图书馆信息资源建设热点扫描[J]．大学图书馆学报，2018（5）：33-38．

新冠肺炎疫情期间高校图书馆的多元化服务

——以华中师范大学图书馆为例

李　莉

（华中师范大学图书馆，武汉，430079）

【摘　要】 2020年，在严峻的新冠肺炎疫情形势下，高校图书馆充分利用网络开展线上服务，克服困难，不断创新服务内容和模式。本文阐述了华中师范大学图书馆在疫情期间为读者提供的多元化服务，探讨了图书馆提供多元化、个性化服务的保障条件，并提出了疫情期间图书馆服务存在的问题及思考。

【关键词】 高校图书馆　新冠肺炎　多元化服务　数字资源

1　引言

2019年末，新冠肺炎出现。2020年初，疫情迅速蔓延，教育部也先后出台一系列防控措施和部署，作出延迟大中小学开学的决定，高校图书馆作为学校资源保障和文化服务中心，在疫情期间也面临着极大的挑战。一是高校图书馆面对突发公共卫生安全事件的应急能力，作为公共空间，能否确保读者和馆员的身体健康和生命安全，不发生群体聚集性感染。二是图书馆的网络平台、系统平台、数字资源、馆员队伍等方面的保障，能否提供大规模的在线服务。三是在疫情期间居家隔离的情况下，高校师生能否同往常一样无障碍地利用图书馆文献资源[1]。本文阐述了华中师范大学图书馆在疫情期间为读者提供的多元化服务，探讨图书馆提供多元化、个性化服务的保障条件，并思考疫情期间图书馆服务的问题。

2　图书馆的多元化服务

华中师范大学图书馆根据学校疫情防控延期开学的总体安排，闭馆，但不停服务。在疫情防控期间，图书馆加强了线上数字化服务，充分利用图书馆官方网站、微博账号、微信公众号、QQ群等，及时为读者提供多元化、个性化的服务；把服务从线下搬到了线上，主要集中在参考咨询、查收查引、论文查重、文献检索等可以借助网络开展的服务。

2.1　全面的资源保障服务

图书馆以提供和推送学术资源为主，为高校师生的学习和科研提供服务，保障“停课不停学，停课不停研”。考虑到 VPN 是师生校外访问图书馆电子资源的主要渠道，图书馆及时与校信息化办公室沟通，进行 VPN 的扩容，可承受 1600 人同时在线查询下载。此外，考虑到有读者没有使用 VPN 的条件，图书馆也提供了校外免 VPN 访问资源的途径，主要是疫情期间各大数据库商（维普、超星、知网、万方、人大报刊复印资料等）提供的限时免费服务。

2.2　丰富的在线阅读活动

疫情期间，图书馆通过微信公众号、官方网站等渠道积极推出多类专题阅读服务，做好防疫科普培训和文化推广服务。

从 2020 年 2 月 1 日开始，图书馆陆续筹办了“新冠防控知多少”在线知识问答、“论文写作技巧学习之旅”线上打卡、“宅在家中抗疫的日子”征文、第二届大学生“悦读之星”读书演讲风采展示等一系列线上打卡、互动、交流、分享、展览活动，旨在引导师生在居家抗疫期间阅读优秀书籍，从中汲取营养和智慧，保持健康心态，增强战疫信心，用阅读汇聚抗击疫情的正能量。

2020 年 2 月 22 日—2020 年 3 月 22 日，图书馆特别开展“芸窗共读·武汉”30 天读书打卡活动，并诚邀湖北全省高校学子共同参与。参赛者选取武汉本土作家或者古今文人描绘武汉的作品，阅读作家笔下的武汉，每天将阅读心得或者朗诵作品传至活动平台进行打卡，从古今文人笔尖全方位了解武汉，用自己的方式，为武汉加油，为中国加油！

4 月 23 日，在世界读书日到来之际，图书馆联合本科生院开展了“芸窗共读”专题在线领读经典名著系列活动，特邀校党委书记赵凌云教授作为领读嘉宾，共读《造物》一书，把在战疫过程中的感悟思考融入书香校园文化建设，结合自然、生命等主题，从哲学层面对地球生命和人类的价值展开深刻探讨。

2.3　线上文献检索课

图书馆积极响应本科生院对于疫情防控时期本科教育教学工作的通知，克服困难，开设线上本科生通识课“文献信息检索与利用”，腾讯会议、云课堂、QQ 群、在线直播、重难点内容展示……老师们想方设法，尽量让这种线上的课堂生动有趣，让学生学有所获。

2.4　全方位的学科服务

疫情期间，图书馆全体学科馆员线上办公，依托院系学科服务 QQ 群、华中师范大学文献互助群直接对接师生的需求。师生不会查的文献、查不到的文献，只要在群中提供标题，学科馆员会及时进行传递。平时常规的查收查引服务也在线上进行。

2.5 人性化的毕业生服务

受疫情影响，2020届毕业生有太多的遗憾与不便，为了尽量满足毕业生的需求，图书馆为毕业生提供网上论文检测、离校手续办理、网上邮寄还书的服务。为此，专门建立了图书馆毕业生工作QQ群以及图书馆论文检测QQ群。图书馆老师们在群里随时答疑、处理毕业生的相关问题。

3 图书馆提供多元化服务的保障

3.1 应急管理保障

疫情暴发初期，所有图书馆采取的最为直接的应急措施就是第一时间关闭图书馆，暂停一切实体性的空间和资源服务。在春节法定假日期间，图书馆便通过图书馆门户网站、微信公众号、馆外电子信息显示屏发布了无限期闭馆的通知。在防疫期间，为了能及时为读者解答问题，图书馆确保了电话、邮件、网上留言等多种咨询方式的有效畅通，同时对已外借的图书延长了使用期限。其次，是抗疫物资保障，红外测温仪、空气杀毒机、书籍消毒柜、84消毒液、无菌洗手液、防护口罩、手套等抗疫物资采购。

这些短平快的措施切断了图书馆与读者在物理上的联接，有效规避了图书馆成为病疫的交叉感染之地，也让图书馆与读者保持了在信息上联通，为之后各项服务工作的开展做好准备[2]。

3.2 资源服务保障

虽然受疫情影响，高校延迟了开学时间，但是停课不停学，又正值2020年度国家社会科学基金、国家自然科学基金项目申报，毕业生毕业论文写作的关键时期，为了满足师生疫情期间教学、科研的文献获取和知识创新需求，图书馆推出各项举措，闭馆不闭资源，闭馆不闭服务，夯实文献资源保障体系，建立有效的信息资源应急保障体系，完善数字化信息服务体系。一是图书馆与数据库商沟通，提供多种形式的访问入口，确保师生校外访问图书馆数字资源24小时不断线。此外，与各大出版社、中外数据库商协商合作，推出一系列疫情期间免费的资源。二是通过VPN，使用校园卡进行身份认证后访问图书馆资源。

3.3 网络技术保障

图书馆提供线上服务，对图书馆的网络技术和硬件设施也提出了更高的要求。VPN服务是高校师生校外访问图书馆资源的有效途径。在疫情期间VPN

使用需求骤然加大的情况下，高校图书馆需与校内信息部门做好沟通，加强网络技术支持和升级，保证师生校外访问的网络畅通。同时，随着校外访问数字资源的需求剧增，有时会出现 VPN 并发用户数已满的情况。因此，针对重大疫情，高校图书馆在信息网络技术方面所面临的最大问题可能是如何让更多师生在校外便捷获取到图书馆提供的资源和服务[3]。

3.4 服务平台保障

线上服务离不开各种各样的服务平台，比如图书馆网站、微博、微信、QQ 群、论文提交系统、视频会议交互平台、腾讯会议、企业微信等。通过这些平台协调图书馆内部工作，沟通线上业务，提供线上用户信息素养教育、数据库培训、论文检测等。因此，图书馆务必保证这些平台的正常使用。

3.5 馆员能力保障

服务创新和终身学习是未来每一个职业都必备的核心技能，图书馆员自然不能例外。在疫情期间，服务方式的变化，也使得我们馆员需要进行更多的学习，提高信息资源挖掘整合能力、线上服务能力以及计算机应用能力。

4 疫情期间图书馆服务存在的问题及思考

从疫情期间图书馆的资源推送情况来看，大多局限于单纯的数据库及其使用方法的简单推介。高校图书馆拥有丰富馆藏和专业馆员，更应该从数据库的资源内容着手，发掘和揭示出更多的信息，让读者能得到更多的资源线索和获取渠道，从而提升图书馆资源服务的层次和内涵，使图书馆更好地服务于学校的学科建设和教学、科研[4]。

在全球疫情完全控制之前，在线服务很可能成为图书馆的新常态，如何安全有效地开展线下服务，如何通过新兴技术提供更有效和便捷的服务，如何避免因线上服务增加而出现的版权问题、技术问题对读者服务的干扰，如何建立与资源供应商在特殊时期的合作关系，如何弥补因疫情造成的数字鸿沟，以及如何应对因疫情引发的经济衰退而导致的图书馆预算削减等一系列问题，将成为全球图书馆界面临的新课题[5]。

5 结语

不管是否处于疫情期间，读者需求方式已经从线下转移到线上，到馆读者越来越少，对线上资源和服务的需求则越来越大。开展线上服务和线上资源保障，是图书馆未来的发展趋势。新冠肺炎疫情防控期间，各高校图书馆开辟新的服务途径，开展线上服务，共享资源，支持师生的科研和学习。虽然线上服务存在着不足，实践中尚存在着一些问题，但我们相信此次疫情会为高校图书馆未来的线上发展以及制定应急保障政策和措施，提供更多值得借鉴的经验。

参考文献：

[1] 王波，周春霞，陈凌，等．积极融入新冠肺炎疫情防控大局，切实创新非常时期服务策略——全国高校图书馆疫情防控期间服务创新情况调研报告［J］．大学图书馆学报，2020，38（2）：5-17，29．

[2] 王惠森，彭莉红，周倩．新冠肺炎疫情下的高校图书馆服务工作——以电子科技大学图书馆为例［J］．高校图书馆工作，2020，40（3）：84-86．

[3] 蔡迎春，吴志荣．高校图书馆信息资源应急保障体系［J］．图书馆杂志，2020，39（5）：43-54．

[4] 穆卫国．高校图书馆强化线上服务体系建设的思考——以上海地区高校图书馆微信调研为例［J］．高校图书馆工作，2020，40（3）：79-83．

[5] 吴保成．全球图书馆抗击新冠疫情行动述要［EB/OL］．［2020-07-04］．http://kns.cnki.net/kcms/detail/23.1331.G2.20200618.1037.002.html．

浅谈疫情期间高校图书馆读者服务工作的创新

——以华中师范大学图书馆为例

汪　琳[1]　魏　云[2]

（1. 华中师范大学图书馆；2. 华中师范大学美术学院；武汉，430079）

【摘　要】 新冠肺炎疫情的爆发，对各领域、各行业都产生了广泛的影响。教育部对高等学校提出了指导意见，实现“停课不停教，停课不停学”。全民抗击疫情期间，为了落实教育部的要求，高校图书馆必须一面抗击疫情，一面创新读者服务手段。华中师范大学图书馆推出了一系列创新服务举措，既为师生教与学服务，又为抗疫取得胜利贡献力量，让图书馆在时机成熟时，及时恢复开放。

【关键词】　高校图书馆　读者服务　创新服务　线上教学

1　前　言

2020年初，新冠肺炎疫情暴发，为了有效遏制病毒的传播和控制疫情蔓延，武汉市实行了封城，各高校图书馆关门闭馆。图书馆是学校公共文化服务的重要场所，人员密集且流动性大，防控工作是头等大事。在此背景下，高校图书馆应该做什么，具体怎么做，引起了图书馆界人士的广泛思考。

华中师范大学图书馆领导，认真贯彻落实学校《关于坚决贯彻落实习近平总书记重要指示精神，在打赢疫情防控阻击战中积极主动履职有效发挥作用的通知》精神和教育部的指导意见《各高校应充分利用在线课程教学资源，积极开展线上授课和线上学习等在线教育活动，保证疫情防控期间的教学进度和教学质量，实现“停课不停教，停课不停学”》的要求，紧密配合学校的防疫工作，一手抓疫情防控，一手抓创新服务，做到闭馆不闭资源，闭馆不闭服务，为全校师生线上教学和科研作出了应有的贡献。

2　建立新的组织机构，适应特殊时期的工作

第一，成立抗疫情保服务应急领导小组。组长由图书馆书记、馆长担任；副组长由副馆长担任；组员由办公室主任及各部门主任担任，全面领导图书馆疫情防控和创新服务工作。

第二，制定图书馆疫情防控及业务工作应急方案：依据图书馆实际组建了8个工作小组，并明确分工，全力以赴做好疫情防控和创新服务工作。

（1）疫情监控组：负责图书馆职工每天健康状况群接龙及各自汇总上报。

（2）线上资源组：负责各供应商外网电子资源供给联系及馆藏电子资源线上推送服务工作。

（3）线上技术服务保障组：负责与校信息化办公室及各供应商合作，全力保障师生内网、外网线上资源服务不中断等。

（4）线上参考咨询组：负责学院、学科、师生的各项咨询服务。

（5）线上教学及培训组：保证图书馆开设的核心通识课文献检索与利用线上教学如期开课；及时为馆员和读者推送有关病毒认知、疫情防控等知识；推送用户信息检索与利用能力提升课件。

（6）舆情监控与宣传组：负责图书馆疫情防控动态宣传报道、新媒体自媒体舆情监控。

（7）疫情应急救助组：负责图书馆离退休老人尤其是空巢老人临时救护（买药、送药）及生活物资的保障供应。

（8）抗疫物资保障组：负责抗疫物资的采购，如红外测温仪、空气杀毒机、书籍消毒柜、84消毒液、无菌洗手液、防护口罩、手套等。

各小组在抗疫情保服务应急领导小组的统一领导下，分工合作，共同完成各项任务。

3　抓好疫情防控工作，确保全馆工作人员的生命安全

疫情监控组、应急救助组及抗疫物资保障组三个小组，在馆领导的统一指挥下，分工协作，确保本单位疫情防控工作的顺利进行，着重做好以下工作：

（1）单位疫情监控及推送工作：对全体工作人员（含离退休人员）每天进行健康状况群接龙，实现监测和报送工作正常化。

（2）组建单位疫情防控应急小分队，全力做好图书馆职工临时救助工作。在汉在校的职工踊跃报名，逆行而上，组建了本馆疫情防控应急小分队，全力为单位职工及家属提供应急救助服务。

（3）参与学校疫情防控及应急服务，为在汉校内外师生采购生活物资及药品，并负责送到需要人的手中。

（4）为武汉方舱医院捐赠图书：图书馆整理漂流图书1212册，捐献给武汉方舱医院，提供给患者阅览，给患者送去精神食粮。

（5）抗疫物资储备，为学校开学、图书馆开馆做准备。疫情终将过去，总

有开馆、迎接读者的一天。早在2月初，我馆就开始着手购置红外线体温监测仪、手持式红外测温仪、空气杀毒机、书籍消毒柜、84消毒液、无菌洗手液、防护口罩、一次性手套、隔离防护服等消毒杀菌物资，以应对疫后图书馆消毒灭菌工作的需要。

4 疫情期间读者服务工作的新举措

图书馆传统的读者服务主要是阅览、外借、馆际互借、复印服务等。但在疫情期间，图书馆处于关闭状态，这种服务模式是无法做到的。如何实现“停课不停教，停课不停学”，“闭馆不闭教，闭馆不闭服务”，必须采取新的服务模式、新的举措。

第一，制定图书馆线上资源保障方案，实施资源建设部、参考咨询部和信息技术部三部联动机制。

(1) 资源建设部主动联系各资源供应商，向师生推介线上免费电子资源，同时负责解答师生线上访问电子资源时遇到的问题。

(2) 参考咨询部通过华中师范大学文献互助群、院系学科服务QQ群直接对接师生的教学及科研的需求。

(3) 信息技术部主动与学校信息化办公室及各资源供应商对接，每天安排专人对图书馆网页、VPN中的数据库进行检测与监控，为学科馆员和参考咨询部提供VPN平台使用，线上课程资源建设，校内资源、域外线上免费资源获取等方法和对策，为参考咨询部、学科馆员线上办公提供技术支撑，保障疫情期间“闭馆不闭资源，闭馆不闭服务”。

第二，加强服务模式的创新，通过线上授课模式，进行专业知识和技能的教学，提高学生的信息利用能力。

(1) 服务观念的创新：信息化时代的今天，人们对服务的要求越来越高，图书馆需要变更自身的服务观念，再不能以大而全、重藏轻用以及简单借还的被动方式服务于读者，而要主动了解读者，分析读者的阅读倾向，对有些科研动态进行跟踪服务。

(2) 服务内容的更新：在当今网络快速发展的今天，读者对获取信息的内容有越来越高的要求，需要的信息内容快、新、精，图书馆要加强信息挖掘能力，组成信息挖掘团队，不断创新服务方式，更高效地做好读者服务工作。

(3) 服务方式的创新：由线下服务改为线上服务，开设线上相关课程。由参考咨询部的学科馆员组成“文献检索与利用”教学组，克服设备、资料不足等困难，向全校本科生开设了三个班的“文献检索与利用”核心通识课，满足学生线上如期开学的要求，授课教师随时在线答疑，有效促进了师生教学互动，提高了教学效果，也提升了任课教师的教学积极性。

第三，开展线上阅读推广活动，做到闭馆不停阅读。

（1）阅读是国家战略：2017年在国务院法制办会议审议并原则通过《全民阅读促进条例（草案）》，将全民阅读纳入国家战略，自此高校图书馆在学生中开展了一系列阅读推广活动，并且从活动内容到活动形式都不断推陈出新。

（2）阅读形式的创新：疫情期间，线下的阅读推广活动无法开展，本馆开展线上阅读推广。由于微信的普及率非常高，而且组织阅读推广活动形式简便，参与门槛低，因而能激发读者的阅读兴趣。线上阅读的开展，不仅在校内外营造了浓厚的阅读氛围，而且对师生进一步掌握电子书的使用方式，推广本馆电子资源起到了促进作用。

（3）线上阅读推广活动的开展：华中师范大学图书馆通过微信公众号、大学生经典阅读平台，推出“宅在家中抗疫的日子——图书馆战疫征文集”“以毒攻毒，宅有所获”“芸窗共读·武汉”系列阅读推广活动，引导读者阅读经典，学习PPT等软件和英语等技能知识，以文章、书信、摄影等多种形式展现战疫期间的“感人事、新鲜事、模范事”等。后又策划并推出“芸窗共读”专题在线领读经典名著系列活动。

线上阅读推广活动的开展，加强了对疫情的了解，增加了抗病毒知识，有效分散了因过度关注疫情而产生的焦虑情绪，同时也减轻了因居家时间过长而产生的烦躁和恐慌。

图书馆还创新新书推广方式，从目录推介到全文推荐，推出新购图书在线全文阅读。

第四，开展线上培训，举办系列讲座及报告，提高馆员的综合职业能力。

（1）提高馆员综合职业能力的必要性：馆员是图书馆创新服务的实施者，疫情期间，图书馆推出的各项服务，都依赖于馆员自身的知识结构和服务能力来实现。疫情期间，无论是图书馆资源宣传，还是各类线上服务，都依托新媒体技术的运用。目前图书馆熟练掌握这些技术的馆员相对较少，而且大部分集中在少数几个部门，而人数相对较多的读者服务部门的馆员，几乎没有掌握相关技能，没有能力提供服务。因此，如何不断提高馆员的服务能力，推动图书馆创新服务，是当前迫切需要解决的现实问题。

（2）馆内线上业务培训的内容：图书馆利用馆员居家抗疫的空档期，制订培训计划，分门别类开展系列业务培训，内容包括阅读推广、文献检索、读者服务、藏书建设等图书馆的基础业务。同时，还有综合技能学习，包括数字资源的挖掘技巧、PPT 制作等现代化的辅助工具。此外，还在微信平台上链接推出了“图书馆战疫服务之‘生物安全公益培训’”系列讲座，“图书馆在公共卫生安全突发事件中的10个工作内容”“图书馆读者服务与工作实务”等报告。

（3）培训方法：培训采取专业馆员担任主讲，线上教学，课程结束后，馆员以小组讨论的形式，继续展开线上讨论交流，并结合工作实际集思广益，为今后更好地做好服务工作，提出有意义的设想和打算。

通过培训，我馆有效地提升了馆员的专业理论水平和各项业务技能，不仅使图书馆能够快速提高应急服务保障能力，而且也增强了开学后为学校教学、科研提供更好服务的信心。

5 结束语

新冠疫情的暴发，打破了原有的正常工作和生活，为了遏制病毒的传播和疫情的蔓延，华中师范大学图书馆全面闭馆。闭馆期间，除了积极防控疫情外，将图书馆所有的服务都从线下搬到线上，并就如何利用线上服务和线上资源保障，推出了一系列举措，做到“闭馆不闭资源，闭馆不闭服务”，保障了大部分服务工作的持续开展；但对于一些无法线上开展的服务内容，缺乏创新举措。疫情后，图书馆的线下服务应该有及时的跟进措施，而不能只着眼于线上服务，忽视线下常规服务的开展。

未来面对类似新冠肺炎疫情重大公共卫生事件的发生，图书馆应制定相关政策，建立应急服务机制，图书馆内部各部门联合起来，齐心协力，加强线上服务与资源保障体系建设，提升图书馆资源服务的层次和内涵，更好地为学校的教学和科研服务。

参考文献：

[1] 吴建中. 超越“新冠肺炎”的思考——从图书馆说起 [EB/OL]. [2020-02-29]. http://www.chinalibs.net/Zhaiyao.aspx?id=473268.

[2] 教育部. 教育部应对新型冠状病毒感染肺炎疫情工作领导小组办公室关于在疫情防控期间做好普通高等学校在线教学组织与管理工作的指导意见 [EB/OL]. [2020-03-18]. http://www.moe.gov.cn/srcsite/A08/s7056/202002/t20200205418138.html.

[3] 中华人民共和国国家新闻出版广电总局. 国务院法制办办务会议审议通过《全民阅读促进条例（草案）》[EB/OL]. [2020-03-18]. http://www.sapprft.gov.cn/sapprft/contents/6582/336234.shtml.

[4] 史惠媛. 高校图书馆传染病突发公共卫生事件危机管理研究 [J]. 图书馆建设，2010(5)：72-73.

疫情背景下高校图书馆线上服务策略探析

林　琳　陈立新　戴　泳

（华中师范大学图书馆，武汉，430079）

【摘　要】新冠肺炎疫情使得高校图书馆的工作发生显著变化，疫情期间高校图书馆线上服务呈现线上服务增多，参与抗击疫情等特点。高校图书馆线上服务存在平台受众较小、效能范围偏窄、线上知识资源的馆藏量较少、线上图书馆新型管理模式欠缺等问题。面对疫情危机带来的困境和挑战，高校图书馆应该推动构建综合一体的高校图书馆线上平台，提供阅读推广服务和线上咨询服务，完善图书馆线上服务与管理机制。

【关键词】疫情　高校图书馆　线上服务

时至2020年寒假，新冠肺炎疫情开始在全国蔓延，各个大学均未能按时复学复课。全国各级各类图书馆按照文化和旅游部办公厅、国家文物局办公室联合印发的《关于做好新型冠状病毒感染的肺炎疫情防控工作的通知》的要求采取闭馆举措。面对教育部门对高校“停课不停教”“停课不停学”的基本要求，如何做好线上服务工作，成为高校图书馆应该面对的问题。图书馆的线下服务职能转向线上服务职能面临了诸多困难和挑战。

1　疫情期间高校图书馆线上服务的特点

高校图书馆是师生密集聚集的学习地，图书馆里人流的接触会加剧新冠肺炎的传染，因而疫情期间线上教学成为常态，作为阅读资源集散地的高校图书馆仍需要发挥作用。疫情期间高校图书馆线上服务呈现线上服务增多，高校图书馆积极投入抗击疫情的特点。

第一，线上服务增多。开学时间延迟，师生的科研任务转向图书馆寻求知识支撑，毕业生的论文存档向图书馆递交，科研人员的项目申请事宜也需要在校外远程访问数据库，师生对高校图书馆的访问量和需求明显增多，而出现的线上服务问题也逐渐显露，有师生应用线上数据库查询资源的困难，有图书馆工作人员服务不及时、不到位的问题，也有线上图书馆本身服务器的容载量不能适应暴增的线上访问的困境。

第二，高校图书馆积极投入抗击疫情。高校图书馆自身的知识传播特征意味着作为社会教育者和信息提供者的角色，高校图书馆必须为疫情承担起重要的社会责任，帮助师生积极了解、正确看待、勇于面对新冠肺炎疫情。图书馆还具备知识资源储存功能，在疫情期间，可以提供大量相关知识资源，供社会、师生检索参考，共同促进不同专业、不同学科共克时艰，协同抗击新冠肺炎疫情。疫情的紧急性和危险性也需要高校图书馆进行正确宣传、理性引导、权威科普，为社会大众和全校师生提供普及教育，解读疫情的形成过程、蔓延状态、辟谣止谣都对高校图书馆有着全新的要求和任务。

2　疫情期间高校图书馆线上服务存在的问题

高校图书馆线上服务已经形成基本的工作模式和运行机制，但仍存在平台受众较小，效能范围偏窄，线上知识资源的馆藏量较少，线上图书馆的新型管理模式欠缺等问题。

第一，平台受众较小，效能范围偏窄。平台受众较小方面，体现在对于疫情变化情况，师生更倾向于阅读政府权威的报道、官方数据和医学专家发声。学校官方平台的关注度较高，但线上图书馆官方平台师生访问量较少，在疫情期间发布的内容也较少人关注。关于疫情的专题报道、专题栏目时效性较强，难以跟上读者关注的速度。关于效能范围偏窄问题，体现在线下图书服务与线上图书服务存在职能脱节，师生只能依靠图书馆原有的有限线上服务进行查阅使用，而等不及图书馆开展的新的线上服务。另外，高校图书馆之间缺乏合作，高校图书馆与各个信息机构也缺乏协同合作，各自为战，未能形成凝聚力、号召力和影响力。

第二，线上知识资源的馆藏量较少。疫情期间，学生无法进入学校图书馆，更多的知识来源于线上图书和知识数据库，知识数据库无法完全取代实体图书的作用，许多图书专著仅有纸质本，没有电子版或影印版。通过图书馆数据库访问后，图书馆 24 小时不间断开放海量数据库文献，为全体师生在校外顺利开展学习和科研提供重要文献支撑，但是由于数据库商授权限制和读者身份认证问题，读者无法像在校内一样顺畅地使用数据库，操作中经常遇到各种困难，影响文献查阅效率。用户的使用时长和线上阅读的质量难以保障，图书馆系统在大量访问的情况下也时常面临网页卡顿失效等技术问题，高校图书馆不能完全满足师生对图书馆图书的需求。

第三，线上图书馆的新型管理模式欠缺。在图书传递方面，传统的流通方式只是面对面的借阅览服务，在网络环境下不但可以进行面对面的借阅，可利用网络办理借阅手续，如预约借书、馆际互借、办理借还手续等。线上图书服务存在逾期、超期等如何解决的问题。在图书馆工作人员的职能发挥方面，上班轮班以及责任和工作清单需要进一步明确划分，工作绩效和工作不足要有具体的衡量标准。

3 高校图书馆线上服务的未来发展策略

高校图书馆线上服务亟待进一步地发展和提升，在公共危机事件发生后，高校图书馆应该推动构建综合一体的高校图书馆线上平台，提供阅读推广服务和线上咨询服务，完善图书馆线上服务与管理机制。

第一，推动构建综合一体的高校图书馆线上平台。平台服务应扩充容纳量，提供多样化服务，将线上图书馆与线上慕课学习平台进行统合。其一，高校图书馆的研究平台、电子书、学习考试、素质提升、文献管理软件、文献资源保障服务不能因为公共危机事件而中断。高校图书馆应利用网络平台，为数字参考咨询服务做好文献资源保障服务，以丰富的各类文献资源保障服务满足各类读者的需求。同时应深入了解各类读者需求，与高校重点学科相结合，凸显馆藏的数字资源特色，做好数字资源的合理配置，充分发挥数字参考咨询服务的作用。其二，开展线上图书馆活动和名家讲座，为学生提供知识服务和心理疏导等。通过图书馆官方线上平台发布疫情记录活动，进行征文，将疫情期间的正能量事件进行弘扬和宣传，师生只需要用手机随时随地拍照、记录、写作进行分享，缓解师生宅家的心理压力和心态紧张问题。其三，开展疫情防疫知识宣传活动，线上发布或推送新型冠状病毒肺炎专栏，图书馆应利用一切资源，建立或推送新型冠状病毒肺炎的专题数据库，发布大众普及方面和医学专业方面的相关论文、专著和其他信息，阻断谣言传播，为师生普及防疫知识。

第二，提供阅读推广服务和线上咨询服务。阅读推广服务方面，其一，扩充线上图书的馆藏量。扩充电子期刊、电子印本、机构知识库、电子课件、慕课资源、专利信息、科技报告与统计资料、学位论文、电子图书等OA数字资源，线上电子书资源能够进行数据保存，方便管理，适合多人同时使用，维护费用低，能提升管理效率，降低图书馆资源建设和服务成本，节省图书馆的实体空间。涉及知识产权和非法电子书盈利问题，应该便利线上图书的阅读渠道，注意控制线上图书的下载渠道。其二，利用学校一些媒介平台将平时师生常用的资源全部免费推到网络上。其三，图书馆应该积极与中国知网、超星集团、北京人天、维普和万方等数据库供应商合作，配合高校图书馆主动推出免费服务，如论文检测系统的免费开放，增进图书馆与数据平台的学术交流、社会教育、知识推广。在图书馆线上咨询服务方面，利用图书馆官方 QQ、图书馆官方 E-mail、图书馆微信公众号、图书馆网页、钉钉会议模式、学堂在线、超星学习通、在线课堂等多种途径解决读者在使用图书馆中遇到的问题；解决科研教师对课题和项目的跟踪代查、代检服务和专家答疑咨询服务，确保学校停工，科研人员不停研究；对论文的查重、上传与存档要做好充分准备和问题咨询服务，确保毕业生的毕业流程能够顺畅无阻。

第三，完善图书馆线上服务与管理机制。其一，加强高校图书馆间的合作机制。区域相近、功能类似、目标一致的高校图书馆之间，可以积极进行合作，开展馆际互借或文献传递，充分整合图书馆资源，减少知识资源重复浪费，提高效率，实现协同发展，为师生提供更加开阔、更加便捷的知识服务平台。其二，图书馆工作人员应该同时具备线下职能和线上职能两位一体的工作职能。图书馆工作人员的线上职能是依托互联网信息技术，对专业知识、专业技能等职业技能和专业素养提出更高要求，即图情领域知识和现代信息技术深度融合；既能积极筹备力量组织线上教学，答疑解惑，又能潜心钻研解决系统集成中的问题。文献传递、论文收录引用检索、科技查新、专利信息服务、学科服务、信息素养培训、文献资源荐购、咨询等，都需要图书馆工作人员具备较强的专业水平和丰富的工作经验。积极融入角色并在大数据时代乐于研究和解决图书情报中实际的问题，具备线上和线下双重能力的图书馆人才队伍将成为图书馆在公共危机事件之中重要的服务支持与后台支撑。其三，制定高校图书馆应急服务制度与机制。《普通高等学校图书馆规程》与《中华人民共和国公共图书馆法》等法律法规缺乏对公共危机管理的应对机制，高校图书馆的应急服务保障措施未能及时有效形成和运作。疫情过后，教育部以及相关部门应该形成并出台高校图书馆应急服务机制和规定。各大高校及图书馆也应结合自身情况，将图书馆应急服务放入预算和发展规划，并预留相应的应急预算。

参考文献：

[1] 王淑群. 网络环境下高校图书馆的用户需求与信息服务 [J]. 图书馆论坛，2000 (4)：32-34.

[2] 兰天阳. 网络环境下图书馆信息服务的特点及馆员的资讯素养 [J]. 图书馆建设，2003 (1)：29-30.

［3］刘馨然．疫情防控期间高校图书馆读者服务保障探究［J］．科技与创新，2020（9）：142-144．
［4］王惠森，彭莉红，周倩．新冠肺炎疫情下的高校图书馆服务工作——以电子科技大学图书馆为例［J］．高校图书馆工作，2020，40（3）：84-86．
［5］郭玮，王睿，王勇．新冠肺炎疫情防控期间大学图书馆开展线上服务的思考——以兰州大学图书馆为例［J］．高校图书馆工作，2020，40（3）：71-74．

高校图书馆馆员数据分析报告之能力培养

缪玉堂

（华中师范大学图书馆，武汉，430079）

【摘　要】基于数据时代的背景，简述了数据分析报告四种基本类型，指出了完成数据分析报告的五个关键点，强调了培养、提升高校图书馆馆员数据分析能力特别是数据分析报告能力的重要性。

【关键词】数据分析　数据分析报告能力　数据素养　高校图书馆馆员

随着互联网全球化、智能终端普及化、云计算存储低成本化、物质世界网络化的快速发展，全球正由网络时代快速向数据时代迈进。尤其是数字化正以前所未有的步伐前进，数据正在成为整个社会运转的基础，舍恩伯格在《大数据时代》一书中提到，大数据带来的信息风暴正在变革我们的生活、工作和思维，大数据开启了一次重大的时代转型。

众所周知，大数据时代的战略意义不仅在于掌握庞大的数据信息，还在于发现和理解信息内容以及信息与信息之间的关系。因此，数据分析成为发掘数据价值的关键步骤。作为图书情报服务主力之一的高校图书馆馆员，特别是学科服务馆员，承担着服务学校教学、科研、管理、服务工作之重任，并为学校、社会提供智库服务，其数据分析能力的培养和提升显得非常重要，尤其是提升为服务对象提供可信的、有价值的数据分析报告的能力更是重中之重。

1　数据分析报告类型

数据分析报告的重要性在数据分析工作中是不言而喻的。数据分析报告是数据分析的展现形式，是数据分析工作链（如图1）的最后一步，是支持决策的依托。即使数据分析工作链的前面几步完成得非常好，如果没有最后给用户提交一份条理清晰、逻辑缜密、可读性强的数据分析报告，整个数据分析工作的价值趋零。

要完成一份用户满意的数据分析报告，我们首先要对数据分析报告有一个概念性的认识。一般来说，按照报告陈述的思路，数据分析报告可分为四种类型，如表1所示：

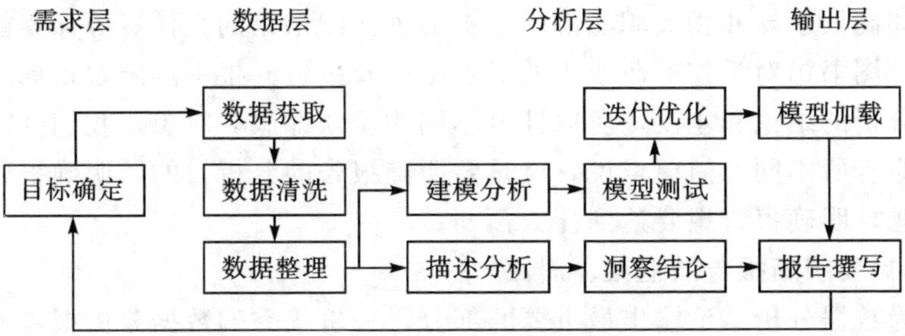

图1　数据分析工作链

表1　数据分析报告的四种类型

序号	分析报告类型	4W模型	
		必选	可选
1	描述类	发生了什么事？	
2	因果类	发生了什么事？	
		为什么会发生？	
3	预测类	发生了什么事？	事情为什么会发生？
		未来如何发展？	
4	咨询类	发生了什么事？	事情为什么会发生？
		应如何决策？	未来如何发展？

描述类报告，通常是对业务数据的日常展现，比如每天/月/年有效读者进馆人数及分类借阅数，数据库资源访问的链接、点击、阅览、下载数等描绘的一些事实数据，要求全面准确反映业务、服务情况；因果类报告，在描述类报告的基础上，多了一个为什么，通常是对某一情况出现的原因进行研究，比如纸质图书借阅数量下滑的原因是什么；预测类报告，通过对事实的现象和原因进行分析和判断，预测未来会发生什么；咨询类报告，在得出分析结论的基础上给出有价值的建议，为服务对象的管理决策、未来发展提供参考指导意见，这里的服务对象既可是图书馆本身，更多的是指图书馆的服务对象，包括机构、个人、特别用户等。

2　写好数据分析报告的关键点

2.1　要确定报告服务对象和分析目的

无论写什么类型的数据分析报告，都必须明确我们的服务对象是谁，要搞清楚报告是给谁看的。不同的服务对象，对一份数据分析报告的期待是不一样的。比如高校领导和相关职能部门会更加关注图书馆的整体资源保障能力、服务能力、图书馆对学校科研成果的贡献率以及投资回报率等宏观指标，更加关注数据分析的结论和建议，所以针对不同的受众即服务对象，我们撰写报告的侧重点应有所不同。简单点说，就是要明确报告的分析目的，明确报告要解决什么问题，明确报告想要达到什么预期。

2.2 要明晰报告的框架、思路

作为数据分析结论输出最重要的部分，一份优秀的数据分析报告要能够准确体现数据分析的思路，让服务对象充分接收报告的最终信息，所以清晰的框架和思路在完成数据分析报告时是必不可少的。

这里的框架不单指报告的行文逻辑，更多是指数据分析过程的框架，比方说我们对一个问题进行分析，不可能一下子就找到问题背后的原因，需要利用各种手段将问题拆解分析，直到得出最终结论，这时候就可能会用到我们常提到的 MECE、PEST、AAARRR 等分析框架。

2.3 要保障数据准确

完成一份数据分析报告，获取和整理数据往往会占据整个数据分析周期60%以上的时间。要规划数据、采集数据、导出处理数据，最后才是写报告。如果数据不准确，那分析的结果也没有意义，报告也就失去其存在价值。因此在收集整合数据时需要注意数据是否准确，验证数据口径和数据范围。同时，还要善于利用统计学指标去量化业务数据，从而得到具有指导意义的结果。

2.4 让图表传达更加直接

目前，用数据说话、用图表表达已相当流行。利用图表传达数据信息是数据分析报告的重要组成部分。但是图表的利用并不简单，不是简单地把一堆饼状图、柱状图、散点图放到报告里就能行的。在实际工作中，确实存在部分数据分析报告过度堆砌图表、错误使用图表的现象，不仅浪费了受众宝贵的注意力资源，也严重影响了数据分析报告的可信度。

图与表之间、图与图之间的联系如何阐述，反映出的问题如何表达，这些都是在做数据分析图表时要弄明白的。很多细心的领导、专家会专门针对完成的数据分析报告以及结论来提问，因为现状和未来是他们最关心的，所以数据图表要体现你的分析思路，而不单单是为了展示数据。决定数据分析报告中图表形式的并不是拥有的数据是什么，而是我们想要表达的主题是什么。

关于数据分析报告中图表的选择，要注意三个原则：（1）明确目标受众：他们对该问题有何了解？（2）确定要传递的信息：数据说明了什么？需要传达多个信息吗？（3）确定信息的特点：是要进行项目比较、显示时间趋势，还是分析数据关系？同时，还要关注数据分析报告中图表的标题主题的直接展示，关注图表配色、布局、重点信息标注和其视觉展现形式，用新颖的可视化分析报告形式来展现分析结论。

2.5 数据分析结论

数据分析报告的结论部分是一份报告的精华，最能体现数据分析报告的水平。分析结论就是这个数据分析报告的核心内涵。在给出分析结论时，要根据受众（服务对象）的角色和业务方向，通过对数据的解读，让服务对象短时间内能够得到可信的、有价值的信息，并能够据此决策，分析查找根本原因，评估备选方案，并实施解决方案。

3 高校图书馆馆员数据分析报告的能力培养

数据分析是一个不断发展的领域，数据分析过程是一个动态的、系统化、程序化的过程。数据分析知识体系十分庞大，涉及信息科学、情报分析、数学与统计、计算机科学、人工智能等多领域知识。对一个从事数据分析的人来说，全面了解、掌握这些知识当然最为理想，但对于高校图书馆馆员来说确实存在太多实际困难。因此，如何利用专业的情报分析知识、强大的信息检索能力、可利用的丰富信息资源和数据库资源，以及横向的资源服务协作网络，针对特定问题为各类服务对象提供可信的、有价值的数据分析报告的能力，成为当今高校图书馆馆员的必备能力和可达能力。数据分析报告的能力培养和提升，有赖于从事数据分析的馆员在工作中不断学习，在实践中不断进步。数据分析报告能力也是高校图书馆馆员能力显示度和影响力的标志之一。

尽管大数据、人工智能技术快速发展，先进的算法或高级机器学习模型不断迭代，但这些都无法取代数据分析人员的数据分析能力。应对数字化时代的复杂性和不确定性，精准把握服务对象的个性化需求，对高校图书馆馆员的数字素养提出了更高的要求。根据 Wikipedia 的说法，数据素养是读取、处理、分析数据以及数据争论的能力。因此，数据素养意味着高校图书馆馆员必须具有数据素养知识，或至少对其中一项有所作为。数据分析报告能力是数据分析能力的最重要部分，而数据分析能力只是一个人数据素养的一个维度。高校图书馆馆员特别是学科服务馆员，在数据分析工作中要不断进行批判性思维、结构化思维、公式化思维的训练与培养，强化数据素养的养成，提升自己的业务能力、思考能力、沟通能力、表达能力、分析能力，进而培养数据驱动思维，努力成为一位优秀的数据分析专业馆员。在进行数据分析、完成数据分析报告的同时，从数据中及时产生真知灼见，明确地表达自己的观点，制定解决问题的有效举措，服务图书馆、学校和社会，让数据分析、数据分析报告产生实际的价值，用数据分析的成果真正地驱动服务对象的决策、生产、管理与服务。

参考文献：

[1] 数据分析不是个事儿. 数据分析师必备技能培养：如何写好一份数据分析报告？[EB/OL]. [2020-09-03]. https://www.toutiao.com/a6867814918482035204/.

[2] 帆软软件. 数据行业工作 3 年，我靠这 7 个能力，成为领导青睐的高级数据分析师[EB/OL]. [2020-08-06]. https://www.toutiao.com/a6857446684352315907/.

图书馆服务“一带一路”倡议的问题与对策①

张军华

（华中师范大学图书馆，武汉，430079）

【摘　要】习近平主席提出的共建“一带一路”倡议对我国的现代化建设和中华民族伟大复兴事业的战略意义异常深远。在对图书馆服务“一带一路”之研究的成果与不足进行分析之后，本文基于“一带一路”对图书馆服务的现实需求及图书馆服务“一带一路”的问题与成因，务实地探讨图书馆服务“一带一路”的对策。

【关键词】“一带一路”　资源建设　信息服务　交流合作　图书馆

习近平主席提出的共建“一带一路”倡议，契合沿线国家的共同需求，能够对接沿线国家的发展战略并强化中国同沿线国家的地缘经济关系，为沿线国家优势互补、开放发展带来新的机遇，得到沿线各国的积极响应[1]。作为公共文化服务和社会教育机构的图书馆，服务“一带一路”，责无旁贷。那么，学者们对图书馆服务“一带一路”的研究存在哪些不足？倡议对图书馆的资源建设和信息服务有哪些现实需求？图书馆服务“一带一路”的实践存在哪些问题？产生这些问题的原因何在？如何尽可能解决这些问题？文章拟在对这些问题进行分析的基础上探讨图书馆服务“一带一路”的策略。

1　国内外研究现状

在外文文献中，未曾见到国外学者将“一带一路”同图书馆予以结合的研究。在国内，虽然“一带一路”的意义异常深远且效果日益显现，但从图书馆视角对之予以研究的文献寥寥无几，一些学者就图书馆应该如何为该倡议提供文献、情报和服务支持的问题进行了探讨。

以图书馆行业为视角的研究：（1）陈慧认为，为了服务“一带一路”，图书馆应建立完善的图书资源库并提供优质服务，为此，省市图书馆应该联合起

①　本文系华中师范大学中央高校基本科研业务费管理类项目“图书馆服务国家‘一带一路’战略的问题与策略探讨”（项目编号：CCNU18ZY0043）的研究成果之一。

来，共建共享信息资源平台，并培养创新性、服务性管理人才且采取智慧性优质服务措施[2]。（2）苏瑞竹等在论述图书馆为“一带一路”提供东盟经贸信息咨询服务时强调：图书馆具有文献资源、人力资源和馆际合作等优势；图书馆应该强化信息资源的采集与共享，尤其是要重点完善和培养人才队伍，向用户提供东盟国家的投资、经贸、技术合作、法律法规等信息，并提供企业管理方法[3]。（3）陈欢欢鉴于图书馆服务“一带一路”之时对文化交流的研究比较欠缺之实际，提出图书馆应采取“创新国际合作理念，改进国际合作形式”“加强馆员互访交流，提升馆员队伍素质”等策略，以及建设“一带一路”文献特藏库、开发“一带一路”文献专题数据库等方式服务该倡议[4]。

以高校图书馆为视角的研究：（1）关志英基于我国高校对周边国家文献资源的收藏整体匮乏的现实，结合“一带一路”背景下高校学术生态环境的演变及其带来的驱动效应，科研人员开展沿线国家的国别或区域研究所产生的新的文献需求，以第二次世界大战后美国体系化收藏亚洲文献的举措为借鉴，提出我国高校图书馆系统化、规模化收藏周边国家文献资源的顶层设计框架[5]。（2）陈丹等对图书馆的资源建设与使用进行了个案研究，其基于华东师范大学图书馆现有小语种书刊馆藏及回应“一带一路”建设的需要，在问卷调查的基础上，提出高校图书馆应能够提供多语种文献资源，方式应以教师和研究生荐购为主，以本科生需求分析为辅予以采购建设，同时采取宣传推广和优化查询等方式提高资源的利用率[6]。（3）宋颖认为，对“一带一路”所需外语人才培养过程中存在的教学资源缺乏问题努力予以改善乃至解决是未来高校图书馆建设的重要方向，她认为，高校图书馆应该建立数字图书馆；整合图书馆电子资源，引入英语 MOOC 服务教学；建立网上英语学习参考咨询平台；培养学生跨文化意识[7]。

综上，学者们在重视资源建设与服务，提升馆员素质和服务意识，建设和整合电子资源等方面，已经达成共识，但也存在不足：已有研究主要分析图书馆服务“一带一路”的应然状态，对实然状态的调查及应然措施可行性的分析明显不足；对“一带一路”需要图书馆提供哪些服务的探讨，还不够具体；在服务“一带一路”之时，图书馆如何支持所需人才的培养，自身在促进文化交流中的角色是什么，有何优势，基于现状该如何深化，亟待深入研究；鉴于当前的版权法律环境对图书馆服务“一带一路”的桎梏，采用何种新的技术手段予以破解，未有探索。

2 “一带一路”对图书馆服务的现实需求

2.1 支持“一带一路”小语种人才的培养

中海外总公司（由中国海外工程有限责任公司、中铁隧道集团有限公司、上海建工集团和波兰贝科码有限公司组成）参与竞标的波兰政府公开招标项目——A2 高速公路工程，在 2009 年 9 月以不及波兰政府预算一半报价的价格中标，工期为 2009 年 10 月至 2012 年 6 月。但在 2011 年 6 月初，中海外总公司无力承担巨亏后果而被迫中途停止该项目，原因包括公司忽视前期工作且投标体系不规范，缺乏合同意识导致合同漏洞较大，风险意识淡薄致使风险失控，以及对当事国国情缺乏了解，如很多设备只能在当地租赁且需要当地工人操作等[8]。这是我国因相关国际人才缺乏而蒙受损失的典型案例。事实上，“一带一路”开始实施后，因沿线国家语言、专业、复合型人才缺乏而造成的窘境不胜枚举。

现实中，“一带一路”的实施与深入急需大量精通相关国家语种语言基础上的具有国际视野和国际工作背景、熟悉国际规则，并善于在全球化竞争中把握机遇、争取主动的通专兼具型人才，如国际金融人才、国际贸易人才、国际法律人才、国际事务人才及专业技术人才。但与需求不相适应的是，我国现有教育模式下培养的外语人才的表现是，以单一语言为技能，缺乏专业知识，造成懂管理、懂金融、懂专业、擅技术、会外语的“五通”高素质复合型管理人才严重缺乏。

鉴于此，北京外国语大学、上海外国语大学、广东外语外贸大学等高校陆续增设了部分“一带一路”建设所需的多种非通用语种专业，采取以非通用语种为培养专业，把英语作为第二外语的双语培养模式，但是，就算开设相应小语种专业的高校培养的学生完全具备对应语种语言表达和文献阅读之技能，仍然不能满足“一带一路”全方位人才及相关信息的需求。于是，我国的一些高校强化了同沿线国家在人才培养、留学生交流等方面的中外合作办学。由西安交通大学于 2015 年 2 月发起成立的丝绸之路大学联盟，目前已有来自 36 个国家和地区的 135 所高校参与。兰州大学联合 8 个“一带一路”沿线国家和地区的 46 所高校于 2015 年 10 月成立“一带一路”高校战略联盟，目前联盟成员已增至 126 个。教育部 2016 年 7 月发布的《推进共建“一带一路”教育行动》规定，“在未来 5 年每年资助 1 万名沿线国家新生来华学习或研修，并在未来 3 年每年向沿线国家公派留学生 2500 人”，由此，至 2016 年 12 月，国内共有 24 所高校根据自身专长和特点成立了专门的“一带一路”研究机构或学院，设立相关专业，加强“一带一路”的学术研究和人才培养，全国还有不少高校出台了包括沿线国家在内的教育对外开放规划。教育部的统计数据显示，2012年以来，我国共有35.19万人赴沿线国家留学，年均不到6万人，平均到每个国家年均不足千人；但反向的统计数据显示，仅2016年，沿线国家来华留学生就有20.77万人[9]。除了政策因素，这种数量上巨大反差的原因有二：一是图书馆等社会服务机构的日常工作对“一带一路”所需人才的培养支持不足，尤其是缺乏留学政策、留学信息等相关服务；二是国内经济形势良好而使绝大部分出国求学的学生不愿赴沿线国家留学，而更愿意选择西方发达国家作为其留学目的国。

按照教育学的基本规律，高素质人才的成长需要课堂之外的知识面拓展，需要阅读大量文献，需要获取即时信息，此刻，图书馆的社会教育职能和文献情报支撑与服务的重要性得以充分显现。但在目前，高校未开设“一带一路”小语种专业的文献，图书馆鲜有收藏，匆忙进行中外合作办学的前述高校的图书馆是否具备相应人才培养和学术研究所需要的信息资源保障能力，不容乐观。总之，“一带一路”小语种人才的培养亟待图书馆的支持。

2.2 提供法律信息服务

中海外总公司承建波兰A2高速公路项目时，曾遭遇到中国与波兰法律存在冲突之境遇，即由于对波兰法律如海外劳工必须按当地工资水平雇用等规定的不了解，而无力承受人员工资支出。又如，2018年4月26日，第18个世界知识产权日当天，长虹公司收到一份来自德国法院的特殊通知，即“德国最高法院驳回意大利Sisvel公司的复审请求”的通知，为历时7年的长虹公司被诉非法使用Sisvel公司专利的诉讼画上圆满的句号，但其间因专利法人才和国际法诉讼律师缺乏而造成的艰辛不堪回首[10]。当前，我国至少有30万名律师，但能够熟练办理涉外法律业务的却不到3000名，其中能够办理“双反双保（反倾销和反补贴，普通产品保障和特定产品保障）”业务的不到50名，可以在WTO上诉机构独立办理业务的就已是凤毛麟角[11]，而胜任“一带一路”小语种国际法律业务的更是未有耳闻。因此，了解相关国际法与国内法，进而研究应对之策，已成当务之急，对此，图书馆加强沿线国家法律信息资源的建设与服务，为相关人才的成长和国际纠纷的应对提供信息支撑，责无旁贷且迫在眉睫。

2.3 提供过往和即时政治、经济、文化信息

当前，纵然我国同沿线国家的高校和学术机构在教育领域的交流与合作正在不断深化，但摆在“一带一路”实践者面前的非常现实的问题是，自身对相

关国家的政治、经济、文化等缺乏深入了解，此刻，图书馆为“一带一路”所需人才的培养助力，并系统提供沿线各国的政治、经济、文化以及国际市场信息、竞争情报等，显得尤为重要。

当前，直面倡议的全方位需求，国内图书馆尤其是高校图书馆充分履行肩负的社会教育和服务职能，积极回应“一带一路”之需，责无旁贷地为相关人才的培养及回应倡议其他信息需求而尽其所能地配置人才教育、沿线国家法律法规等文献资源，并搜集相关情报，提供相应服务，显得极为迫切和重要。那么，图书馆要充分履行这些职责，自身就要为之培养能够并乐意承担这些责任的馆员，这是保障“一带一路”顺利、持久实施的更为基础、前提的工作。当前，我国图书馆亟待解决自身存在的服务“一带一路”与己关系不大或已经融入常规业务等一系列认识与实践问题。

3 图书馆服务“一带一路”的问题与成因

3.1 活动或展览较多但资源建设过少且使用率低

踊跃举办活动或展览。为了“一带一路”被广为知晓并受到重视从而得到深入实施，一些图书馆举办了相关活动。如，2015 年 4 月，兰州大学图书馆举办了以“‘一带一路’书筑梦，一知一行学为峰”为主题的“书香兰大”阅读节系列活动，向师生展示该校老师著述的“一带一路”书籍，以及该馆所藏地方志、《古兰经》、敦煌文化等反映“一带一路”的经典文献。2016 年 7 月，为期一个月的“上海之窗”摄影展在乌兹别克斯坦首都塔什干的纳沃伊国家图书馆展览大厅拉开序幕。

资源建设各自为政。按照“一带一路”的覆盖范围，我国之外的 64 个沿线国家使用的国语或官方语言有 50 余种，其中，我国高校未曾开设的语种就有 18 种，已开设的近 40 个语种大多集中在一些外国语大学，如开设 84 个语种的北京外国语大学，开设 30 个小语种的上海外国语大学等。目前，思想上不够重视，经费上受到限制，条件上受到制约，法律上受到过多约束等因素导致个体图书馆的资源建设完全按照主办单位的要求，围绕服务对象的需求而展开，如高校图书馆进行资源建设之时，会以满足本校对应专业培养“一带一路”所需此类小语种人才之需要为标准，欲新开设“一带一路”沿线国家语种或接受馆外借阅，就会显得捉襟见肘。图书馆相互之间则欠缺避免资源雷同建设以便互补使用等节约经费的合作实践，导致资源雷同建设比较严重。资源建设采取的方式基本上依然是依靠师生荐购、自行采购或通过 CASHL 和 CALIS 项目予以购置，而且，由于缺乏激励机制和责任意识，一些高校师生从沿线国家留学回国之时，鲜有为所在高校的图书馆代买出版物的情况。另外，由于受到资金、人员、设备的限制和版权法的约束，图书馆为了数字保存和网络传输而对纸质资源予以数字化的工作仅限个别图书馆缓慢开展。

专题数据库的建设星星点点。据笔者的调查，目前广东外语外贸大学图书馆为配合学校协同创新中心国家级重大项目的建设需要，在广东省政府的支持下，联合暨南大学、中山大学等高校，成立了21世纪海上丝绸之路协同创新中心信息资源中心，整合现有特藏在全国率先建立了“一带一路”专题数据库[12]；北京外国语大学图书馆建设了亚非、美国、加拿大、英国、澳大利亚、马来西亚共六个研究资源库，其亚非资源库的一部分和马来西亚资源库为“一带一路”特色资源库[13]；厦门大学图书馆在教育部CALIS项目资助下建设了东南海疆研究数据库，其一部分是关于21世纪海上丝绸之路的资源库[14]；暨南大学图书馆建设了华侨华人特色数据库，并计划对“一带一路”涉侨智库资源予以开发进而建设“一带一路”涉侨数据库[15]。另外，陕西国际商贸学院图书馆计划联合校内医药学院、中药研究院、养生文化中心、步长企划中心以及一些重点大学和科研院所，基于陕西省内特别是大秦岭区域的中医药历史文化、经济价值、发展状态数据等，建设“一带一路”新媒体系列资源库[16]；陕西省图书馆正在建设大秦岭大文化多媒体资源库，其少部分资源与“一带一路”相关[17]。这种星星点点的专题数据库建设局面无法满足倡议的实施需求。

资源缺失与浪费并存。首先，沿线国家小语种文献资源结构性缺失。缺失原因一方面是新中国成立初期西方国家对我国的封锁与禁运；另一方面是改革开放之后，我国经济、教育、文化的国际化才真正开始，图书馆收藏包括沿线国家在内的外文国别文献才逐渐增多。这种结构性缺失导致目前图书馆拥有的资源无法应对“一带一路”的研究与建设需要。其次，长期以来，高校图书馆、科研院所图书馆、公共图书馆条块分割，内部也是各自为政，加上强化馆际合作等理念实践不足，造成资源互补使用举步维艰，致使资源缺失的同时又一定程度地资源浪费，即有的图书馆的未被充分使用或完全未被使用的“一带一路”小语种文献，如果其他图书馆得悉或在检索到之后发出使用其文献的请求，囿于图书馆及其馆员的态度和害怕违法而很难通过馆际合作等方式被其他有使用需求的图书馆用户使用。以华中师范大学为例，该校目前开设有俄语、日语、法语、朝鲜语四个小语种专业，拟开设西班牙语专业，学校图书馆相应馆藏分别为53488册、15904册、2374册、161册、741册（截至2017年12月31日），虽然有的小语种如俄文文献的馆藏量并不低，但其使用率却很低，2016—2017年两年时间，四个已开设小语种专业图书的借出册数分别为

36 册、296 册、48 册、103 册，96%以上图书的借阅者是教师，而未开设语种图书的借出册数分别为德语 68 册，西班牙语 6 册，蒙古语 1 册。再者，数年未出现过被校外读者借阅的情形，这对学生总人数 3 万有余且有 2800 余名外国留学生的高校来说利用率确实有点低。在自建专题数据库的使用方面，笔者 2018 年 4 月 19—30 日对前述几个高校自建专题数据库的电话调查显示，这些数据库基本限于自用，鲜有被他馆用户检索、使用的情况。

3.2 订置"一带一路"商业数据库的情况欠佳

3.2.1 商业机构积极建设"一带一路"商业数据库

为了便于全国图书馆尤其是高校图书馆选择性订置"一带一路"商业数据库，笔者将一些企业踊跃建设的商业数据库罗列如下。

首先，是目前国内比较有影响的 8 个已经成型的关于"一带一路"的商业数据库。其一是社会科学文献出版社同中国社会科学院、外语教学与研究出版社、中国银行四家单位合作建设的"一带一路"数据库。其二是北京国研网信息有限公司开发建设的"一带一路"支撑平台。其三是社会科学文献出版社在新版《列国志》丛书基础上，推出的国别国际问题研究资讯平台——列国志数据库。其四是中经网数据有限公司开发的"一带一路"统计数据库。第五至第八个是中国知网（CNKI）开发的"一带一路"与中国发展数据库、"一带一路"沿线国家国情研究数据库、丝绸之路民族历史文化研究数据库、丝绸之路宗教历史文化数据库。

其次，是国内目前正在建设中的由外交部世界知识出版社等单位联合建设运营的"一带一路"数字文化工程项目。该项目于 2016 年 1 月 21 日在北京正式启动，其第一阶段的目标就是三方充分发挥各自优势，全力打造数字图书馆富媒体产品"一带一路"图书馆，并在全国范围推广；第二阶段的任务是将我国优秀的文化产品进行版权输出；第三阶段的任务主要是搭建数字文化版权交流平台[18]。该项目目前由于受到入网限制等问题而进展比较缓慢。

最后，是外文数据库。其一是美国 EBSCO 公司整理"一带一路"沿线国家的人物、文化以及经济政策而开发的"一带一路"资源中心（One Belt One Road Reference Source）数据库。它是国外"一带一路"专题数据库中的代表，整合了诸多沿线国家的小语种资源。其二是 IG Publishing 推出的"一带一路"专题数据库（One Belt One Road Collection），比较完整地收录了沿线国家的政治、经济、文化、发展策略和政治研究等的电子资源。

3.2.2 多数图书馆未订置"一带一路"商业数据库

为了调查图书馆订置前述关于"一带一路"的 8 个已经成型中文商业数据

库的情况，笔者选取116所国家“211工程”大学作为调查对象，结果有12所大学的网页未能打开（查询时间2018年4月19—21日），余下的104所正在使用或试用这8个商业数据库的统计情况见表1。

表1　104所“211”工程大学正在使用或试用关于“一带一路”的数据库情况统计表

名称 数量	“一带一路”数据库	“一带一路”支撑平台	列国志数据库	“一带一路”统计数据库	“一带一路”与中国发展	“一带一路”沿线国家国情研究	丝绸之路民族历史文化研究数据库	丝绸之路宗教历史文化数据库
高校数	10	15	7	9	1	1	1	1

统计显示，按区域划分，正在使用“一带一路”方面数据库的高校图书馆的分布情况是，华北11所，东北6所，西北5所，华东、华中、华南、西南、西北各2所，靠近沿线国家的地区和北京市高校图书馆是订置主体。按一所高校图书馆使用数据库的数量划分，同时使用3个及以上数据库的有2所高校，分别是北京大学和内蒙古大学，同时使用2个数据库的有7所高校，使用1个数据库的有22所高校，未使用此类数据库的高校至少有73所。统计数据反映出，我国大多数高校图书馆并未订置“一带一路”商业数据库。

同步调查的结果显示，云南大学、重庆大学等高校图书馆目前正在使用EBSCO公司开发的“一带一路资源中心数据库”。北京大学图书馆、兰州大学图书馆等正在使用IG Publishing推出的“一带一路”专题数据库。

3.3　同沿线国家图书馆间实质性交流合作不足

我国图书馆同沿线国家图书馆进行交流的主要形式有二。一是举办或参与合作论坛。如2018年5月28日，在中国国家图书馆、中国图书馆学会和“一带一路”沿线其他国家一些图书馆倡导下，于成都成立了“丝绸之路”国际图书馆联盟[]，意图扩大沿线图书馆的国际交流合作，但未见章程或协议类文件签署，这种软联盟的实际效果会极其有限。二是开展互访交流和业务培训。如2015年10月，应韩国图书馆协会邀请，中国图书馆学会秘书长霍瑞娟等，赴韩国参加第52届韩国图书馆协会大会暨协会成立七十周年庆祝活动并进行业务交流[20]。

我国图书馆同沿线国家图书馆进行的合作也可分为两个方面。一是文献赠送与交换。如，2013年9月，重庆图书馆向哈萨克斯坦国家图书馆赠送300余册精美中国图书，并在哈国家图书馆设立了“重庆之窗”专架，如今，“重庆之窗”已拓展至世界很多国家。二是合作建设图书馆分馆。2015年11月，沙特阿拉伯阿卜杜勒·阿齐兹国王公共图书馆北京大学分馆暨北京大学古籍图书馆在北京大学举行奠基仪式，该项目已于2017年3月17日举行落成典礼[21]。

综上，数量众多的我国图书馆同沿线国家图书馆间虽然有一些交流甚至合作，但文献赠送与交换等实质性合作明显不足，亟待予以广度和深度拓展。

3.4 国内各类图书馆间的实质性交流合作严重欠缺

据笔者的查证，深圳于 2016 年年底成立了“一带一路”图书馆联盟，但限于合肥市图书馆、盐田区图书馆等公共图书馆，致力于实现“一带一路”文献资源的聚集和整合，将各馆现有馆藏中的相关文献资源进行整理汇总，形成联合目录，拟将“一带一路”文献资源转化为文化资源，向公众提供“一带一路”的文化服务与推广[22]。当前，此类联盟亟待高校图书馆、科研院所图书馆和其他公共图书馆突破部门壁垒和地域限制而加入。高校图书馆方面，由于各个高校的办学方向、专业设置、学术专长有所不同，相应地，每所高校图书馆馆藏文献的学科分布和资源购置的导向也就有所不同，每所高校图书馆均重点支持本校已开设或拟开设专业，收藏各自所需的外文资源，而且，重视纸质文献的收藏，轻视音视频资源的收藏；但资源被所在高校使用的频率并不一定高，也难以被其他图书馆用户使用，即便是处在同一城市而且签署了馆际互助协议的高校，“一带一路”资源雷同建设的情况依然较多，非雷同资源的建设同样缺乏深度合作。

总体而言，纵然我国图书馆同沿线国家图书馆以及国内图书馆相互之间有一些交流，但合作缺乏深度、广度和针对性，这相对于“一带一路”的重要性而言，还需要着力予以强化，并给予深度和延伸性拓展。

3.5 认识偏差且所需小语种馆员严重缺乏

笔者历时一年有余的调查显示，服务“一带一路”与图书馆关系不大，首要职责是服务主办单位等认识不足的情况相当程度存在，反映出不少图书馆小农意识严重，缺乏大局意识，这决定了个体图书馆规模性建设“一带一路”资源库或数据库的情况必定是凤毛麟角而且基本限于自用。另据笔者 2017 年 1 月至 2018 年 4 月对武汉市高校图书馆的调查，发现只有 1 个“一带一路”沿线国家小语种专业毕业且仍在职的馆员，未曾发现能够较深度解答沿线国家政治、经济、文化、法律环境等的馆员，虽然英语专业毕业或公共外语是英语的馆员数量较多，但由于语言环境缺乏，外语表达与阅读外文文献的能力退化较为严重。这造成资源采购、资源编目与标引、咨询接待、对外交流合作等业务工作受到相当程度的影响。

3.6 多种因素导致数据库使用率低

需求不足，经费受限，库内资源较为单薄，用户看不懂外文文献，数据库价格偏高，使用率偏低等，影响相关数据库的订置和使用。虽然，关于“一带一路”的商业数据库各具特色，也有所重叠，但总体上一些数据库由于缺乏强有力的文献支撑而显得内容比较单薄，如，CNKI择其相关资源而推出的“一带一路”与中国发展等数据库由于内容较为单薄导致订置率过低，又如，沿线国家的文献结构性缺失问题通过列国志数据库表现得尤为突出。同时，数据库使用率偏低反映出数据库内容与用户的需求、用户的阅读能力还存在相当距离，那么，即便图书馆增加数据库订置量仍然难以提高使用率，因此，本身经费有限的图书馆被迫在试用之后订置个别数据库，甚至正式订置之后放弃续订。这种“一带一路”数据库的订置与使用状况造成图书馆服务该倡议的效果并不明显，同时，该局面还会导致数据库商经营困难，从而直接影响其进一步的资源建设。

3.7 沿线国家小语种文献采编和管理困难且推介不足

由于读者面窄、使用率低、采编困难和管理不便，“一带一路”小语种文献的建设动力严重不足，即使有部分外国语大学和个别综合性重点大学的图书馆予以重点投入，仍难以形成规模和合力，而且，图书馆在“一带一路”方面的现有馆藏资源或已订置数据库的宣传、推介、定题等深层次的服务工作等方面亟待加强。

3.8 服务孔子学院不及时且即时信息服务空白

至2016年年底，我国在“一带一路”沿线国家已开设134所孔子学院和130家孔子课堂，问题在于，虽然孔子学院/课堂的办学规模逐步扩大，但图书馆为之提供相关文献情报服务的工作并未及时跟进[23]，而且，图书馆为用户提供即时性的沿线国家的政治、经贸、交通、科技、留学等信息的服务活动几近空白。

4 图书馆服务“一带一路”倡议的对策

4.1 突击性系统性建设“一带一路”资源

以高校图书馆为例，先前，各高校馆一直将经费优先投入需求量更大的英文文献建设中，此为我国高校馆对沿线国家的文献总体收藏薄弱的重要原因。当前，为了弥补“一带一路”急需的小语种文献资源短缺的局面，我国需要对沿线国家的文献资源采取突击性与系统性相结合的建设策略：首先，突击性地注入专项购置经费，促使图书馆尤其是承担“一带一路”人才培养和科研信息支撑重任的高校馆补偿性购置一批沿线国家的语言学（包括音视频资源）、历史学、政治法律环境、经济商务环境等方面的基础性资源，同时，保障必要后续资金尤其是新资源采购、数字化、信息传播等方面的持续投入，从而间接保障“一带一路”持久实施；其次，针对“一带一路”小语种文献采购困难的问题，应采取外交部门、教育部门、经贸部门帮助采购，通过中国教育图书进出口有限公司、中国图书进出口（集团）总公司予以采购，以及委托购置与接受民间赠送，并积极拓展馆际互赠等方式努力加大“一带一路”小语种图书的收藏力度；再次，在编目环节，如果某个图书馆不具备编目能力，可以聘请相应国家的来华留学生在图书馆员的指导之下帮助完成编目工作；最后，在提供服务环节，为了尽力提高馆际互借、文献传递等互助方式的效率和效果，各个图书馆在编目工作完成之后，应及时将书刊信息上传至互联网形成电子书架，便于馆内外用户检索，这是提高文献使用率的极其重要措施，如果馆舍允许，个体馆还可以考虑设立“一带一路”书刊专架，甚至设立小语种阅览室并配备专兼职馆员接待小语种借阅需求。

4.2　为人才培养等需求提供信息服务

我国及与之发生政治经济文化交流的“一带一路”沿线国家，彼此均急需相关人才。我国缺乏沿线国家的小语种人才，沿线国家也缺乏中国语言尤其是汉语人才。当前，基于这类“一带一路”小语种人才荒现象，强化沿线国家小语种人才的培养，是我国各级各类学校教育和社会教育的当务之急。因此，图书馆尤其是高校图书馆应该积极为培养沿线国家小语种人才而置备教学、教参、国情文化等资料，尤其是鉴于我国学生不太愿意赴沿线国家留学的现实，应在重视纸质资源建设的同时，强化语言学习音视频资源的建设以方便有一定基础或兴趣的用户深入学习这些语言，更为重要的是还要积极向国家建言出台赴沿线国家留学的优待政策，如设立“一带一路”留学基金、鼓励我国与沿线国家间的留学生互换等，此外，还应为来华留学生和访问学者配备学习资料，从而为我国学生赴相应国家学习其语言、了解其文化创造条件。再者，要想提高沿线国家小语种人才的数量和质量，中外合作办学不得不成为一条重要渠道，此为培养“一带一路”急需语言人才并迅速提高其语言技能、专业技能、综合技能的重要途径，图书馆应通过建立咨询馆员 QQ 群等合作方式为之做好沿线国家语言、国情介绍与留学信息、技术文献提供等服务。

从实际操作层面来看，出于让馆员和用户了解我国之外的“一带一路”沿线 65 个国家使用的官方乃至民族语言之目的，设有相关专业或智库的各个高校图书馆购置适当数量的杨亦鸣、赵晓群主编，商务印书馆 2016 年出版的《“一带一路”沿线国家语言国情手册》十分必要。此外，语言人才的培养毕竟只是手段，为了同沿线国家共同发展、繁荣目标的实现，图书馆为社会提供沿线国家的法律法规、经贸合作与纠纷等信息，对于保障我国人员与企业的权利至关重要，因此，图书馆购置中华全国律师协会于2017年6月发行的由“一带一路”沿线43个国家的投资法律环境报告组成的《“一带一路”沿线国家法律环境国别报告》同样十分必要。

有关专家适应时代之需而翻译、创作、出版的最新图书，图书馆尤其是相关高校馆很有必要尽可能完整地及时地予以购置、收藏，而且，还应该采取颁发荣誉证书等方式鼓励师生尤其是来华留学生积极向图书馆荐购，为图书馆代购，甚至赠送图书，弥补部分“一带一路”资源的购置缺乏路径等局限。为了互通有无而建立馆际咨询馆员QQ群、微信群，建立服务“一带一路”的馆员人才库，相互提出咨询请求并互补解答，便于其后通过馆际互助等合作方式实现资源互补使用，满足用户需求。

4.3 将拓展采购平台的功能同购置数据库予以结合

首先，拓展图书联合采购平台的功能。目前，CASHL和CALIS的能力毕竟有限，因此，应该在将CASHL和CALIS以及NSTL的职能拓展至服务“一带一路”的同时，借鉴美国高校图书馆的成功经验，由国务院牵头，相关部门参与，划拨专项建设资金，设立覆盖全国的“一带一路”国家文献资源中心，并考虑由官方主导将几大关于“一带一路”的碎片化数据库以及各个图书馆的专题数据库予以整合[24]，即从国家层面，对“一带一路”所需的信息资源进行整体布局和统筹协调，具体措施可以采用谁参与建设谁分享资源和利益等创新机制吸引有建设能力和使用需求的数据库商、各级各类图书馆积极参与、分工协作，从而形成资源建设合力，共同推动沿线国家和地区的信息资源建设和保障的广度、速度、力度、深度和持久度。

其次，选择性订置商业数据库。前文所述的“一带一路”数据库资源，收藏的信息各有侧重、各有特色，也有所重合，各个图书馆应基于自身的购买力和需要，选择性地予以订置、使用。比如，列国志数据库更偏重各国历史与基本国情的介绍，“一带一路”数据库偏向沿线各国地理及经济情况的介绍，“一带一路”支撑平台内含的信息更利于实际经济活动的开展，“一带一路”统计数据库更具线条性和区域性，可以为相关经贸活动提供决策参考。各馆有必要以所服务用户需求的特点和变化适时调整订置数量与年份，还可以考虑采取一定地域内的图书馆“数馆联合、分别订置、互补使用”的策略。

特别值得指出的是，在现有环境下，图书馆还需要特别重视为用户提供“一带一路”信息的专题服务，因为各个数据库商目前均非常乐意提供专题信息服务，一些数据库商还特意将其数据库拆分为小型专题数据库。图书馆可以基于用户需求同数据库商合作，承担专题资源零售中介的角色，拓展服务职能。此外，对资源单薄且订置情况欠佳但其资源又具有一定使用价值的数据库，图书馆可以同数据库商洽谈，采取一次性买断其现有资源使用权的方式予以购置。

4.4 强化国内、国际馆际交流合作

首先，加强国内馆际交流合作。当前，国内公共图书馆由于受到经济能力和用户专业性需求较弱的局限，高校图书馆则受到为所在高校开设的小语种及相关专业提供信息保障等因素的局限，而科研院所图书馆立足于回应主办单位的科研需求，资源建设和信息服务情理之中地表现为各自为政，但是，为了服务“一带一路”，馆际交流合作不得不也理所当然地成为当前图书馆服务“一带一路”的极其重要措施。各个图书馆拥有零星的“一带一路”文献资源和一些及时情报，这应该被图书馆界广为知晓，这种聚合可促使图书馆界开展联合服务，形成强大的资源保障和服务能力。因此，国内图书馆应在文化部、中国图书馆学会等的组织下，联合起来为服务“一带一路”而建构提供文献情报的合作平台，利用“互联网＋图书馆”实现智慧型服务，基于各个图书馆现有的纸质资源、数字资源，发挥专长分别建立书目信息及电子书架，便于用户检索查询，还要搜集、获取相关数字资源，建立并逐步整合、完善覆盖全国的“一带一路”网络数据平台，促进资源共建共享、联合服务与智慧服务[25]。

其次，推动与沿线国家图书馆间务实地国际交流合作。个体的力量是有限的，而合作的力量是无限的。秉持务实合作、互惠互利的原则，加大与沿线国家图书馆之间的交流合作力度，方可尽力满足“一带一路”之需。通过图书馆联盟建立与沿线国家图书馆之间的定期交流和长期合作机制，构筑机构之间资源共建共享、平等交换和相互捐赠渠道，开展馆际互借和文献传递服务。如近年来内蒙古地区高校与蒙古国高校互访频繁，带动相互间图书馆的交流合作日益增多。尤其是通过定期在蒙古国国立大学图书馆、蒙古国科学技术大学图书馆开展的中国图书展，为两国其他高校图书馆的交流合作建立了良好的沟通渠道：内蒙古医科大学与蒙古卫生大学定期就各自图书馆馆藏中的相关蒙医药文献进行交流，内蒙古农业大学与蒙古国立农业大学，内蒙古师范大学与蒙古国立师范大学等高校图书馆均定期、不定期进行优势馆藏文献的交流活动[26]。结合前文所述的国际馆际交流与合作情况，可以看出，沿线国家图书馆同样有着向中国推介自己并与我国图书馆加强交流乃至合作的强烈愿望，因此，这种国际馆际交流合作完全能够以内蒙古高校和蒙古国高校图书馆的交流合作经验为范例，在克服语言障碍之后务实地从范围、力度、频度等方面予以强化。各

个图书馆应遵照国际通用格式如MARC格式，做好书目信息，然后，通过图书馆联盟将书目信息联网共享，便于用户检索、浏览，进而通过馆际互借、代借、代还及原文传递等方式，推动沿线国家图书馆的资源共建共享。另外，鉴于民间交流合作的局限性，应由国家图书馆及其上级主管部门文化和旅游部予以推动，尽快落实2013年11月19日多个“一带一路”沿线国家通过的《亚洲图书馆昆明宣言》，积极推动亚洲各国图书馆书目数据共享。

4.5 推动沿线国家的数字图书馆联盟建设

为了加强“一带一路”沿线不同地域、不同民族、不同国家之间图书馆的交流合作，充分利用图书馆的数字资源，我国应由国家图书馆牵头，逐步与沿线各国图书馆联合组建“一带一路”数字图书馆联盟，在联盟内部按照国际通用格式编目，并基于联盟协议共享编目数据；使用虚拟专用网络（VPN）技术相互访问各个图书馆的本地数据库资源[27]，逐步让“一带一路”数字资源的国际交流合作成为一种新的互惠互利模式。这是克服经费和地域限制，提升资源建设、信息服务的效率和效果的必然选择。

4.6 重视即时信息的采集与提供

共建“一带一路”的最终目标是实现沿线国家共同发展和繁荣，因此，图书馆在尽力搜集国内外研究“一带一路”的最新研究成果与数据，包括论文、研究报告、会议文件、统计数据以及免费资源并做好馆藏资源建设与服务的同时，还需要打破传统而尽可能地为用户提供沿线各国即时的经贸、政治、法律、社会等信息，以及我国同相关国家经贸活动的成功与诉讼等案例，助力我国人员和企业的权益保障，促进我国同沿线国家共同发展和繁荣目标的实现。此刻，由民间智库“一带一路”研究院发布的“一带一路”经济社会发展数据库是难得的免费数据库，涵盖“一带一路”沿线65个国家的经济、社会、贸易、资源、生态环境、基础设施、投资环境等信息，能够为中国企业了解沿线国家的基本国情和投资环境等提供智力支持。该库目前通过“矿业界”官方网站（www.oborr.com）和微信公众号（矿业界，ID：MiningWorld；“一带一路”研究院，ID：edaielu）向社会大众免费开放[28]。另外，2017年3月21日正式上线的由国家推进“一带一路”建设工作领导小组办公室指导，国家信息中心主办，丝路国信大数据技术有限公司、百度云提供运营和技术支持的中国“一带一路”网，有中文简繁体、英文、俄文、法文、西班牙文、阿拉伯文六种语言的版本，能够全方位地权威地提供新闻资讯、政策环境、五通发展、基础数据、国际合作、企业风采、共话丝路等信息[29]。商务部网站“业务导航”之“走出去”栏目的“服务‘一带一路’”，包含政策文件、统计数据、相关资讯三大板块，内含不少即时信息[30]。图书馆应通过官方网站、微信、微博等方式积极向用户推介这些信息获取渠道和最新资讯。

4.7 主动承担起文化交流的主体责任

4.7.1 图书馆承担文化交流责任的优势

客观地讲，沿线国家共建“一带一路”是一项系统工程，既需要通过硬环境建设打通各国之间的物理通道，也需要建设软环境打通各国人民之间的精神通道。硬环境建设主要是交通设施、能源设施和通信网络等的建设。软环境建设方面，由于合作的前提是进行交流和相互认知，所以，当前我国尤其需要坚持文化先行的原则，从文化交流着手，建设倡议实施的软环境，此种责任图书馆责无旁贷且具有独特优势，原因在于不受年龄、种族、性别、宗教信仰、国籍、语言和社会地位等限制，人人平等享有接受图书馆服务权利的理念，使得图书馆在文化交流乃至合作方面更有优势，更易于被不同信仰、不同国别的人群所接受。文化交流与合作有助于增进我国同沿线国家的相互了解，便于相互沟通，促使沿线各国认同、接纳我国倡导的和平共处五项原则，打消沿线国家的诸多疑虑，弱化沿线国家间的意识形态差异，强化人类命运共同构建、实现合作共赢的意识，夯实沿线国家之间全方位合作的民意基础，为寻找互补性、增强包容性、确定合作点创造条件，逐步实现我国同沿线国家之间全方位合作的目标。

我国图书馆应主动承担起文化交流的主体责任，培育自身的信息资源优势、强化同行易于沟通优势、发挥专业技能优势并借助网络传输优势，建立同沿线国家图书馆间的联系进而加强同沿线国家图书馆间的信息资源、业务技能的交流合作，最大限度地通过交流合作而传播中国文化、了解他国文化，为最终实现信息资源共建共享的目标而努力。

4.7.2 图书馆承担文化交流媒介的政治经济背景

文化先行在政治、经济方面的原因在于，我国提出的“一带一路”倡议被美国及沿线或周边一些国家以充满矛盾的心态来看待。资源匮乏的日本为了其能源具有多元化保障，于 1997 年提出“新丝绸之路外交”，强化同中亚的交往，希望在这一地区抗衡中国和俄罗斯的影响[31]，中国提出的“一带一路”自然不被其待见。欧盟于 2007 年推出《欧盟与中亚：新伙伴关系战略（The EU and Central Asia：Strategy for a New Partnership)》，积极介入中亚事务，试图重塑中亚国家的发展方向来实现“一个更加安全世界里的欧洲”的整体目标[32]，认为中国提出的“一带一路”危及其安全和利益。美国于 1999 年推出

《丝绸之路战略法案》，“致力于推动中亚国家建立市场经济和民主政治体制”[33]，2011年又提出“新丝绸之路计划”（New Silk Road Initiative），拟通过援助中亚地区国家的基础设施建设，意图以阿富汗为中心，把中亚和南亚连接起来[34]，从而实现其政治经济企图，自然对我国倡议表现出不悦。伊朗于2011年提出了“铁路丝绸之路”计划，力图将伊朗境内的铁路经阿富汗、塔吉克斯坦、吉尔吉斯斯坦与中国铁路连通[35]，实现中伊经济互补，但伊朗的思维定式和国家安全理念决定了其一直在考量自己参与“一带一路”建设是否符合自身利益，并不断揣摩中国真实的战略意图，同时，伊朗还在掂量配合中国的“一带一路”，能够从中国这里获得在解决伊朗核问题和确保伊朗核协议全面落实以及重振其经济方面之支持的力度，以及中国帮助解决中东紧张局势和乱局的作用发挥程度[36]。印度长期以来将印度洋视作自己的势力范围，从而一方面认为自身的“季风计划”可基于“协同性”同“一带一路”对接，另一方面又认为“中巴经济走廊”穿过了其宣布拥有主权的克什米尔地区[37]，但同时又认为边界问题和地区安全竞争不应该阻碍两国扩大战略合作和两国人民之间互信的建构[38]，其还于2014年再推“新邻国外交”[39]，以抗衡“一带一路”的影响。俄罗斯则将中亚理所当然地视为自己的势力范围，把中国主导的“一带一路”看成是对俄罗斯大国地位的一种挑战，但展示出基于平等而开展广泛合作的积极态度，认为双方开展的合作必须在“欧亚经济联盟”框架下进行，俄罗斯欢迎中国投资，但觉得“一带一路”在给俄罗斯带来巨大潜在利益的同时，也带来了安全上的隐患，因此，俄罗斯主张在上海合作组织框架下开展双方合作，将中国投资导向他们已经评估过的、更安全的项目[40]。

沿线其他国家则一方面希望得到更多中国的资金、技术、无偿援助，且将本国的产品出口到中国巨大的消费市场中；另一方面又担心本国的进一步开放会造成对中国的更大依赖[41]。总之，沿线其他国家民族宗教矛盾错综复杂且各国发展目标和利益诉求存在差异甚至矛盾，但是，追求发展是其共同点，这构成“一带一路”的民意基础和开放合作、互利共赢理念的逻辑起点，是需要把握的关键要素，因此，文化先行势在必行，通过图书馆间的交流合作而促使民众相互交流，强化彼此认知，从而促进民心相通，增强国与国之间的相互理解和支持，增强国与国之间的认同感和包容性，促成各国发展战略的顺利对接，达成互惠互利、合作共赢。

4.7.3 前期文化交流之成果和继续深入的必要性

“一带一路”实施数年的经验和经贸数据证明，文化交流促进沟通合作，而合作的成就使他国信服并可推动进一步的文化交流，日本态度的转变即为例证：一贯对“一带一路”持观望甚至反对态度的日本近来风向大变，其首相安倍晋三 2017 年 12 月 4 日就中国提出的“一带一路”发表评论，称两国“可以大力合作”，强调两国可以共同参与相关基础设施建设，以对亚洲的繁荣做出贡献[42]，虽然其无端设定了政治前提；2018 年 10 月 26 日，安倍访华期间表示，“一带一路”是有潜力的构想，日方愿同中方在广泛领域加强合作，包括共同开拓第三方市场[43]。因此，为了让沿线国家了解中国，我国需要进一步主动向沿线国家推介中国文化，宣传中国平等合作、互利共赢等主张，对此，上海图书馆于 2002 年即已创建的“上海之窗”项目，通过向境外图书馆及藏书机构捐赠由国内出版的图书，全方位地向境外读者介绍中国的历史，宣传、弘扬中国悠久的文明与文化，并展示我国改革开放的成果，以及近年来的新进展。“一带一路”开始实施后，“上海之窗”项目又被赋予新的服务“一带一路”的职能，除了向每个“上海之窗”服务点先赠送 500 册新书，每年再提供约 100 册图书以推介中国文化之外，还购买了一万多种电子书的版权，不断向这些服务点输送。截至 2017 年 5 月，“上海之窗”已分布于“一带一路”沿线 28 个国家的 43 个图书馆和研究机构，其促进文化交流的效果日益显现。

在出版界，中国国际出版集团所属出版社、五洲传播出版社等出版单位积极地在“一带一路”沿线国家出版发行当地语种的中国图书或与沿线国家合作而推出国家级互译出版项目[44]；广东省出版集团的图书版权、文化产品与服务已经输出到越南、泰国、缅甸、马来西亚、新加坡、印度尼西亚等东南亚国家，以及英国、德国、比利时、美国、加拿大等欧美国家，图书版权输出量达到 1300 多种[45]；2017 年 8 月 24 日，由中国人民大学出版社发起，来自 29 个国家和地区的 92 家高等院校、科研院所、文化机构和出版企业共同成立“一带一路”学术出版联盟，通过搭建版权交易、资源共享的交流合作平台，开展人员培训、业务交流、学术互访，建立学术和文化交流合作的双边和多边联络机制，以促进各国学术和文化交流跨上新台阶，为增进各国政治互信、深化经贸合作而搭建平台[46]。这是我国出版界推动“一带一路”建设的积极作为。

在对外推介中国文化的同时，我国已经开始重视沿线国家外文文献的引进，2013—2015 年，我国从沿线国家引进图书分别为 1347 种、1517 种、1762 种，年增长率为 14.45%，这说明“一带一路”对我国同沿线国家的出版乃至全方位文化交流起到了正向促进作用[47]。

成就显著背后的问题是，推出“重庆之窗”的重庆图书馆和创立“上海之窗”的上海图书馆等个别大型公共图书馆对外推介中国文化的能力和效果毕竟有限，该工作亟待更多公共图书馆和高校图书馆、科研院所图书馆的踊跃加入与强化，尤其是需要文化部的组织和国家图书馆的引领，为此，2017 年 3 月 1 日，文化部印发《文化部“一带一路”文化发展行动计划（2016—2020 年）》，并成立由文化部部长雒树刚担任组长的文化部“一带一路”工作领导小组，这对有效开展全国的“一带一路”文化建设工作，提供了坚强的组织保障。

综上，承担“一带一路”文化交流重任的公共图书馆、高校图书馆、科研院所图书馆显然不可独善其身，而是应该积极建立、拓展、强化此类文化交流合作的体制机制，否则，其服务“一带一路”的能力和效果将极其有限，还会弱化自身的地位与生存空间。

4.8 提升馆员素质并激发服务的“三性”

服务“一带一路”，急需能够担起资源建设和服务职能的馆员。现在，由于历史和现实原因，众多图书馆对担起这些责任显得有些力不从心，亟待促进图书馆管理机制与馆员素质和信息服务的国际化，因为绝大部分图书馆并不具备像内蒙古高校和蒙古国高校进行交流合作不存在语言交流障碍那样的有利条件。当前，我国图书馆一方面需要借助服务“一带一路”的良好契机，勇敢地接受挑战，按照国际标准如《国际文献交换公约》《出版物国际交换公约》等公约规范资源建设、馆际互助等业务；另一方面需要迅速提升服务“一带一路”的小语种馆员素质，通过强化馆员国内国际互访、交流与相互学习，举行、参与“一带一路”图书馆学术研讨会等方式，共同建设高素质馆员队伍，形成一支高效有为的国际化馆员团队，基于图书馆的文献情报，利用互联网等现代化的技术手段和设备，如 E-mail、QQ 群、微信群等，凭借图书馆员的专业能力及智慧为用户提供智慧服务，当然，还要建立科学的服务绩效评价体系，对工作出色者在职称晋升、考核评定方面予以适度倾斜。同时，鉴于当前协调图书馆主办单位或部门的难度太大，馆际合作时部分图书馆及其馆员嫌麻烦，数据库商等版权人不乐意，版权法的相关规定比较模糊等问题，图书馆员急需增强服务工作的“三性”，即积极性、主动性、创造性，在学习相关法规进而基于各国版权法普遍适用之个人使用等条款，乐于从事馆际互助尤其是文献传递等服务，基于用户的语种个别化、需求个性化、学习和研究专业化等特定需求而提供“一带一路”专题信息服务。

4.9 尝试采用区块链技术强化馆际合作和馆企合作

当前的人员、经费、管理体制局限以及受到版权法律环境桎梏的“一带一路”资源建设、信息服务与资源使用的局面，呼唤新的技术措施化解此种困局。笔者认为，新兴的区块链技术能当此任。

区块链技术（Blockchain technology，BT），也被称为“分布式账本技术”，即通过建立一组互联网上的公共账本，由网络中所有的用户在账本上共同记账与核账，采取只允许添加、不允许删除的方式确保信息的真实性、不可篡改性和不断增长性。其名曰区块链之缘由还在于，区块链存储的数据由网络上一个个存储区块串联而成，每个区块均包含了一定时间内网络中全部的信息交流数据，包括每一次记录的来源和去向[48]。

正是基于区块链技术的时间戳功能和链状结构，它被应用到知识产权领域，即以其分布式数据来记录知识产权资产的产权链（chain-of-title）及所有权情况。在区块链中，知识产权可以按照顺序实时地持续更新，从而可以为任何一种知识产权资产的转让与使用活动提供不可篡改的跟踪记录，从而再也无需去寻求第三方信托的帮助，也无须获得繁琐的使用许可，这是规避当前各国版权法律规定差异较大的极好技术措施。此外，凭借潜在的互通性，区块链技术还可以为全球知识产权登记助力[49]。使用区块链技术建构的数据库的突出特点是去中心化、公开透明，非常适合用于共建共享“一带一路”资源，从而让每所图书馆甚至个人均可参与数据库的记录、建设与使用。事实上，2018年1月23日在瑞士达沃斯-克劳斯特举行的“2018年全球经济年会——冬季达沃斯论坛”上，由国际数字经济协会IDEA发起，艺派全球基金会、道和论坛组委会与Open heart Design Alliance联合主办的“道和达沃斯命运共同体论坛：区块链＋数字经济与文化峰会”，就探讨了使用区块链技术建设“数字丝路”的问题[50]。张炜等更是深入探讨了区块链促进协作保存网络环境下信息资源的可信性[51]。

当前，图书馆界有必要尝试使用区块链技术中的公开链技术而开展馆际乃至馆企合作，即图书馆个体、企业、版权人积极建设“一带一路”数字化资源，通过区块链技术而予以聚合、使用，也可以使用其中的联盟链技术，即由若干图书馆和数据库商一起合作，共建共享数据链条，使用时，已过版权保护期限的作品无偿使用，而处于保护期的作品则通过默示许可、声明性版权例外、法定许可、强制许可等方式付费或免费使用，甚至可以考虑同阿里巴巴等第三方支付平台合作，开辟付费使用“一带一路”数字化版权资源的路径，以此化解版权桎梏。

5 结语

“一带一路”具有极端重要性、异常复杂性和统筹国内发展与对外开放的战略性，对人才及其他文献情报具有全方位需求，肩负重任的图书馆理应做好资源建设、情报搜集与提供工作并积极交流合作、开展智慧服务，尤其是有必要尝试着采用区块链技术化解当前的资源建设与服务困境。现在，拥有组织保障，凭借一定的资源建设能力、人力资源、技术支撑等条件，图书馆完全可以在服务“一带一路”中更加积极有为。

参考文献：

[1] WILLIAM A C. China's "Asia Dream": The Belt Road Initiative and the New Regional Order [J]. Asian Journal of Comparative Politics, 2016, 1(3): 226-243.

[2] 陈慧. 论“一带一路”图书馆战略规划信息服务的研究 [EB/OL]. [2017-10-24]. http://kns.cnki.net/kcms/detail/11.2905.G4.20170621.2152.164.html.

[3] 苏瑞竹，肖龙翔. “一带一路”战略下的图书馆东盟经贸信息咨询初探 [J]. 企业科技与发展，2017 (6)：135-137.

[4] 陈欢欢. 图书馆服务“一带一路”文化交流战略研究 [J]. 图书馆工作与研究，2017 (12)：99-101.

[5] 关志英. “一带一路”时代周边国家文献资源体系化建设的机制体制创新 [J]. 大学图书馆学报，2017 (4)：40-45.

[6] 陈丹，徐敏，马晨辉. “一带一路”战略下高校图书馆小语种文献资源建设策略研究 [J]. 图书馆建设，2017 (8)：42-48.

[7] 宋颖. “一带一路”战略背景下高校外语教学与图书馆发展方向的研究 [J]. 考试周刊，2017 (58)：70.

[8] 中国海外工程有限责任公司. 波兰 A2 高速公路项目合同纠纷友好和解 [EB/OL]. [2018-05-04]. http://www.covec.com/news_detail/newsId=384.html.

[9] 国家信息中心“一带一路”大数据中心，等. “一带一路”贸易合作大数据报告 2017 [EB/OL]. [2017-12-07]. https://www.yidaiyilu.gov.cn/wcm.files/upload/CMSydylgw/201703/201703241243039.pdf.

[10] 中国经济网. 七年跨国专利诉讼案终获胜长虹知识产权运用成行业标杆 [EB/OL]. [2018-05-25]. http://bgimg.ce.cn/cysc/zgjd/qycz/201805/14/t20180514_29125580.shtml.

[11] 刘翰书. “一带一路”带来机遇涉外律师需求大增 [N]. 重庆商报，2017-04-10，(A02).

[12] 21 世纪海上丝绸之路协同创新中心. 21 世纪海上丝绸之路协同创新中心数据库 [EB/OL]. [2017-12-18]. http://21msrcic.gdufs.edu.cn/.

[13] 北京外国语大学图书馆. 国别研究特色资源库 [EB/OL]. [2018-04-20]. https://lib.bfsu.edu.cn/info/71376.jspx.

[14] 厦门大学图书馆. 东南海疆研究数据库 [EB/OL]. [2018-04-16]. http://library.xmu.edu.cn/portal/database_detail2.asp?id=329.

[15] 暨南大学图书馆. 华侨华人特色数据库 [EB/OL]. [2018-04-15]. https://libgp.jnu.edu.cn/.

[16] 程新刚，任娜. 论地方高校图书馆面向区域发展——陕西国际商贸学院图书馆“一带一路”特色数据库建设构想 [J]. 长江丛刊，2018 (5)：215.

[17] 陕西省图书馆. 2018 年地方资源申报项目《大秦岭大文化》多媒体资源库立项会召开 [EB/OL]. [2018-05-18]. http://www.sxlib.org.cn/gyst/dtxw/201709/t20170914_905307.html.

[18] 世知网. “一带一路”数字文化工程项目签约仪式在京举行 [EB/OL]. [2018-03-07]. http://www.ishizhi.cn/BookWorld/news.aspx?cid=3863&ct=0.

[19] ЛиШаньлань. В Чэньдусозданмеждународныйсоюзбиблиотек《Шелковыйпуть》[EB/OL]. [2018-06-05]. https://rus.yidaiyilu.gov.cn/humanity/art/56467.htm.

[20] 中国图书馆学会. 中国图书馆学会代表团赴韩参加第 52 届韩国图书馆协会大会并进行业务交流 [EB/OL]. [2017-11-09]. http://www.lsc.org.cn/c/cn/news/2015-10/28/news_8450.html.

[21] 北京大学. 沙特阿拉伯阿卜杜勒·阿齐兹国王公共图书馆北京大学分馆暨北京大学古籍图书馆奠基 [EB/OL]. [2018-04-25]. http://www.pku.edu.cn/yytx/features_2015/index.htm.

[22] 安徽省太湖县图书馆. “一带一路”图书馆联盟在深宣告成立合肥市图书馆签署联盟倡议书 [EB/OL]. [2018-04-14]. http://www.thtsg.com/Item/654.aspx.

[23] 李宇明. 孔子学院：架起语言文化互信互鉴互惠之桥 [J]. 中国高等教育，2014 (23)：20-22.

[24] 刘燕华. 数字平台是数字“一带一路”建设的根本 [EB/OL]. [2018-04-14]. http://news.china.com/finance/11155042/20171204/31758987.html.

[25] 孙雨，陈凤娟. 浅谈“互联网+”环境下的图书馆智慧服务 [J]. 河南图书馆学刊，2015 (11)：119-121.

[26] 姚晓丹. 构筑文化交流平台，促进协同创新体系——中蒙高校图书馆联盟建设研究 [J]. 图书馆界，2016 (6)：53-56.

[27] 孟艳丽. “一带一路”环境下中国与东盟国家数字图书馆主题共现可视化分析 [J]. 图书馆工作与研究，2016 (11)：50-53.

[28] 高渐离. “一带一路”经济社会发展数据库发布 [EB/OL]. [2017-12-20]. http://news.sciencenet.cn/htmlnews/2015/10/328987.shtm.

[29] 国家信息中心. 中国一带一路网 [EB/OL]. [2017-12-05]. https://www.yidaiyilu.gov.cn/.

[30] 中华人民共和国商务部. “走出去”公共服务平台 [EB/OL]. [2018-05-23]. http://fec.mofcom.gov.cn/.
[31] 日本展开中亚新丝绸之路外交 [EB/OL]. [2017-12-12]. http://www.chinayarn.com/news/ReadNews.asp?NewsID=17357.
[32] 曾向红. 欧盟在中亚地区所面临的挑战解析——欧盟新中亚战略出台背景透视 [J]. 世界经济与政治论坛，2007 (6)：65-73.
[33] U.S. Silk Road Strategy Act of 1999[EB/OL]. [2018-04-19]. https://www.govtrack.us/congress/bills/106/hr1152.
[34] 赵华胜. 美国新丝绸之路战略探析 [J]. 新疆师范大学学报（哲学社会科学版），2012 (6)：15-24.
[35] 中华人民共和国商务部. 伊朗推动周边国家兴建铁路丝绸之路 [EB/OL]. [2018-04-20]. http://www.mofcom.gov.cn/aarticle/i/jyjl/j/201110/20111007788027.html.
[36] 陆瑾. 历史与现实视阈下的中伊合作：基于伊朗人对“一带一路”认知的解读 [J]. 西亚非洲，2015 (6)：53-69.
[37] 谢钢，李骁. 印度对“一带一路”的认同与分歧 [J]. 社会观察，2015 (12)：22.
[38] RICHARD W H. China's "One Belt One Road" Strategy: Opportunity or Challenge for India? [J]. China Report, 2017, 53(2): 107-124.
[39] DEEPAK T. India's Foreign Policy: the Rajiv Factor[J]. The World Today, 2014, 44 (7): 112-114.
[40] Л. Смирнова. 俄罗斯媒体对“一带一路”的认知 [J]. 禚明亮，张欢欢，译. 俄罗斯学刊，2018 (1)：82-97.
[41] 何茂春，张冀兵，张雅芃，等. “一带一路”战略面临的障碍与对策 [J]. 新疆师范大学学报（哲学社会科学版），2015 (3)：36-45.
[42] 凤凰网. 安倍要带领日本参与“一带一路”称可以大力合作 [EB/OL]. [2018-04-14]. http://news.ifeng.com/a/20171204/53853831_0.shtml.
[43] 中华人民共和国外交部. 习近平会见日本首相安倍晋三 [EB/OL]. [2018-11-09]. https://www.fmprc.gov.cn/web/zyxw/t1607459.shtml.
[44] 徐幼军. 我国与“一带一路”沿线国家图书出版合作项目的三大特色 [J]. 全国新书目，2015 (5)：20-23.
[45] 王霁平. 广东省出版集团：对接“一带一路”，大力推动文化“走出去”[J]. 中国报道，2017 (12)：70-73.
[46] 马海燕. 近百家机构共同成立“一带一路”学术出版联盟 [EB/OL]. [2018-05-17]. http://www.sxdaily.com.cn/n/2017/0825/c1379-6249462.html.
[47] 徐来. “一带一路”战略布局下的沿线国家图书引进出版观察 [J]. 出版参考，2016 (10)：9-11.

［48］杨保华，陈昌．区块链：原理、设计与应用［M］．北京：机械工业出版社，2017：10-13．
［49］中国保护知识产权网．区块链技术在知识产权领域的应用［EB/OL］．［2018-03-01］．http://www.ipr.gov.cn/article/gjxw/gfgd/fdgj/201710/1911897.html．
［50］刘可．“数字丝路”引领世界经济新坐标［N］．中华工商时报，2018-01-24（7）．
［51］张炜，董晓莉．以区块链促进协作保存网络环境下信息资源的可信性［J］．国家图书馆学刊，2018（5）：89-98．

嵌入式学科服务视角下的用户需求与学科馆员能力云

徐艳芳[1]　邵云华[2]

（1. 华中师范大学历史文化学院；2. 华中师范大学政治与国际关系学院；武汉，430079）

【摘　要】嵌入式学科服务是近年业界研究的热点问题，文章通过分析多元化、多层次用户需求，及多维度学科馆员能力云要求，认为精准掌握用户需求与强力打造学科馆员能力云，是顺利实现嵌入式学科服务总体目标的有效途径和关键要素。

【关键词】嵌入式　学科服务　用户需求　能力云

1　引言

嵌入式学科服务是学科馆员面向特定科学领域与研究机构，运用平台、工具、软件、系统等技术和服务手段，融入用户一线，嵌入用户环境和工作过程，与用户协同合作，为用户提供主动与能动的深度知识服务[1]。以“融入一线，嵌入过程”为基本特征，以满足用户需求为总体目标。嵌入式学科服务能否顺利展开，取得预期效果，学科馆员如何融入师生，怎样嵌入教、学、研过程，调研分析、精准把握用户需求，强力打造与满足用户需求相匹配的学科馆员能力云至关重要。

2　调研分析，精准把握用户需求

需要是存在的理由。对用户需求的充分调研、精准把握，是“融入一线，嵌入过程”嵌入式学科服务的前提。嵌入式学科服务是由用户需求驱动，以用户需求为出发点，满足用户需求为目标。嵌入性理论的引入，其关系分析法和网络结构观的运用，给学科服务研究和实践，带来新的研究视角。图书馆与用户之间，嵌入式学科服务的个人、组织、团队与用户共处同一社会网络，是一种基于互惠预期而发生的双向互动关系。用户身处网络化环境，有诸多嵌入式学科服务需求，不同类型用户需求又有差异[2]。学科馆员必须予以充分了解，精准把握，才能真正融入用户，有的放矢，精准嵌入用户活动过程，提供有效服务，实现共赢。图书馆用户需求包括：

2.1 嵌入式学科咨询需求

嵌入式学科服务是以学科为单元，关注的是小用户群体。教学、研究、学习用户都有嵌入式学科咨询需求。其获取信息要求简单、快捷、方便，除利用现有网络咨询平台，还需学科馆员嵌入用户获取信息的现实情景和物理空间，同时更希望学科馆员利用 Web 2.0 技术，有机嵌入用户数字信息空间，通过电话、QQ 群、微博、博客、MSN、邮件、RSS、浏览器工具条等网络方式，将资源和服务推送至用户 PC 端和移动设备端，与用户建立稳定、持续、快捷、及时的服务与反馈、互动渠道，使用户随时随地直接获取利用学科信息及问题解决方案[1]。

2.2 嵌入式信息素质教育需求

面对爆炸性海量信息，教师、学生（包括博士、硕士、本科生）用户缺乏足够能力，快速鉴别、评价、获取有用信息，及时有效解决问题。迫切需要嵌入式信息素质教育，希望通过信息素质课程系统学习、不同学科数据库定期培训、个性化培训、预约培训、信息导航平台、信息博客、课件自学等方式，获得构建研究问题和确定信息需求的能力，有效获取信息、准确评估信息、合理合法利用信息、利用各种新技术追踪本领域最新发展的能力。发现创新点，实现科研自主创新[1]。

2.3 嵌入式信息环境优化需求

大数据网络时代，科学研究、创新和知识共享有赖于开放的、个性化的数字信息环境。进行学科领域研究的学术用户，急需学科馆员嵌入用户信息环境，运用现代信息技术，构建基于用户信息需求，可提供信息发布、交流与互动的研究组信息平台，有效集成学科领域相关资源与服务、展示科研人员学术成果、宣传推动科研成果转化，并嵌入用户社会媒体空间，扩大用户成果影响力。同时，提供相关资源移动信息服务，多渠道优化用户信息环境，持续支撑用户科研创新活动，营造良好信息生态环境[1]。

2.4 嵌入式科研服务需求

泛在知识环境和大数据环境挑战下，信息资源数字化，资源集成化、知识化，知识资源可挖掘化、可计算化。科研信息环境发生变化，呈现数据驱动研究、探索性研究、协同化研究、转型研究的数字科研形态；产生知识动态发现、知识集成组织、知识协同创造、知识资产长期保存、个性定制集成支撑的科技创新需求。科研范式改变，科研用户知识需求不断深化，迫切需要学科馆员融入科研团队，嵌入科学研究整个过程。根据科研项目的生命周期，从项目申报到项目研究，再到项目结题与成果评价及转化三个阶段，提供全程式学科情报服务，即嵌入式科研服务[3]。在科研不同阶段，需求各异。立项阶段主要是对学科态势、领域态势与项目相关的中外文文献的调研、国家科技发展战略与政策、国内外学科研究热点和前沿信息、信息可视化、科技查新等的需求；研究阶段主要是对国内外同行研究进展跟踪、竞争对手分析、资源与情报分析工具使用、科研数据组织管理与分析方法、信息重构与过程管理、专题信息关联性管理等的需求；结题与成果评价及转化阶段主要是项目成果科学创新影响力与应用价值及国内外水平评价科技查新、论文投稿指南、应用研究的申请专利、知识产权信息与服务、新产品与新技术信息及市场需求信息等需求[4]。

不同层面研究单元和研究机构对嵌入式科研服务需求也有不同。关注学术机构决策与规划管理的领导，对学术机构及其各重大领域的战略决策与战略规划有极大需求。需要学科馆员从研究的角度，运用科学方法、分析工具和情报学专门知识，进行学科态势计量分析、领域态势分析、市场产业化分析及专题技术分析，提供战略决策与战略规划等深层次知识服务[1]。

2.5 嵌入式协同合作需求

在 e-Learning、e-Science、网络化、数字化环境下，科研用户的信息行为呈群体化、协作化特征[8]，科学研究除需科研团队内部协同合作，还需学科馆员团队提供嵌入式协同合作服务，即融入科研团队，针对用户问题，结合用户专业知识背景，利用信息分析与处理的专业情报知识和经验，与用户协同交互，共同探索问题解决方案，提供全方位的知识服务。

2.6 嵌入式知识资产管理需求

科研用户在长期学术和科研过程中产生大量学术著作、研究报告、论文、科研数据、工具、方法等各种类型有价值的显性、隐性知识资产，急需进行系统化采集，统一管理，长期保存，有效开放存取、共享、挖掘、利用、交流、传播，迫切需要学科馆员嵌入式知识资产管理，通过创建基于 DSpace 的机构知识库[5]，集中展示学术机构整体研究水平和实力，增强知识可见度，提高被引用的概率，拓宽成果发布和交流渠道[1]，扩大学术成果影响力，实现数字出版和知识资产增值作用，便于进行知识资产及知识能力的分析、审计及评估[6]。

3 强力打造学科馆员能力云

能力云是学科馆员应对信息环境、用户需求、用户信息行为等变化带来的挑战所必需的知识与技能因素的总和[7]。在图书馆嵌入式学科服务中，包括学科馆员和学科用户的人是最核心和能动的关键要素，学科馆员是主导者和执行主体，学科服务的组织规划与实施、内容建设质量、服务成效、用户能动作用的有效发挥，皆建立在学科馆员能力云的基础上，是图书馆创新服务可持续发展的长效动力[8]。用户多层次、多维度需求，须学科馆员在本领域学科数据挖掘→信息获取→知识组织→智慧产品生产→完成解决方案信息服务链中，担负学科信息联络员、咨询专家、情报专家、信息素质教育家、知识管理专家、战略顾问、合作伙伴等多重角色，充当创新发动机，满足用户需求。学科馆员具备可持续创新能力云对有效实现学科服务至关重要。对此，国内外专家学者进行了广泛深入探讨。其中，张晓林从变化、复合、创新知识与能力结构的全新视角，认为应从专业服务能力、专业知识与能力及职业发展能力三大方面打造学科馆员能力云[9]。

3.1 专业服务能力

专业服务能力包括交流沟通能力、专业领域知识能力、信息素质教育能力、用户行为分析能力和协同组织管理能力。

交流沟通能力。嵌入式学科服务旨在融入用户团队，嵌入研究整个生命周期，提高用户学术生产力。交流沟通是“融入一线，嵌入过程”的敲门砖。学科馆员良好的语言、文字表达能力和沟通协调技能，迅速了解用户需求的强理解力及亲和力等[10]，能获得用户信任，易融入用户团队，与学科用户建立良好互信的战略合作伙伴关系，嵌入研究过程，同时与学科领域专家和IT专家、馆内业务部门、院系及教学科研相关部门建立良好关系，获得多重社会资源支持。交流沟通是对用户环境进行分析、设计、规划、优化和发展，开展学科服务的逻辑起点[8]。

专业领域知识能力。学科馆员具有用户学科领域的专业背景和深度知识，熟悉用户研究领域、专业方向和研究兴趣，熟知学科领域研究方法、科研流程，掌握学科领域常用数据库资源及使用技能，配合院系学科评估、学科资源馆藏统计及使用情况调研与分析。了解学科领域权威期刊等学术信息相关方面知识，能解构用户需求和服务场景[8]，针对用户问题，进行内容集成，知识建构，提供专业化解决方案。

信息素质教育能力。学科馆员清晰的思路，良好的语言表达，为用户提供泛在化、专业化、系统化、经常性信息素质教育能力。根据教师、学生不同类型用户不同需求，设计不同教育培训方案。将信息素质教育嵌入大学课程教学中。如与学科教师合作，设计与学科课程相应的 Course Guides 和 Research Guides，为教师教学科研提供信息获取与管理方案及培训服务；制作 Course Reserves，为本科生拟定教学参考书，为研究生论文写作提供文献信息学术指导及信息技能与方法培训方案等[1]。还可借鉴哈佛大学，创制 iSite 培训网站，引导用户进行自我培训，直接满足用户特定需求。

用户行为分析能力。行为体现意识，用户需求意识在信息行为中体现，在需求驱动的嵌入式学科服务中，学科馆员在 Wilson 信息行为模型理论框架下，通过网络日志主题挖掘、问卷调查等方法，了解用户与系统的信息交互过程，信息搜寻、分享、利用等信息行为[11]，分析出用户共性需求或问题、个性化需求或问题，提出针对性有效解决用户问题的方案。

协同组织管理能力。在数字信息全球化的网络时代，科研和服务任务孤立凭借一己之力都无法完成，需多个机构多方面人才协同合作。嵌入式学科服务是集成服务，是学科馆员与教学科研用户、专门领域专家、IT 专家、馆内其他业务部门、相关机构间的协作。学科馆员需较强的协同组织管理能力，包括对用户、资源和服务团队三个方面的协同组织管理。学科馆员有效发现目标用户，嵌入组织管理用户，进行项目策划，针对用户需求，以图书馆内及与院系教学科研部门联动机制为制度保障，高效组织调动相关信息资源，协调组织馆内业务情报部门、技术部门及相关机构（管理领导层、科研评价部门等）社会资源，组织服务团队协同合作，提供满足用户需求、解决个性化问题的优质知识服务[4]。

服务营销能力。学科馆员运用市场营销策略，根据用户需求，向用户宣传推广资源、系统、服务理念、服务产品，策划与用户互动，提高各种资源和服务的利用率即嵌入式学科服务成效。

3.2 专业知识与能力

嵌入式学科服务是基于用户和海量异构信息资源，以知识服务为主体、信息技术为支撑、解决用户信息问题满足用户需求为目标、嵌入科研过程的知识化、专业化知识服务[12]。需要学科馆员覆盖的专业知识与能力包括学科信息资源发现与集成组织能力，科研数据挖掘与分析能力，信息分析研究与评价能力，技术系统运用组织能力，信息政策与法规掌握能力，学科资源建设与评估能力，环境与发展趋势分析能力，知识管理能力[13]。

学科信息资源发现与集成组织能力。学科馆员根据用户需求和需要解决的问题，发现、遴选、获取相关信息资源，运用信息技术手段，进行整理、序化、分类、加工、揭示、标引等知识组织，配合科研用户，利用模板构建知识管理数据库[11]，提供知识资源导航。

信息分析研究与评价能力。包括知识抽取与研究能力、情报分析与评价能力、高度综合与评价能力。学科馆员根据用户需求，运用信息分析工具、文献计量方法和情报研究分析知识，通过对科研数据深度挖掘与有效管理，进行国内外学术动态信息分析、竞争对手分析、学科领域现状和发展态势计量定性分析、研究机构和创新性成果科学评价等，产出直接满足用户教学科研需求的各种类型知识服务产品[4]。

技术系统运用组织能力。泛在知识环境下的嵌入式学科服务，源于信息技术广泛引入，成于技术系统运用组织。移动应用技术、互联网技术、新媒体技术、Web 2.0 技术、可视化技术（知识图谱）、智能化技术、信息过滤技术、情报分析（TDA）、数据挖掘（Collexis）、知识组织、知识管理（Refwork，EndNote）等信息技术和工具的不断进步和快速发展，为教学科研和嵌入式学科服务向纵深推进提供有力技术平台支撑。学科馆员熟练掌握运用组织技术系统，建设和优化用户数字信息环境，融入用户团队，嵌入科研过程。根据用户需求，如通过 LibGuides，搭建互动式学科服务平台；采用 D-Scholarship 系统，创建开放获取资源仓库；借助 Web 2.0 技术构建和整合专题知识库和机构知识库，设置机构元数据，协助科研用户存缴、上传、检索、利用数据，支持科研用户新知识生产与共享；运用信息服务多功能平台 WOS 体系、学术成果分析评价工具 ESI、知识图谱和信息推送工具 RSS，为科研用户开展嵌入式知识发现、情报分析评价服务，开展专业领域信息导航。熟练使用高级检索知识挖掘工具 Collexis、SCI 的分析工具 TDA、发现和管理工具 SUMMON 系统、信息管理软件工具：Refwork，EndNote，QUOSA，等等，挖掘、分析、计算、组织信息，解决用户信息问题，为用户提供持续性、创新性学科知识服务。

信息政策与法规掌握能力。网络数字环境下，信息技术的广泛应用和海量信息资源的开发利用，一方面给科技创新提供极大资源技术支撑和便利，同时，也出现了信息网络、信息资源安全、隐私权和知识产权等多种问题，需要用户去面对、解决。对此，国内外职能部门出台了相应的信息政策与法规，保障信息活动的正常有序合法进行。学科馆员熟练掌握相关信息政策与法规，可以帮助用户在政策与法规允许范围内，合法合规开发、组织、利用信息资源，创造新的知识产品；同时，充分应用政策与法规，协助用户申请知识产权，保护自身知识产权和信息安全等。

3.3 专业发展创新能力

信息技术发展的突飞猛进，信息环境变化的日新月异，用户教学科研范式和需求日趋复杂多变，“融入一线，嵌入过程”的嵌入式学科服务模式、内容、工具、产品等要与时俱进，不断发展创新，适应变化，以持续性满足用户新的情报知识服务需求，推进学科领域研究和学科服务持续向纵深创新发展。学科馆员必须具备专业发展创新能力，包括：

学习与研究能力，即自主、快速、持续学习能力。能尽快学习和掌握与学科服务相关的新理念、新技术、新知识、新工具、新方法，及时更新学科服务的知识储备，不断提升知识服务能力。兼具相关学科领域的研究技能，熟悉科研流程、技术、方法，通过融入用户团队，嵌入科研过程，参与相关课题研究，直接有效为学术科研活动提供情报研究信息支持。并且能够对学科服务活动进行梳理总结，撰写工作计划和工作总结报告，开展学科服务理论和方法研究，撰写相关学术论文，提升服务理论水平和实践效果，保障学科服务可持续发展[10]。

开拓创新能力。具有创新意识，善于应用新理论、新方法、新技术，规划设计独具开拓性的服务方案，创造性支持用户解决信息问题。如笔者 1999 年开始着手创建的老庄研究知识库，是运用知识构建、知识库等信息新技术、知识服务新理念，为老庄研究者提供开拓性、创新性知识服务的一次成功尝试。该库在满足老庄研究用户从专深、集结、有序的老庄研究知识资源中汲取老庄智慧，创新性地应用于现实社会的迫切知识需求，填补国内外老庄研究知识库还是一个空白的同时，将图书情报抽象理论和方法的科学性、适用性、可操作性加以验证而更加丰富。该库因好用、管用、实用，有助于老庄研究者知识创新[14]，在建设过程中获得老庄研究机构人力、物力、财力大力支持，得到不断改进、完善，从而实现老庄学研究与学科服务互助互进的协作共赢，形成良性循环的信息生态环境。

参考文献：

[1] 孙坦，初景利. 图书馆嵌入式学科服务的理论与方法 [M]. 北京：科学出版社，2015：38-44，67，173，174.

[2] 刘颖. 嵌入式学科服务创新模式研究——基于嵌入性理论的思考 [J]. 图书情报工作，2012 (1)：18-22，59.

[3] 谢守美，李敏，高红，等. 基于嵌入式科研服务的学科馆员与科研人员的协同信息行为 [J]. 情报理论与实践，2017 (1)：88-92.

[4] 邓仲华，李立睿，陆颖隽. 大数据环境下嵌入科研过程的信息服务模式研究 [J]. 图书与情报，2014 (1)：30-34，40.

[5] 赵亚萍，周东升，程艳旗. 基于 DSPace 的大学个性化知识资产管理系统研究与设计——以浙江大学机构知识库系统为例 [J]. 中国教育信息化（高教职教），2012 (8)：60-63.

[6] 祝忠明，张冬荣，张晓林，等. 基于机构知识库的数字资产管理框架与实现 [J]. 科研信息化技术与应用，2013，4 (2)：27-33.
[7] 王贵海. 学科馆员能力云及能力云模型的设计与应用 [J]. 图书馆学研究，2013 (10)：87-93.
[8] 包冬梅. 面向科研服务的嵌入式学科馆员能力框架建构 [J]. 数字图书馆论坛，2018 (2)：27-32.
[9] 张晓林. 面向知识服务的人才队伍建设——中国科学院文献情报中心机构知识库 [EB/OL]. [2019-10-02]. https://www.docin.com/p-2181370090.html.
[10] 郭晶，兰小媛，宋海艳，等. 高校图书馆馆员能力标准与资质认证规范研究 [J]. 图书情报工作，2014 (11)：48-53.
[11] 潘颖，郑建明. 多学科视角下用户信息行为研究述评 [J]. 图书馆，2019 (9)：67-74.
[12] 张晓林. 学科馆员 3.0 (如何更好地支持教育与科研) [R]. 在武汉召开的全国学科馆员服务学术研讨会上发言，2012.4.
[13] 张晓林. 面向知识服务的人才队伍建设——中国科学院文献情报中心机构知识库 [EB/OL]. [2019-10-02]. https://www.docin.com/p-2181370090.html.
[14] 徐艳芳，曹高辉，王学东，等. 基于知识构建的老庄研究知识库知识服务实现 [J]. 情报资料工作，2014 (1)：83-86.

数字环境下高校图书馆知识共享影响因素及对策

刘　倩

（华中师范大学图书馆，武汉，430079）

【摘　要】高校图书馆是高校提供知识服务的文化组织，知识是图书馆的核心，图书馆不仅需要共享馆藏的文献信息资源，更需要图书馆馆员内部共享知识来提升服务品质。在未来人工智能、物联网等新兴技术环境下，图书馆的知识共享将变得更具有创造力。由于个人知识转化为组织知识很困难，本文关注于对图书馆馆员知识共享的影响因素以及图书馆促进馆员间知识共享的对策。

【关键词】高校图书馆　知识共享　影响因素

高校图书馆是大学的知识中心，高校图书馆已由传统的文献资源管理演变为信息资源管理并向现今的知识管理发展。知识成为图书馆业务发展中宝贵的战略资源之一。在图书馆的实际服务工作中需要各部门协同配合完成，尤其需要馆员间进行知识共享，知识在传播和共享中体现了知识的价值。本文分析影响知识共享的因素，在数字技术时代借助多媒体形式、虚拟技术等在图书馆内部进行共享，建立方便馆员交流的沟通机制，提出促进共享的激励策略以便创造更多的协同价值，提升图书馆的信息服务水平。

1　知识共享的定义

日本学者野中郁次郎提出根据知识外显程度的不同，将知识分为隐性知识、显性知识两种。根据知识能否清晰地表述和有效地转移，显性知识是指能准确记录表达并传播，如公式及调查报告等较容易沟通与共享。隐性知识是指共享困难，难以言述的个人技能、经验和诀窍。高校图书馆馆员在实践工作中产生了大量丰富的隐性知识，馆员在日常工作中积累的经验，如日常图书的采访、编目以及图书借阅率和数据库使用率等复杂的决策过程，都是馆员个人在工作中长期创造和积累的结果，它存在于馆员的工作素质中。

知识共享是指个体知识和组织知识通过各种交流手段被组织中其他成员所共享，同时通过知识创新，将个人知识转化为组织知识，实现组织的知识增值。Solli-Saether 认为知识共享并不是一个单向的活动，而是一个反复试验、反馈、相互调整的过程[1]。成功的知识共享带来的改进如下：改进组织内部学习；新知识的创造和创新；知识的重用。如何克服阻碍知识共享的因素，激励馆员积极参与知识共享成为图书馆组织亟须研究的问题。

2 图书馆组织特征及馆员知识共享现状

图书馆在为学校师生提供服务时往往需要多个部门共同协作完成。在图书馆组织中一般一个岗位会有多名馆员，同一部门内工作内容相似性较高。目前大部分国内的高校图书馆馆员之间共享知识的氛围并不浓厚，许多馆员的知识和技能结构比较单一，只关注自身岗位的工作任务，面对新的管理系统、操作平台或工作任务等，缺乏主动学习和应用新知识的能力。并且馆员之间较少进行工作和业务上的沟通和交流。当馆员将知识和信息看作个人个性化的资产时，共享知识可能会失去自己拥有知识的独有价值，因此隐性知识也就难以共享。

在信息技术发展的新环境下，图书馆作为全校的信息资源中心，必须实施创新的学习系统，应当适应技术的变革发展需要并能够与业界对知识支持的期望相匹配，以适应快速变化的趋势，根据学院师生的信息需求提供最新的、最前沿的资料。图书馆需要帮助学院解决日趋复杂的信息资源服务问题，需要馆员具备不同的学科背景知识，同时具有信息技能和专业知识共同创新解决方案，包括促进新想法和实施程序，这些都需要组织内部进行知识共享来协调完成。

例如在图书馆为学院提供信息服务时，往往需要多部门之间协作完成，当图书馆为学院提供学科发展分析报告时，既需要学科馆员获取学院的信息需求，还需要资源建设部提供相关数据库的利用情况，技术部和流通部提供相应纸质馆藏资源的利用等情况。各部门的协同工作需要分享彼此业务流程的数据说明和数据标准等。如果能做到馆员间的知识共享，将大大提高工作效率，提高知识被重复利用的效率，将共享的知识运用到实际工作中，优化工作流程和知识体系。

图书馆内部的知识共享是一个复杂且不确定的过程，需要团队合作和目标管理。协作性知识共享将学习和知识过程联系起来，以增强组织学习。通过面对面交流、讨论，知识随着交流、思想分享和知识转移而增长。图书馆可调整其人力资源战略，使协作性知识共享成为图书馆文化的一部分，并克服知识共享的障碍。这可以增强学术机构的协作性知识共享文化。

3 图书馆知识共享影响因素研究

知识共享是指提供解决任务的信息和专门知识，帮助他人并与他人合作解决问题，发展新想法，或执行政策或程序缺乏激励被认为是跨文化知识共享的主要障碍。建议采取奖励措施，包括表彰和奖励，以促进知识共享。

知识共享行为不仅受个人的动机影响，也受环境的影响。沈旺等认为团队知识共享影响因素主要分为个人因素、组织因素和技术因素[2]。本文认为促使知识共享的驱动因素有两个方面。第一，员工个人的动机因素，如信任、自我效能等。第二，组织结构的环境因素，例如组织文化。在关系管理中，信任被看作影响知识分享的重要因素[3]。信任是信息管理过程的一个关键因素，如果员工彼此之间缺乏信任，则认为不值得进行知识分享。对信任的社会学的观点尤其表明信任是进行知识共享选择的重要决定因素，影响个人分享知识的倾向。现有文献对信任已经表明，它是加强合作、知识共享、解决问题和协作学习的重要影响因素。

组织管理领域的研究文献居多，将影响员工知识共享意愿的主要因素归结为组织因素，认为企业应该提高员工的知识共享意愿，才能提高知识共享效率。组织文化被认为是有效影响知识共享活动的一个关键因素。许多研究发现支持知识共享的组织文化和成功的知识共享有直接的关系，通过知识交流共享，对知识共享的积极态度推进学习型组织的建设[4]。组织文化影响组织中成员的价值观和行为方式，鼓励开放合作、分享、忠诚信任等观念并培养分享知识的共识。强调信任和创新的文化有利于知识共享。组织文化的重要性在于它能直接影响到员工的知识共享以及通过影响管理者对知识共享的态度而产生间接影响。包括决策公平和公开沟通在内的实践可能会促进支持知识共享。组织公正和组织承诺都是决定员工的知识分享行为是否对组织有用的决定性因素。如果分享知识对组织和工作有帮助，员工就会毫不犹豫地分享知识，倾向于分享更多的知识，以便更好地完成工作，支持为公司增加价值的活动。具有强调创新文化的组织更有可能实施。组织对基于绩效的薪酬体系的重视有助于馆员知识共享，有助于塑造知识的完整性和准确性共享。

组织应该创造机会促进知识共享，促进馆员之间的互动，例如鼓励跨部门交流和非正式会议，图书馆可以提供馆员相互学习他人经验的机会，会见专家，学习新思想，学习新工具和新技术，获得工作上的帮助，建立促进图书馆馆员主动分享知识的机制和组织文化。员工的级别以及在组织层级中的位置和资历应该被忽略。由于团队组建的时间越长，团队凝聚力的水平越高，团队成员就越趋向于分享知识。在这样的共识下，知识拥有者更愿意花时间、精力去分享他们的知识。如果缺乏员工所预期的外在奖励，无法弥补员工知识分享的付出，就会成为知识共享的障碍。岗位业绩优秀者推荐自己的工作心得，讲工作经验窍诀，图书馆可予以激励。建立研究性学习小组或课题项目小组，将图书馆工作中遇到的问题进行讨论。

现在的文献多重视虚拟社区的知识共享，由于虚拟社区的成员之间不熟悉，需要匿名，而且存在泄漏用户隐私的问题。虚拟社区不同于图书馆组织内部的知识共享，因为图书馆馆员处于一个相互熟悉的环境中，更易产生知识共享的倾向，通过线上和线下的交流互动可获得更多的社会关系，这将有助于获得更多的所需知识。社交互动关系是信息资源的流动渠道，在这一过程中随着馆员间熟悉度的增强，馆员更了解彼此工作流程，更愿意进行资源的交换和整合，促进馆员共享相关知识或经验。基于社会资本视角将熟悉关系界定为社会关系的结构维，用户之间的熟悉关系作为一种社会资本，直接影响用户分享信息的意图并通过信任、感知相似性和群体归属感间接作用于用户获取知识和分享知识的意图。

在数字环境下借助网络技术的运用能方便地将馆员个人的隐性知识以显性的方式显示出来，使得馆员之间个体的知识共享变得更为容易。这种技术基础设施支持知识获取和交换，技术平台的建立能消减员工分享知识的障碍，为图书馆的知识积累提供技术支撑。随着人工智能、物联网以及云计算等信息技术的不断发展成熟，可以为削减知识共享障碍提供技术层面的帮助。叙事性数据可为使用者提供丰富的经验性知识，但叙事性数据的非结构化特征与现有数据库系统不兼容使得其被共享和再利用的难度加大；而基于人工智能、自然语言处理等技术构建的系统可有效地将叙事性知识转化为概念映射表示，从而将非结构化文本转化为结构化格式，有助于总结和共享在处理不同项目时所能获得的知识[5]。在知识共享的过程中经常会出现不能正确了解对方的知识需要，知识提供者与知识接收者的知识基础不同而导致的沟通不畅阻碍了知识共享的正常进行。人工智能以及信息技术能打造一个全新的知识生态系统来有效解决上述问题，从而对知识共享带来全新的变革。

4　管理启示

（1）图书馆可以从激励馆员方面入手，建立促进馆员间知识交流共享的激励机制；图书馆应采取各种措施来鼓励知识共享，如把知识共享行为作为评定员工工作绩效的一项标准，对于分享知识的馆员给予积极的支持鼓励。共享知识又能提高图书馆员工之间的信任感，并引发员工之间真正意识上的共同拥有知识和合作。

（2）创建激励员工知识共享的组织文化。建立和完善各种沟通渠道和协调机制，使图书馆内部信息能够畅通、公平地传递和交流。增强馆员对图书馆的归属感、融入感。培养馆员的群体凝聚力、群体规范、社区归属感，使知识用户形成“共享、利他和学习”这种良好的知识共享价值观，从而知识用户更乐于与其他成员进行合作、交流，推动隐性知识的共享。由于实践中新老员工的人际信任水平和类型存在差异，对知识共享的影响也存在差异，因此图书馆需要组织各类文化活动，从而使馆员们熟悉彼此，营造共同学习的气氛。

（3）创建学习型组织。组建基于项目的跨职能团队或者成立项目小组，开展诸如工作经验交流会、组建信息交流讨论群等，而学习型组织是激励员工通过组织的学习和交流，不断获得知识资源，提高隐性知识价值，建立有利于隐性知识共享的组织结构。图书馆还可以采用馆员导师制，资历深的老师带资历相对较浅的老师，注重工作技能知识的培养。推进图书馆各部门岗位之间的轮岗交流制度也有利于知识共享。

（4）图书馆借助信息技术建立虚拟知识社区，搭建有利于知识共享的运作平台，利用信息管理系统、信息技术创造计算机支持的协同工作模式，重视对隐性知识的分类和编码化工作，通过对数据、信息和知识的分类、整理等，使隐性知识最大限度地可视化，尽可能多地转变为易于传播和吸收的显性知识，以便使用和共享。网上虚拟交流社区为馆员们提供了及时交流易用的知识平台，促进馆员之间的信息交互，便于馆员快速发布自己的学术成果和学术思想，用户能够得到及时反馈从而有效促进知识共享，在更广范围内实现图书馆内隐性知识的共享，提高知识共享的效率。

图书馆可通过建立组织文化、激励机制，利用知识共享与信息技术相结合可有效削减知识共享障碍。借助信息技术手段，通过这些手段促进图书馆组织内知识共享，实现知识的有效增值，从而提升图书馆的信息服务质量。

在数字环境下借助网络技术的运用能方便地将馆员个人的隐性知识以显性的方式显示出来，因此使得馆员之间个体的知识共享变得更为容易。这种技术基础设施是支持知识获取和交换，技术平台的建立能消减员工分享知识的障碍，为图书馆的知识积累提供技术支撑。

参考文献：

[1] SOLLI-SAETHER H, KARLSEN J T, OORSCHOT K V. Strategic and Cultural

Misalignment:Knowledge Sharing Barriers in Project Networks[J].Project Management Journal,2015(3):49-60.
[2] 沈旺，王淇，李望宁．团队知识共享研究综述［J］．图书馆学研究，2017（18）：8-16，82.
[3] 宁连举，肖朔晨，孙中原．网络社群中顾客契合对知识共享行为的影响机理研究——基于顾客信任的中介作用［J］．经济问题，2018（7）：44-49.
[4] 王姝怡，张小红．高校教师知识共享：影响因素与对策研究［J］．北京教育（高教），2018（12）：21-23.
[5] W M WANG, et al. A Computational Knowledge Elicitation and Sharing System for Mental Health Case Management of the Social Service Industry [J]. Computers in Industry,2013,64(3):226-234.

数字图书馆的知识产品策略

张　弦

（华中师范大学图书馆，武汉，430079）

【摘　要】 知识时代的网络知识消费正快速地发展，知识消费为数字图书馆的发展提供了良好的应用环境。其主要表现在数字图书馆能够在知识产品的系统性、针对性和广泛性上具有优势并提供支持。因此，数字图书馆可以在知识产品收集、整理和生产上采取优化策略。

【关键词】 数字图书馆　知识消费　知识产品

作为知识传承和信息交流中心的图书馆，随着知识消费时代的来临，已经处在一个新时代知识传承和交流的十分重要的位置上。数字图书馆的发展，使得图书馆能够在知识消费时代发挥自己的文献资源优势，在新的信息交流时期拥有自己的地位和作用。

1　知识消费环境中的数字图书馆

1.1　知识消费时代

我国知识付费应该是从 2016 年“知乎”的上线开始兴起，这是国内知识问答型平台的第一款付费产品。不久以后，“知乎”又上线了实时问答平台。这可以称为我国知识消费时代来临的一个重要的标志。不久后，各种类型的知识消费产品和知识消费平台纷纷上线，知识消费逐渐形成了一个日益巨大的市场。中国报告网对于中国知识付费行业市场规模及发展趋势的分析统计数据表明，我国在 2017 年知识消费的市场已经达到 49.1 亿元，随着供给方和消费者的不断扩大，预计到 2020 年市场规模将增长至 235.1 亿元，四年间其市场总体将增长近 4 倍。其中，不仅是网上知识平台本身的快速发展，满足了在信息时代知识消费的内外需求，在同一时间里，付费的在线电影、在线求助和在线音乐等的发展，为市场进一步强化了内容付费的意识，而版权保护意识在整个国内外大环境下正在更加受到重视，这些都为知识付费的快速成熟和发展提供了良好的环境。

1.2　数字图书馆的发展

数字图书馆的发展在国内已经相对成熟。目前有关数字图书馆的项目在我国相继启动，在国家的“863计划”、“973规划”和大量科研规划中都有数字图书馆的项目。国内大部分的高校图书馆和大型公共图书馆都在有计划地进行数字图书馆的工作。例如目前国家数字图书馆已经完成超过200TB的数字化资源，高等院校在CALIS计划下，正实现网上图书馆联盟，大量的馆藏文献的数字化工作正在全面进行，同时全国各级图书馆同样完成了相对数量的数字化资源存储。

数字图书馆的服务是以知识概念引导的方式，将文字、图像、声音等数字化信息，通过互联网传输，从而做到信息资源共享。每个拥有数字终端的用户只要通过联网，登录相关数字图书馆的网站，就可以在任何时间、任何地点方便快捷地享用世界上任何一个信息空间的数字化信息资源。数字图书馆既是完整的知识定位系统，又是面向未来互联网发展的信息管理模式，可以广泛地应用于社会文化、终身教育、大众媒介、商业咨询、电子政务等一切社会组织的公众信息传播。数字图书馆将成为未来社会的公共信息中心和枢纽。可以看到，目前所说的信息化、网络化、数字化，其根本点就在于文献信息数字化。

1.3 数字图书馆与知识消费的关系

知识消费已经成为知识经济形态中重要的消费内容，它是网络时代知识继承和信息交流的主要方式。与传统的知识学习不同，网络知识消费常常是受到利益驱动而进行的知识学习和信息交流，常常具有很强的目的性和实用性。在知识消费中，知识或知识产品成为一种消费品，这种消费品主要被消费的是其知识信息含量。这种行为模式，可以被看作读者在传统图书馆知识获取的延续。

知识消费的快速发展，为数字图书馆的发展提供了良好的应用环境。这表明为以下几点，首先，数字图书馆是汇集知识的场所，从我国目前的一些数字图书馆，特别是数字图书馆联盟来看，为提供知识服务存储了大量的文献信息资源。其次，数字图书馆多数依托于传统的图书馆，对文献资料进行的数字化转化，其文献资料具有系统性、科学性、完备性和可靠性的特点，特别有利于进行知识学习。图书馆本身在传统信息交流领域，特别是知识传播领域丰富的经验和成果，也有利于应用在知识消费领域。

2 数字图书馆的数字化产品与知识消费的适应性问题

2.1 知识产品消费的灵活性对数字图书馆的需求分析

从网络知识消费特点来看，网络学习是每个人可以根据自己的需求情况进行学习，具有因材施教的优势；同时，不受年龄和时间、空间的限制，个体可以在学习中比较不同的网络知识平台，选择自己喜欢和适应的方式进行学习，解决了以往线下学习固定在一个信息源学习的模式，显得更加灵活；网络知识消费的群体差异大，因此学习动机和学习的知识要求也是多样化的，会涉及广泛领域的各类知识内容。但是，也正因为如此，网络知识学习的自主性和随意性比较大，网络学习容易下意识地从自己的意愿出发，从而忽视了科学知识本身具有的逻辑次序；由于缺乏专业的教师指导，网络自主学习可能很难让学习者掌握知识或者问题的重点。

网络资源的情况比较复杂，数据来源和数据质量良莠不齐，容易造成知识消费者的误读。而从数字图书馆数据来源来看，其数字化资源主要来源于传统图书馆文献的数字化转化和近期出版的一批数字化媒体、数据库等文献信息资料，具有文献覆盖面广、规范性、稳定性、系统性的特点，能够满足用户对知识消费的需求。但是，由于目前的很多数字图书馆来源于传统图书馆的服务环境，因此缺乏满足更广泛领域的不同消费需求的针对性，这一点反映在数字图书馆数字化产品问题上。

2.2　数字图书馆的产品针对性与知识用户的需求分析

目前的数字图书馆的数字化资源，从其数字化产品的加工程度来看，大部分数字化产品没有经过深入加工，或者没有一个适应网络阅读和网络知识消费的加工方式。目前网络知识消费以及知识利用中，对知识寻找的快速、准确、方便、适用提出了更高的要求，而以传统的图书文献信息为基础的数据加工模式下整理出的数字化产品，在满足这种要求上存在一点差距。首先，应该是能够较好描述信息资源或数据对象的数据，使用户能够在使用中识别资源、评价资源，并且在需要的时候，能够简单高效地管理知识和数据，实现发现、查找、系统应用的一体化。同时，在知识消费者面对大量知识和数据，感觉不知所措不知如何入手时，要根据用户的特点，展示知识在整个知识系统中的位置和源流，对数据知识进行适当的知识管理，提升数据的价值，让使用者了解相关知识的应用情况，能够更好地进行网络知识消费。

2.3　知识消费的内容广泛性对数字图书馆资源建设的需求

数字图书馆数字化产品缺乏对新的网络自媒体和新媒体的资源采集与吸收方式。如今新媒体已经成为人们获取信息的重要渠道。美国《华盛顿时报》2020 年 6 月 6 日消息，美国总统特朗普周五（5 日）打破了自己的多项纪录——他单日发布推特以及转推的次数总和达到 200 条，打破了此前 142 条的纪录；此外，他的推特当日还创造了新的单周发布条数纪录（468 条）以及一小时内发布条数最高纪录（74 条）。通过推特可以及时了解美国政府和美国总统的很多观点、看法和相关的政策。而据国内统计，中国互联网资讯消费者中，平均每天用于资讯的消费时间（所有渠道），人均达到 76.8 分钟。其中 73.7%的用户每天会拿出 30 分钟以上时间来看资讯。而目前大部分的国内的数字图书馆，更多将目光放在正式媒体和数字化出版上，缺乏对新媒体等信息源的系统收集和整理。

3　数字图书馆的知识产品策略

3.1　知识产品资源策略

首先，数字图书馆应该广泛与各类网络知识信息资源建立联系，收集更广的信息资源。除了对传统知识文献的信息化，一些比较规范的数据库资源之外，也要关注新媒体资源。这部分新媒体资源不仅应该包括文字型的新媒体，例如微信公众号、微博、今日头条之类的，也应该关注视频类的新媒体，例如抖音、快手、微视之类。这已经成为新信息传播的重要渠道。目前，包括央视新闻、人民日报等媒体，河北共青团、科普中国等政府机关不断提升自己在新媒体的话语权。

其次，要与相关的知识消费平台建立联系，发挥数字图书馆的资源优势，依据相关平台的需求特点，以便提供更好的数字产品。而从知识消费的特点上看，社交媒体正逐渐变成人们获取信息和分享信息的主要渠道，这个平台中的知识消费者成为知识产品消费的主力客户。一些商城中的知识消费，例如小红书中的各种知识类的视频，占知识学习的重要地位。又如喜马拉雅 FM，国内规模最大的在线音频分享平台，在音频行业处于领先地位。这些能为知识消费带来大量客户群。而一些网络课程下的知识消费，主要是在线教育行业，能为知识消费带来长线的稳定的用户。

3.2　知识产品的优化管理

首先，应该满足大数据环境下的数字产品的需求。在这个环境中，知识消费者再也不是知识产品的被动接收者了，而对知识产品的应用性和适用性提出了更高的要求。数字图书馆要重视数据之间的关系网络，重视读者的需求，依据知识内容来提升知识价值，并建立相关的知识使用模型。通过描述了谁，根据何种知识和信息，在何种条件下用何种方法来采取何种行动，并取得何种结果，使用户更加了解知识的使用情况，知道如何学习、掌握和应用知识。其次，应该依托于元数据描述数据信息的功能，不仅用来支持如指示存储位置、历史数据、资源查找、文件记录等，更加能够依托不同用户需求，对相关数字产品的知识领域、知识关联、知识质量、隐私情况进行进一步规范化管理，使知识产品更适应数字消费需求。

3.3 知识产品生产管理策略

数字图书馆不应该只满足于普通的知识收集和加工，同时也应该面对知识消费市场进行知识生产，这就需要建立一个知识生产者管理系统或者管理平台。对于知识生产者，数字图书馆应该寻找比较好的知识产品项目，并寻找一些在国内外比较有影响的知识分子或者相关领域的专家，与之签订合同，要求其提供符合数字图书馆要求的知识产品。在与生产者签订合作合同时，应将知识产权保护相关条例明确写进合同，对于后续过程中出现抄袭行为的生产者，数字图书馆应明确表示会立即终止其合作合同，并及时在大众面前将其曝光，并追究其相应的责任。同时可以与相关机构合作，严厉打击第三方平台上的倒卖侵权行为，并采取一定的技术手段，通过阻断对相关知识产品的非法消费来维护知识产权方的利益。

参考文献：

[1] 董楠．浅谈数字图书馆的特点、现状与存在问题［J］．魅力中国，2018（12）：75.

[2] 研究员1号．新媒体现状大调查［N］．北京商报，2019-07-08.

[3] 侯磊．大数据背景下互联网用户行为分析［J］．数字技术与应用，2019（3）：227-228.

高校图书馆知识产权信息服务的SWOT分析

徐晨琛

（华中师范大学图书馆，武汉，430079）

【摘　要】 为了探究双一流背景下，高校图书馆开展知识产权信息服务的定位和策略，在阐述知识产权信息服务内涵以及国内高校知识产权信息服务研究现状的基础上，运用SWOT分析法，分析国内高校图书馆开展知识产权信息服务的内部优势、内部劣势、外部机会、外部威胁，提出了高校图书馆知识产权信息服务四大策略以及分步走的建设路径。

【关键词】 高校图书馆　知识产权信息服务　SWOT分析　策略

1　知识产权信息服务的内涵和意义

知识产权信息服务包含知识产权、信息、知识产权信息、信息服务等互不相同又密切联系的概念。因此，在讨论高校图书馆知识产权信息服务之前，有必要理清相关概念，确定知识产权信息服务的内涵和定位。

知识产权是指专利权、商标权、版权（也称著作权）、商业秘密等的主体对于创造性的智力劳动成果或者工商业标记所享有的民事权利。知识产权信息可以被描述为知识产权相关的信息。从知识产权信息的产生、发展、保护、运用、管理的过程来看，可以将知识产权信息分为知识产权权利信息、知识产权技术信息、知识产权保护信息、知识产权运用信息以及知识产权法制信息等类型。根据社会的不同需求，对这些类型的知识产权信息的整理、加工、检索、分析、预警等构成了知识产权信息服务的主要内容。知识产权信息服务主要指提供专利、商标、著作权、商业秘密等各类知识产权信息的信息公布、信息整合、信息分析、信息检索、信息数据库建设、信息文献翻译、信息系统开发等知识产权信息加工服务的信息服务新类型，是知识产权服务的一个重要组成部分[1]。

高校图书馆作为学校文献信息服务保障中心，开展知识产权信息服务具有先天优势。2016年以来，国家颁布的一系列相关政策，为高校图书馆开展知识产权信息服务提供了政策支撑。在“双一流”建设的大环境下，知识产权信息服务对于“双一流”建设五大任务之“提升科学研究水平”和“着力推进成果转化”也有着积极的作用[2]。另一方面，对于图书馆自身而言，开展知识产权信息服务是图书馆拓展服务范围，深化服务内容，提升自身地位的良好契机。因此，高校图书馆研究和开展知识产权信息服务势在必行。

2 研究现状

目前，关于图书馆知识产权信息服务的研究呈增长趋势。2019 年 6 月 5 日，笔者以 CNKI 期刊全文库为数据源，以“高校图书馆”主题为“知识产权信息服务”或含“专利信息服务”进行检索，共检出 102 篇论文。从论文数量上来看，总体研究并不多，2015 年之前，相关研究论文每年不超过 10 篇。从 2016 年—2018 年，每年发表论文数量持续增加，2018 年发表论文 22 篇。由此可见，高校图书馆知识产权信息服务这一主题，近年来逐渐受到学者们的关注。通过对检索到的 102 篇论文进行主题分析，发现相关研究主要集中在专利信息服务方面，既有理论研究，也有实践研究。有探讨专利信息服务的内容、模式、趋势、平台建设的[3][4]，有探讨服务对策、建设策略的[5][6]，也有进行调研和实践研究的[7][8]。但对国内高校图书馆开展知识产权信息服务内外部环境特征分析及系统的策略研究并未见到。为了探究“双一流”背景下，高校图书馆开展知识产权信息服务的定位和策略，本文采用 SWOT 的分析方法，对内部资源、外部环境进行分析，以确定其服务定位和服务策略。

3 高校图书馆知识产权信息服务 SWOT 分析

SWOT 分析是将组织内外部条件各方面进行综合和概括，进而分析组织的优劣势、面临的机会和威胁的一种方法，包括内部优势分析、内部劣势分析、外部环境机会分析和外部环境威胁分析。

3.1 内部优势分析

从知识产权信息服务的内容来看，主要包括知识产权信息的整理、加工、检索、分析、预警等。因此，高校图书馆丰富的资源和信息服务能力为开展知识产权信息服务提供了保障。

（1）资源优势。图书馆是学校的文献资源保障中心，每年有固定的经费投入购买文献信息资源，包括国内外各种专利数据库和分析平台。此外，图书馆还具有丰富的资源收集、整合的能力和经验，能够有效地整合和利用各种 OA 资源、世界各国的知识产权公共服务平台以及其他免费资源。因此，图书馆丰富的信息资源以及对资源的整合利用能力，为开展知识产权信息服务提供了资源保障。

（2）人才优势。在长期的信息服务工作实践中，高校图书馆培养并建立了一支拥有较高信息素养的人才队伍，他们长期从事信息咨询、文献检索，科技查新、学科服务等工作，积累了丰富的信息处理工作经验，具有较强的信息服务能力，这些都在一定程度上为培养知识产权信息服务馆员队伍奠定了坚实的基础[9]。此外，高校法律专业、信息管理专业的专家学者也为开展知识产权信息服务提供了专家团队和技术顾问。

（3）技术优势。随着计算机技术和网络技术的广泛应用，高校图书馆在自动化、网络化、信息化建设等各方面都有长足的发展，各种新兴技术被高校图书馆关注、利用。另一方面，高校图书馆与各数据库和信息资源商间有长期的合作关系，具有良好的信息环境和信息共享平台开发基础。在网络信息时代，高校图书馆将成为信息高速公路的重要节点，其在信息处理技术、计算机应用技术、网络通信技术等方面都有一定的优势。

（4）合作优势。目前高校图书馆界有许多联盟和合作，可实现资源的共建共享。如由同济大学图书馆、北京大学图书馆、清华大学图书馆、上海交通大学图书馆 4 家单位共同发起成立的高校知识产权信息服务中心联盟，目前有二十多家成员单位，联盟本着共建共享、平等互利、合作共赢的原则共同开展知识产权信息服务工作，以及在教学科研、师资培训等方面的合作。因此，在知识产权信息服务这方面，也可以充分利用馆际间的合作和共享。

3.2 内部劣势分析

（1）制度保障不全。通过对 42 所世界一流大学建设高校图书馆及 23 所首批高校国家知识产权信息服务中心的高校图书馆进行网站调研，除去网站无法访问或者无介绍的情况，只有 8 所高校图书馆网页上出现了知识产权信息服务相关规章制度的说明，其中 7 所明确制定了本校知识产权信息服务的相关规范。因此，建立健全知识产权信息服务的规章制度迫在眉睫。

（2）认识不足。通过调查发现，高校图书馆知识产权信息服务还处于起步阶段，制度保障、人员配备、资源配置等都还不完善，各高校重视程度也不一样。以知识产权信息服务在图书馆网站上的入口为例，在被调查高校中，只有不到一半的图书馆网站将知识产权信息服务放在首页，还有 22.86％的网站上没有关于知识产权（专利）信息服务的介绍，而只有 11.43％的高校设置有专门的知识信息服务中心网站，且有一些还处于正在建设和完善中。另一方面，由于高校图书馆受传统的管理模式和平均主义评价机制的影响，馆员缺乏开展知识产权信息服务的主动性和积极性，专利信息服务意识也较为薄弱，因此，如何激发馆员服务意识的主观能动性，是高校图书馆开展知识产权信息服务面临的重要问题[5]。

(3) 服务能力有待提升。知识产权信息服务具有较强的专业性，需要具备对应的学科知识和专利相关的法律知识，还要具备对大量数据的检索、处理和分析能力。目前，我国绝大多数高校图书馆的知识产权信息服务人员是由科技查新人员、学科馆员等组成，有专职的也有兼职的，然而既具备合理的知识结构又能熟练掌握专利分析工具利用技能的馆员还不多。

(4) 法律意识淡薄。虽然移动社交网络打破了传播的时空限制，但由于高校图书馆长期身居象牙塔内，馆员和读者对于外界纠纷的感触不深，缺乏危机意识。这导致图书馆和读者知识产权意识比较淡薄[10]。

3.3　外部环境机会分析

(1) 国家层面的重视。在创新驱动发展战略背景下，国家在加快推进技术创新的同时，非常重视知识产权服务体系的建设，颁布了一系列政策法规。2008 年国务院发布《国家知识产权战略纲要》，将知识产权工作提升到战略层次。2016 年，国家知识产权局正式发布《高等学校知识产权管理规范》，明确提出建立知识产权服务支撑机构，可设在图书馆等高校负责信息服务的部门[11]。2017 年 12 月国家知识产权局、教育部联合印发《高校知识产权信息服务中心建设实施办法》，明确规定高校知识产权信息服务中心一般设立在高校图书馆，以提升高校创新能力，支撑高校"双一流"建设[12]。2019 年 3 月，国家知识产权局、教育部公布了首批高校国家知识产权信息服务中心名单，北京大学等 23 家单位入选，为知识产权的创造、运用、保护、管理提供全流程服务[13]。这些相关政策，无疑为高校图书馆全面开展知识产权信息服务提供了政策引导和支持。

(2) 高校"双一流"建设的需要。在"双一流"建设的大环境下，各高校纷纷把创新列为学校发展战略，而知识产权又是衡量学校创新力的重要标尺，研究和开展知识产权信息服务势在必行。随着高校专利创造的快速增长，我国高校在知识产权的保护、管理和利用方面的问题也日益凸显，如专利申请重申请、轻维持（利用）的问题突出，知识产权流失现象严重，专利申请战略性规划和布局缺乏，专利管理与服务体系不够健全，专利实施转化率不高等。对高校教师个人而言，对于如何利用专利文献，如何保护自己的科研成果，如何实现科研与产业的结合等方面有着广泛而迫切的需求。为增强高校知识产权创造、运用、保护、管理和服务能力，提升高校科技创新水平，开展知识产权信息服务，提升高校知识产权综合能力，是高校建设发展的需要，也是图书馆作为知识产权服务支撑机构义不容辞的责任。

（3）图书馆自身发展的需要。图书馆进入了新时代，图书馆也需要提升自己的服务水平和能力。图书馆能否得到学校和社会的重视认可，服务是关键。一流的图书馆必须有一流的服务，一流的服务必定是智慧化的、个性化的，与服务对象紧密联系的深层次的服务。高校图书馆开展知识产权信息服务，既是对学校发展的有力支撑，也是提高图书馆服务水平和服务能力的抓手，是学科服务的深化和发展。知识产权的信息服务是一个契机，也是图书馆发展的战略支点。

3.4 外部环境威胁分析

（1）来自竞争对手的挑战。随着知识产权信息对于经济创新发展作用的日益显现，近年来，知识产权信息商业服务机构日益增多。如提供知识产权信息服务的专业信息服务机构，代表性的有北京东方灵盾科技有限公司、江苏佰腾科技有限公司等，他们建立有自己的数据库检索平台，对社会各界提供全方位、个性化的专利检索和咨询服务。另外，还有商业数据库中的知识产权信息数据库服务，网络搜索服务商提供的知识产权信息服务等，如CNKI、万方数据库知识服务平台等，凭借其数据库开发技术和商业经验，开展知识产权信息服务。这些商业知识产权信息服务机构，虽然目前数量不多，规模也不大，但是这些专利信息服务机构通过各种方式引进了高端的专利信息服务人才，并且拥有相对成熟的专利信息分析工具，目前在面向企业用户的专利信息服务市场上已具有一定的社会影响力，这对于处于专利信息服务初级阶段的高校图书馆构成了一定挑战。

（2）用户对图书馆服务能力的考量。图书馆开展知识产权信息服务尚处于初级阶段，许多用户对于图书馆是否能够满足他们的知识产权信息需求持怀疑态度，还有一些传统观念认为图书馆就是借还书的地方，甚至不知道图书馆还能提供这些服务。用户即便有需求，首先想到的也不是图书馆。

（3）专利信息服务总体布局不均衡。武茹、黄继东采用网站访问与邮件咨询和电话咨询相结合的方式，对636所包括“985工程”“211工程”和普通本科院校在内的高校图书馆进行相关调研，结果显示，共有115所高校图书馆开展了专利信息服务，其中，“985工程”高校图书馆28所，“211工程”高校图书馆33所，而普通高校图书馆只有54所[5]。说明目前开展专利信息服务的高校图书馆主要集中在“985工程”及“211工程”高校图书馆，这些高校又主要集中在经济较为发达的华东和华北地区[9]。

4 高校图书馆知识产权信息服务策略分析和建设路径

4.1 策略分析

通过调查和梳理国内高校图书馆开展知识产权信息服务的内部优势、内部劣势、外部机会、外部威胁等因素，构造SWOT矩阵，形成了SO策略、WO策略、ST策略和WT策略，如表1。SO策略为增长型策略，即将内部优势与外部机会相结合，积极开展该项工作，拓展相关业务。WO策略为扭转型策略，建议把握外部机会，或者积极争取更多机会，同时注意弥补内部的不足，保障该项工作的顺利进行。ST策略为多元化发展策略，建议积极发挥内部优势，同时规避外部威胁带来的不利影响，有选择性地开展相关工作。WT策略是防御型策略，建议开展服务时，尽量克服内部劣势，明确外部威胁，制定相应的应对办法。

表1 高校图书馆知识产权信息服务SWOT矩阵

内部因素 / 外部因素	优势S (1) 资源优势 (2) 人员优势 (3) 技术优势 (4) 合作优势	劣势W (1) 制度保障不全 (2) 认识不足 (3) 服务能力不够 (4) 法律意识淡薄
机会O (1) 国家层面的政策支持 (2)“双一流”建设的需要 (3) 图书馆发展的需要	SO策略：增长型策略 顺应发展，把握机会，结合自身优势，明确定位，深入开展知识产权信息服务工作，扩大宣传，形成服务品牌	WO策略：扭转型策略 建立健全规章制度，提高服务意识，培养服务团队，建立激励机制，补齐短板，以适应外部机会
威胁T (1) 来自竞争对手的挑战 (2) 用户对图书馆服务能力信心不足 (3) 总体布局不均	ST策略：多元化策略 发挥资源优势、合作优势，化威胁为机会，形成合作战略	WT策略：防御型策略 建立健全相关机制，扩大宣传，寻求多方合作

4.2 建设路径

4.2.1 第一步，顺应发展，把握机会，找准定位，顶层设计

国家相关政策法规的发布，“双一流”建设以及图书馆自身发展的需求，为图书馆开展知识产权信息服务提供了契机。图书馆应该积极把握住机会，重

视知识产权信息服务的开展，争取学校和相关部门的支持。从相关调查来看，高校图书馆知识产权信息服务还处于起步阶段，制度保障、人员配备、资源配置等都还不完善，各高校重视程度也不一样。因此，高校图书馆要提高对知识产权信息服务的重视程度，认真研读国家相关政策法规，把握机会，结合自身情况，找准定位，编制发展规划，建立管理机制，进行顶层设计。

4.2.2　第二步，补齐短板，全面建设，提升服务

（1）建立健全规章制度。一方面，高校图书馆要研究梳理国家相关法律法规，严格遵守相关政策法规，利用政策优势，指导知识产权信息服务的开展。另一方面，要制定完善的管理机制和规章制度，明确岗位职责，制定业务规范，建立人员考核机制、激励机制、培训机制等，使知识产权信息服务工作的开展有章可循，有法可依。

（2）优化资源配置。图书馆丰富的馆藏资源以及对资源的整合利用能力是开展知识产权信息服务的重要保障。图书馆要充分利用资源优势，整合各类专利资源和分析工具，包括各种商业专利数据库、免费专利数据库以及公共服务平台。依托政策导向，积极争取经费，获得更多优质资源，优化资源结构。

（3）培养服务团队，提高服务的主观能动性。在长期的信息服务工作中，图书馆具有一支经验丰富的信息服务团队，然而知识产权信息服务具有较强的专业性，还需要具备对应的学科知识和与专利相关的法律知识。因此，图书馆可以考虑从相关信息服务岗位如科技查新、学科馆员等岗位中，通过学习培训等方式培养一批知识产权信息服务人员。另一方面，也可以考虑通过公开招聘的方式，引进具有相关学科背景、工作经历的人才。通过内培外引，组建一支具备知识产权相关知识，具有专利检索能力、专利分析能力、情报研究能力的服务团队[14]。此外，还要建立相应的激励机制，注重激发馆员服务意识的主观能动性。

（4）创新服务模式，深化服务内容。传统的知识产权信息服务主要包括知识产权（专利）培训、咨询，专利分析、检索、查新等类型。图书馆应该基于用户需求，在传统服务的基础上，推陈出新，不断创新服务模式，深化服务内容。如积极开设知识产权信息素养教育课程，以公共选修课、嵌入式教学等方式，培养学生的知识产权意识、知识产权能力以及相关法律道德等。探索全流程服务，如基于专利生命周期的专利信息服务模式，在专利创造、专利保护、专利运用及管理等不同阶段的服务内容；基于科研生命周期的知识产权信息服务模式，在科研立项、项目实施、项目成果产出以及转化等阶段提供服务等。化被动等待为主动融入，积极主动融入科研流程、专利流程，探索基于生命周

期的全流程、嵌入式服务模式。积极探索利用新媒体、"互联网+"等技术手段，为用户提供线上服务，注重用户体验与用户反馈，节省用户时间，提高服务效率。同时，还可以利用大数据技术，对服务平台上的数据进行分析和挖掘，获取更多有用信息，不断提高服务质量。

4.2.3 第三步，扩大宣传，寻求合作，形成品牌

通过前面几步的规划和建设，高校图书馆在知识产权信息服务方面已经具备了一定的基础，积累了一定的经验，产生了一定的影响。因此，接下来，需要考虑进一步扩大宣传，积极寻求校内外合作，形成服务品牌。

（1）扩大宣传。通过多种途径，宣传图书馆知识产权信息服务，让校内外师生知晓、了解、使用这项服务。如通过网站、微博、微信等进行告知、宣传；通过用户培训、深入院系进行宣讲，通过典型案例、成功案例进行推广宣传等。

（2）多方合作。对内可与管理部门、学院、课题组等合作，如与学校科研管理部门合作，寻求知识产权服务方向；与课题组合作，开展嵌入式服务等[15]；对外可以与政府部门、企业、其他高校等开展合作。如与各类商业服务机构合作，化竞争对手为合作伙伴，优势互补，合作共赢；与其他高校图书馆建立联盟，实现共建共享，平等互利，如 2018 年 7 月，在同济大学成立的高校知识产权信息服务中心联盟[16]。联盟的建立，为加强高校校际合作，推动我国高校知识产权信息服务的发展，发挥重要的引领和示范作用。因此，各高校应该广泛开展合作，打破服务壁垒，促进自身发展。通过合作，获取经验，获得机会，共享资源，提升服务。

（3）打造品牌。优势和特色是打造服务品牌的关键。经过前期的规划和建设，图书馆知识产权信息服务已经具备了一定的基础，并积累了一定的经验，下一步，图书馆应该结合本校以及本馆的特点，如学校建设方向、学科建设情况、本馆馆藏情况等，发掘出自己的特色之处，从而确定知识产权信息服务的特色点以及优势之所在，形成自身的品牌特色。

参考文献：

[1] 李喜蕊. 我国知识产权信息服务体系建设研究 [M]. 北京：中国政法大学出版社，2016.

[2] 肖珑. 支持"双一流"建设的高校图书馆服务创新趋势研究 [J]. 大学图书馆学报，2018，36 (5)：43-51.

[3] 王丽萍，杨波，秦霞，等. 高校图书馆专利信息服务内容、模式与趋势 [J]. 图书情

报工作，2015，59（6）：113-119.
[4] 杨木容. 面向科技创新的高校图书馆专利信息服务平台建设［J］. 图书馆理论与实践，2010（1）：82-84，102.
[5] 武茹，黄继东. 我国高校图书馆专利信息服务面临的机遇与挑战研究［J］. 图书馆建设，2017（11）：61-66，73.
[6] 张善杰，陈伟炯，陆亦恺，等. 产业技术创新需求下高校图书馆专利信息服务策略［J］. 图书情报工作，2017，61（21）：64-70.
[7] 赵红，王玲. 高校图书馆专利信息服务调查研究［J］. 图书馆工作与研究，2015（6）：86-88.
[8] 刘明丽. 高校图书馆基于科技查新的专利信息服务研究——北京工业大学图书馆的探索与实践［J］. 现代情报，2013，33（12）：74-77.
[9] 朱慧. 高校图书馆专利信息服务的优势、难点与发展策略［J］. 图书馆学刊，2018，40（12）：102-105.
[10] 王根. 移动社交网络环境下高校图书馆知识产权危机管理［J］. 数字图书馆论坛，2018（2）：60-66.
[11] 国家知识产权局，教育部，中国标准化研究院. 高等学校知识产权管理规范（GB/T 33251-2016）［EB/OL］.［2019-06-30］. http://www.std.gov.cn/gb/search/gbDetailed?id=5DDA8BA09BAB18DEE05397BE0A0A95A7.
[12] 国家知识产权局，教育部. 高校知识产权信息服务中心建设实施办法［EB/OL］.［2019-06-30］. http://www.sipo.gov.cn/gztz/1107796.htm.
[13] 国家知识产权局，教育部. 国家知识产权局办公室 教育部办公厅关于公布首批高校国家知识产权信息服务中心名单的通知［EB/OL］.［2019-06-30］. http://www.sipo.gov.cn/gztz/1136548.htm.
[14] 慎金花，孙乔宣. 面向需求的高校图书馆员专利信息服务能力建设研究［J］. 大学图书馆学报，2018，36（5）：73-79.
[15] 张驰. 高校图书馆知识产权信息服务合作模式研究［J］. 图书馆学研究，2018（20）：78-80，61.
[16] 同济大学图书馆. 高校知识产权信息服务中心建设研讨会暨高校知识产权信息服务中心联盟成立仪式在我校召开［EB/OL］.［2019-06-30］. https://news.tongji.edu.cn/info/1003/42433.htm.

移动互联网时代下的高校图书馆移动服务发展策略研究

陈海燕

（华中师范大学图书馆，武汉，430079）

【摘　要】移动服务是当今高校图书馆开展的新技术服务，越来越多的高校图书馆运用移动服务技术，开展图书馆移动信息服务。目前，现有的移动服务大都是从数字图书馆服务系统中平移过来的，存在着服务方式和服务内容单一的问题，如何发展移动服务？本文作者从近两年国外图书馆对移动服务的调研情况，提出了国内高校图书馆未来移动服务的发展策略。

【关键词】移动服务　手机图书馆　高校图书馆　发展策略

在当今的数字时代，高校图书馆正在从收集、传递文献信息资源转变为基于资源的面向用户的互动与交互活动。高校图书馆在新技术环境下，适时地采用新的服务模式，将资源和服务融入用户的学习、研究和社会活动中，提供主动、交互、共享、增值的服务。无线技术引领的移动互联网时代来临，移动技术的发展和无所不能的移动终端催生了高校图书馆的移动服务。

1　高校图书馆移动信息服务的发展现状

1.1　图书馆移动服务的发展情况

图书馆的移动服务是指通过移动设备，向用户提供图书馆服务的一种方式。从2000年开始，图书馆移动信息服务就已成为国内外图书馆界研究和开发的新主题。国外以日本、韩国、芬兰、英国、美国等国为主，自2000年始陆续推出图书馆移动服务计划。2003年北京理工大学图书馆率先在国内开展移动信息服务，此后陆续有公共图书馆、高校图书馆开通移动信息服务，服务方式从短信息服务到WAP网站服务再到客户端软件等服务，服务终端从普通手机到智能手机、电子阅读器、掌上电脑等，目前已有国家图书馆、上海图书馆、清华大学图书馆、北京大学图书馆等数十家图书馆为用户提供移动服务。但总体上我国图书馆移动信息服务尚处于起步阶段。从总量上看，目前国内提供移动信息服务的图书馆在全部图书馆中所占比例很低；从开通移动信息服务的时间看，不少图书馆是在2009、2010年才开通服务，提供服务的时间较短；

从服务内容看，现有的移动服务大都是从数字图书馆服务系统中平移过来的，如何较好地针对图书馆用户在移动环境下的独特信息需求开发有特色的移动服务项目是今后图书馆移动服务研究的主要课题[3]。

1.2 高校图书馆移动服务的主要方式

有研究者通过对国内外高校移动图书馆服务方式进行了比较，目前国内外高校移动图书馆服务方式主要为四种：短信服务、WAP网页服务、移动客户端和移动设备借阅[4]。

1.3 高校图书馆移动服务的主要内容

目前图书馆的移动服务主要包含几大部分内容：移动图书馆门户、OPAC检索、移动阅读、移动参考咨询，如表1所示。

表1 移动服务主要内容归类表

移动图书馆门户	OPAC检索	移动阅读	移动参考咨询
馆务及信息通知	馆藏书目检索	数据库资源	常见问题
消息提醒定制	个人借阅管理	多媒体资源	留言意见反馈
新闻通知	移动预约服务	电子书借阅	邮件、短信咨询
讲座培训	文献传递	商业移动资源	学科指南，研究指导
地图或公交指引	馆际互借		
视频、音频导航			
……			

2 近年来国外图书馆对移动服务的研究及发展情况

近些年国外图书馆正在深入研究图书馆移动服务，对用户提供移动信息服务、传递用户指令、漫游和预订、提供实时参考咨询服务和文献传递等诸多方面进行了探索和实践。例如在澳大利亚，澳大利亚图书馆正在研究开发移动网站和本机应用程序系统的组合体，移动网站显示图书馆的信息资源，本机应用程序实现交付服务，而发展的趋势是该组合体是靠第三方——模块连接到现有的图书馆管理系统（LMS）或者在图书馆管理系统上产生独立的应用程序界面来运行的。在图书馆领域移动服务主要集中在目录访问、移动漫游、SMS服务、社会传媒、手机优化版的基于内容的文字博客和视频播客、电子书和有声读物。而进一步的移动服务创新方向选择为数字对象在手机上进行3D模式识别，定位用户所在地理方位[2]。一个重要的现实情况越来越多地受到业内人士的关注，由图书馆衍生的内容与服务正在被出版商积极地开发与发展，而不是由图书馆的专业馆员来展开实现。

2.1 移动服务产生的动机

国外图书馆研究表明，移动服务产生的动机主要为几个方面：用户需求、移动技术应用发展的趋势、个性化需要的满足、知识学习和技能培训、图书馆社会价值维护。在当今的数字化时代，图书馆面临与在线替代品，如搜索引擎、数据资源库和文献共享社区的激烈竞争。这种情况导致许多图书馆通过移动服务的方式拓展在线服务成为一个最为经济实惠的措施。

2.2 用户对移动服务的需求

据近年的公众调查，绝大多数受访者是喜欢接受移动服务的，即移动服务普遍受到广泛的欢迎，从对移动服务的需求意见反馈来看，被调查用户向图书馆提出了以下几个方面的需求。

(1) 提供更好的服务。用户希望图书馆尽可能使用移动技术作为一种有效手段来提高用户体验与现有服务。随着移动互联网络与移动技术的迅猛发展，移动智能设备的广泛使用使移动服务开启并被提上日程，移动服务的需求成为图书馆服务的一种必要的方式。

(2) 对“酷”功能的青睐。在移动环境下，移动客户端程序关键应该拥有用户想要的应用程序，并可以和他人一起使用产生互动。通俗地说就是“酷”功能、友好的交互界面和很想使用的满足个人喜好的某种工具。

(3) 移动平台的选择。调查参与者大多数选择了四个移动平台，Android、iPad、ebook readers 和移动网站。这四个移动平台也是由目前信息技术网络技术发展而产生的使用比较广泛的主要移动平台。

(4) 社交网络。被调查的受访者公开要求移动工具应能够链入新的社区，让用户进入社交网络的模式从事互动交流等社交活动。

(5) 娱乐。在图书馆移动服务中提供游戏功能等娱乐功能是大多数人不赞成的，但是对用户的随机调查反馈中显示，新兴的主题词是“好玩”“有趣”，用户需要在图书馆移动服务中得到享受，这与图书馆服务的传统价值观念——教育、研究和促进学习是不太相融的。

2.3 国外高校图书馆移动服务利用情况实例调查

对美国 USU（Utah State University）大学 2010 年的学生使用移动设备获取文献资源的调查显示，70.2%的学生表示非常喜欢用智能手机查找馆藏资源；46.9%的学生用 iPad 查找馆藏资源；45.9%的学生通过电子书来利用馆藏资源；63.2%的学生喜欢用其他的终端设备使用馆藏文献资源。

在智能手机普及的今天，手机基本是学生通过网络寻求并获得文献资源的主要设备，其他移动设备对图书馆移动服务方面主要需求也是文献资源的检索与获取，因此通过手机提供移动服务变得很迫切，手机图书馆作为图书馆移动服务的主要方式是很有必要的。手机图书馆是图书馆网上服务平台的延伸，也是又一种方便用户的图书馆业务服务方式。

学生用移动设备从图书馆便利地获取了哪类资源？多个大学院系的调研结果表明，学生更喜欢通过移动设备和移动网络使用图书馆的文献资源，继而进行他们的学习和科研。常规的学生调查表明，学生用户希望可以使用移动设备检索图书馆馆藏目录，图书馆咨询服务功能，寻求帮助，检索文献，预定研究间等。

移动服务应该提供各式各样的服务，或者可以说所有可能的服务都可以通过移动服务来实现。

3 高校图书馆移动服务的发展策略

3.1 高校图书馆应确立移动服务为未来的服务方式

近年来，移动互联网的发展速度大大高于桌面互联网，利用手机等移动设备上网和阅读的人群也在迅速增长，2013 年 1 月的国内互联网调查报告显示：截至 2012 年 12 月底，我国手机网民的数量已经占到全体网民的 74.5%，超过台式电脑成为中国网民第一大上网终端[5]。2020 年，中国互联网信息中心发布的第 45 次《中国互联网络发展状况统计报告》显示，截至 2020 年 3 月，我国网民规模达 9.04 亿，较 2018 年底增长 7508 万，互联网普及率达 64.5%。2013 年 34 所“985 工程”院校中有 30 家图书馆开通了移动图书馆服务，占总数的 88.24%，目前全部都提供了移动服务。数字阅读和移动访问成为读者使用高校图书馆的主要方式。

高校图书馆应快速认识到移动服务是未来高校图书馆发展的主要服务方式的趋势，从观念上明确图书馆发展移动服务的必然性和重要性，从被动接受移动服务到主动地从读者角度出发提供移动服务、设置图书馆移动服务多种功能，在保证移动图书馆的基本服务顺畅开展的前提下，不断寻求突破，满足读者的个性化需求。

3.2 高校图书馆采用相应的移动服务营销策略

高校图书馆创建移动服务网站、提供移动设备只是图书馆开展移动服务的初期阶段。对移动服务进行宣传，是必不可少的，毕竟有的学生不会使用移动服务，而且还需指导他们学会利用移动图书馆，因而制订营销计划和在线及纸质宣传资料是很有必要的。教育和培训图书馆馆员，尤其是那些在公共服务前线的馆员，也是促进移动服务开展的重要措施。

3.3 深入研究移动服务用户需求行为

在当今即插即用的数字移动时代，移动服务是高校图书馆顺应数字时代需要的很有生命力的现代信息技术服务方式，随着移动设备的普及而得到越来越广泛接受和使用。但是，移动服务绝不能止步于数字图书馆信息资源服务的简单平移，而是要快速拓展其服务能力，体现其特有的生命力，这需要对用户需求体验进行更深入、更广泛的探索与研究。具体来讲，就是要系统、深入地开展移动服务用户体验，研究移动服务中的用户需要、信息行为，揭示其普遍规律，分析和研究影响用户体验的关键要素，进行用户体验设计，为用户提供更加个性化、智能化、多元化的移动信息服务。并且，以用户体验为基础，理解用户信息行为与服务需求，针对移动服务的多人参与性、多维交互性，建立面向用户体验的多元主体协同服务机制、动态交互机制和自适应服务机制，推动服务体系的高效运转。

3.4 高校图书馆移动服务内容需纵深发展

高校图书馆在通常的情况下，已经开始向供应商购买移动服务系统平台，实现通过移动应用程序可访问本馆的馆藏目录和数据库等电子资源，这些不需要多高的技术，也没有额外的成本。但是目前看来，国内图书馆现有的移动服务大都是从数字图书馆服务系统中平移过来的，因此存在着服务方式和服务内容单一的局面。按这样发展也不可能成为真正意义上的移动服务。从本文引用两个国外图书馆的移动服务的案例中可以看出，它们的用户体验做得比国内的好很多，它们迅速采用了先进的网络通信技术，使服务内容深度优化，在资源检索、参考咨询、个人信息管理、馆务信息通知等固化的难以推陈出新的基本内容方面，对移动服务功能进一步深入开发，比如通过多媒体、互动地图、聚合内容的 RSS 服务等提供读者可视化的生动的交互界面，增加移动图书馆的生动性与亲和力。

3.5 高校图书馆移动服务模式的创新

高校图书馆移动服务应是网络服务在内容、平台、终端上的拓展，并且，图书馆的智能化与个性化服务要与移动服务有效结合起来。移动服务是需要一种更新的模式来发展的，并且需要依托新的移动网络、智能化技术。从国外图书馆的移动服务发展可以发现，移动服务模式可由定位服务、网络社区和体感技术来构建。定位服务通过无线通信网络和移动定位技术获取移动终端用户位置信息，确定用户的地理信息，在已知的范围内接受图书馆的各类服务；网络社区使用户在学习社区或学术社区内进行信息的交流、传播和共享，关联到自己需要的人或群体；体感技术能使移动服务内容更具人性化，平台更具智能化，增强移动服务的用户体验，最大限度地扩大其增值服务，比如增强实境AR是一种全新的人机交互技术，它借助智能手机中的GPS、相机和电子罗盘功能，能够把虚拟的图像、文字和现实场景叠加在一起，为用户呈现更贴近现实的移动服务体验[7]。高校图书馆移动服务模式应努力从这三个方向发展新的移动服务模式。

此外，高校图书馆进行移动服务的效益评估，定期调查移动服务的服务状况和服务效果，获得用户需求的反馈。图书馆应要求供应商对他们的移动服务门户网站和应用程序提供用户使用数据，生成移动服务的用户使用情况调研报告，引导供应商对移动服务系统的进一步开发和升级，一步步贴近用户需求。

4 结语

移动网络通信技术的发展、应用与普及彻底改变着人们的生活，也深刻地影响着以信息服务为主体的数字图书馆的服务模式。5G时代持续推动信息服务发生变革，在我们的读者持有并使用大量的且迅猛增长的移动终端的形势下，移动服务成为高校图书馆的标配。微信公众号在数年之内跃升到图书馆移动服务的主要阵营，主要是因为微信已成为移动互联网第一大行业应用，覆盖了68.04%的移动智能终端，活跃用户占比和月打开时长均居各移动应用榜首。移动服务为高校图书馆搭建了一个拓展信息服务的平台，并且，移动平台在不远的将来可能会高出网络平台，在这个移动平台上，如何提升和深化高校图书馆信息服务是当今高校图书馆面临的新课题。高校图书馆的移动服务的最终目标是要创造一个移动网络环境，让学生可以使用他们的移动设备进入一个新一层的数字信息共享空间，提高他们获取信息资源的能力[1]，这也是对泛在化图书馆服务的一种诠释和实现。

参考文献：

[1] ANGELA D, FLORA S. Mobile Technologies & Academics: Do Students Use Mobile Technologies in Their Academic Lives and are Librarians Ready to Meet this Challenge? [J]. Information Technology and Libraries, 2012(2): 82—94.

[2] SARAH S. Creating a Vision for Mobile Service Delivery[C]. ALIA Biennial Conference, 2012.

[3] 茆意宏. 面向用户需求的图书馆移动信息服务 [J]. 中国图书馆学报，2012 (1): 76-86.

[4] 龙泉，谢春枝，等. 国内外高校图书馆移动服务现状及比较分析 [J]. 情报杂志，2013 (2): 173-177.

[5] 张月群. 数字信息环境下的大学图书馆运行机制变革研究 [J]. 图书与情报，2013 (3)：26-30.
[6] 聂华. 图书馆的技术环境发展趋势与应用策略 [EB/OL]. [2012-12-20]. http://www.docin.com/p-437109836.html.
[7] 施国洪，夏前龙. 国内图书馆移动服务创新模式与提升策略研究 [J]. 图书馆杂志，2014 (3)：67-73.

高校图书馆智慧化服务策略

肖　景

（华中师范大学图书馆，武汉，430079）

【摘　要】 文章阐述了高校图书馆运用智慧化服务的必要性。为提高工作效率与更好地为读者服务，文章重点探讨了高校图书馆智慧化服务的实施途径：加快图书馆的资源建设；树立和深化智慧服务的理念；搭建网络平台，提供数字化传输；提升广大馆员的综合素养；营造和谐有序的氛围。

【关键词】 高校图书馆　智慧化服务

互联网高速发展的时代，越来越多的高校图书馆开始注重本馆的信息化建设，并努力向智慧图书馆的方向迈进。众所周知，图书馆是一个信息服务机构，图书馆智慧化服务就是以客户端的需求为中心，充分利用现代信息化与科技手段，最大限度地利用好信息资源与互联网资源之优势，为用户提供个性化、多元化、智能化的快捷服务。

1　智慧化服务运用于高校图书馆的必要性

1.1　业务发展的需要

高校图书馆推行智慧化服务，信息技术则是其创新与发展的重要驱动因素。众所周知，目前移动互联网技术、大数据与人工智能已在各行各业得到普遍应用，所取得的成效也非常显著。为此，高校图书馆也必须与时俱进，主动与“互联网＋”技术相结合，加快跨界融合与升级发展，向智慧服务的方向迈进，变被动服务为主动服务，同时还大力推行营销战略，积极抢占信息服务市场，不断提高管理质量与服务水平，为本馆实现成功转型赢得更多的时间与更大的空间。另一方面，智慧化服务有效开展，受益读者就会更多，读者就会成为流动的宣传媒介。媒介辐射效应的发挥，能成功吸引更多的读者参与到图书馆智慧化建设中来，不仅提高了本校图书馆声望，还提高了广大读者的参与度，让图书馆真正成为读者受益的第二课堂。

1.2　提高工作效率的需要

图书馆是一个为读者提供知识信息的服务部门。时代在进步，一方面随着科技的发展，过去那种坐等读者到馆然后再提供所需服务的工作方式已无法满足读者的需求，也无法跟上时代发展的步伐；另一方面，随着读者人数的增多与不定时、不定量求知需求的出现，馆员不能赓续传统思维忙碌不停，必须设法提高工作效率。新媒体时代，可将现代信息资源与计算机等现代新媒体技术相结合，大力调整管理理念与服务方式，变传统服务为学科导航式服务，大力推行营销战略，积极为读者提供系统性、专业性、快捷性服务，以此提高工作效率。

1.3 广大读者的需要

与到馆查询和借阅传统纸质资料进行查阅的传统方式相比，读者将更倾向于利用身边的新媒体工具获取庞大的、系统的个性化文献知识与信息资源。为节约时间、提高学习效率，广大读者也希望个人所需知识、信息资源来得便捷、针对性强，这样既省时又可以少走弯路。例如图书馆通过APP平台将每天不同时间段到图书馆的人数，他们所需求的知识信息服务集中在哪些专业，其中电子阅览室上位人数的比例等信息及时发布到读者的手机上，让读者一目了然，可以错开到馆的高峰期。为此，馆员为广大读者提供一种“互联网＋”精准服务，依靠智慧来帮助读者在短时间内获取最大的学习效率，满足读者多元化与个性化的需要，这也是图书馆未来服务的发展趋势之一。

2 高校图书馆智慧化服务的实施途径

2.1 加快图书馆的资源建设

资源建设是保障图书馆智慧化服务长效开展的重要保障。倘若没有知识信息的储备与其载体的必要补充，图书馆在知识与信息储备方面将停滞不前，无法实现知识信息与生产力之间的转化，也无法满足读者对知识信息的新需求。开展智慧化服务的资源建设主要包括智慧化硬件与软件建设。相关研究表明，其智能技术主要建立在互联网、云计算、大数据、物联网等信息技术的基础上，是智慧化服务的核心内容，物联网及射频识别构建了前台服务的基础，云计算和大数据分析是后台服务的有力技术支撑，它是智慧化服务的重要后盾，这些信息技术构建了一个以资源整合及共享服务为一体的先进的云平台。图书馆应积极与用户进行智能化图书馆资源共建活动，将线上及线下资源进行融合，进行有效互动，摒除传统的服务理念，为图书馆的全面升级打开新的局面，推广“互联网＋学科馆员服务”。此外，图书馆的数据库建设，图书馆的数据库商户、用户及图书馆之间的智能互联可依靠链接及协议耦合，实现知识与信息的广泛传播及快速分享。同时，加快图书馆的资源建设，实现数据的自助搜集、选择、归纳，形成有知识产权的图书馆资源数据仓储，这也是智慧图书馆资源建设的一个发展主流方向。

2.2 树立和深化智慧化服务的理念

图书馆服务质量的提高需要树立和深化智慧化服务理念，管理层要把智慧图书馆建设作为图书馆转型与实现高质量发展的长期目标。在“互联网＋”时代背景下，高校图书馆需基于现行的管理模式、信息化水平、馆员职业技能与服务态度等，依据现代情报与图书专业信息化的发展方向与用户的求知需求，按照高校战略发展规划中的统一部署，积极考量本校图书馆智慧化服务的发展思路与对策，按规划逐步实施战略发展目标。对此，图书馆领导要树立智慧化服务管理理念，高瞻远瞩，走渐进式发展路径，从技术发展的角度，融合馆员智慧，制定智慧图书馆的短期和中长期发展战略和规划目标，结合不同时期智慧图书馆的发展特点进行智慧化服务档次的升级。其次，要引导与组织广大馆员学习智慧化服务所必备的现代信息技术与操作技能，并树立现代“互联网＋”的深度融合与跨界发展之意识，熟练掌握现代信息技术，全天候、全方位为读者提供智能化、专业化与个性化服务。

2.3 搭建网络平台，提供数字化传输

为高校的广大读者提供智慧化服务，搭建好网络平台并提供线上全天候的数字化传输是未来图书馆发展趋势之一。众所周知，做好网络平台的建设，可以大大节省人力、物力资源，同时也可选择性避开人流与浏览量的高峰期，避免阅览室拥挤与网络拥堵。此外，线上服务可通过QQ、微信、微博、APP平台等媒介，为读者提供浏览、检索、下载和使用等快捷服务，满足读者的个性化需求。高校图书馆可按照学科与专业的学习任务及未来发展的方向，进行整理与补充馆藏资源，并分别建立网络搜索引擎页面，将最新的知识信息浓缩成概要的形式通过界面主动提供给读者，读者在瞬间浏览后可做出选择，合理安排时间，提高使用效率，让读者从内心对图书馆服务与管理工作满意。总之，搭建网络数字平台，创建一个适合读者的信息共享空间，实现网络数字化传输，提高对文献资料的更新速度与利用率，最大限度地满足读者专业化、个性化之要求。

2.4 提升广大馆员的综合素养

一是广大馆员要在日常工作中坚持自学，肩负起为高校教学、科研提供信息资源的岗位职责，因为图书馆工作在推动高校教学、科研方面非常重要。二是高校图书馆员在自主学习方面具有独特的优势，例如读馆藏书籍、运用计算机检索网络数据库、有疑惑的地方可请教本校的专家教授，有条件的甚至可利用工作轮休时间到本校情报与图书管理专业教室跟读学习，等等。为实现智慧化服务，所有馆员应提高认识，充分利用好上述资源优势，充分利用好业余时间，努力提升自身的综合素养，不断更新与补充社科与自科各门类的知识，熟练掌握计算机操作技术，了解大数据的相关信息，树立终身学习理念，并付诸实践，使自身的知识结构与工作能力能够齐头并进、稳步提升，只有这样，广大馆员的智慧化服务才会更具有科学性、合理性与高效性。

2.5 营造和谐有序的氛围

营造出和谐有序的图书馆氛围，更有利于体现出图书馆服务的智慧。无论读者是到馆借阅还是线上浏览、查询、下载所需文献资料，还是到馆扩大视野，博览群书，馆员都要树立“客户为尊、服务至上”的服务理念。此举一方面会提高读者学习的动力，另一方面读者也会更加支持图书馆建设工作，也为图书馆未来的智慧化服务建设工作积极建言献策。图书馆通过和谐融洽氛围的营造，馆员与读者之间的关系和谐、便于沟通，馆员可将最新知识信息分享给广大读者，使广大读者很乐意地对移动图书馆进行了解、认知与认同，并成为忠实的受众。受益面扩大之后，就慢慢步入良性循环轨道，为后续图书馆移动平台的构建、数字化知识和信息输出工作的推广等工作奠定良好的读者基础。营造和谐有序的图书馆氛围使读者乐意接受制度的约束，一方面节约了管理成本，能使广大读者养成良好的查阅等习惯；另一方面可使馆方借助大数据技术对读者的个性化需求进行分析与统计，依据他们对信息需求的倾向、量、时间段等数据，对读者群体进行细化与分类，然后依据不同专业的读者对资源有着不同的需求，有针对性地展开个性化服务，以此更好地调动读者使用移动图书馆的积极性，同时也能提高图书馆智慧化服务的效能。

3 结语

图书馆智慧化服务是在传统服务的基础上的一种改进与创新，可为读者提供快捷化、人性化服务。智慧化服务模式融合了现代信息技术、科技手段与管理方法。服务过程不受时间与空间的限制，一方面能最大限度地利用图书馆的人力、物力和知识信息资源，最大限度地满足读者多元化、专业化、个性化的服务需求；另一方面，可让读者的求知过程更加快捷舒适，可实现教学、科研效率的最大化，并在此服务环境濡染下养成良好的学习习惯，并形成终身学习意识。同时，高校图书馆的智慧效率在服务中也充分得以体现，切实在高校教学、科研服务中肩负起使命，发挥出重要作用。

参考文献：

[1] 孙延玲. 论以人为本的和谐图书馆建设［J］. 辽宁教育行政学院学报，2011（2）：118-119.

[2] 安丽红. “互联网＋”背景下高校图书馆创新服务的研究［J］. 河南图书馆学刊，2018（6）：62-64.

智慧图书馆背景下高校图书馆馆员职业能力提升探究

戴　泳[1]　王庆雯[1]　邹　霞[2]

（1. 华中师范大学图书馆；

2. 华中师范大学历史文化学院；武汉，430079）

【摘　要】 随着信息化、网络化、智能化的不断深化，高校图书馆正在向智慧图书馆迈进，其服务职能和工作形式也发生变化，因此对其馆员的职业能力提出了更高的要求。本文通过对高校图书馆馆员职业能力现状的分析，从加强职业道德建设，提倡自主学习能力，提升馆员业务素养，完善人才机制等方面阐述了提升馆员职业能力的有效途径。

【关键词】 智慧图书馆　高校图书馆馆员　职业能力　提升

所谓馆员的职业能力是指从事图书馆行业的人员应具备的胜任图书馆工作任务的能力。智慧图书馆时代，读者获取信息的渠道越来越多，传统服务模式已逐渐向网络化、智能化、学科化服务方向转型。作为高校图书馆馆员，服务对象基本是高校的教师和学生，随着网络信息飞速发展，读者获取信息的途径和阅读习惯也发生着变化，图书馆已不是他们获取知识和信息的唯一渠道。作为图书馆和读者之间桥梁的馆员，其职业能力是衡量图书馆服务水平和质量的重要指标，是高校图书馆是否可持续发展的决定因素。因此，培养和提升馆员的职业能力迫在眉睫。

1　高校图书馆馆员职业能力现状分析

（1）馆员队伍的知识结构与高校图书馆的发展要求不相适应。随着信息技术的发展和大数据的普及与运用，智慧图书馆终将成为图书馆发展的趋势，引领图书馆的发展，图书馆的职能也会发生变化，传统的服务模式逐渐被更先进的服务手段所代替。然而，现阶段高校图书馆馆员队伍的知识结构不够合理，文科生偏多，高学历偏少，外语水平偏弱，女性馆员居多，知识更新滞后。虽然近年来高校图书馆进人门槛有所提高，对学历有了更高要求，硕士学历的馆员在高校图书馆馆员中成主要群体，但也只是具备一般的业务能力，缺乏一些专业技能，信息利用能力偏弱，与智慧图书馆要求还有着相当大的差距。

（2）馆员队伍缺乏与智慧图书馆相适应的职业素养。智慧图书馆主要是建立在物联网、云计算技术及一系列信息技术的基础之上。近年来高校图书馆数字信息资源逐年加大，一些传统业务外包，信息处理和信息服务趋向自动化，使得传统图书馆中的很多工作正被电脑所代替。支撑图书馆的三大因素——图书馆馆员、书刊资料、馆舍场所的作用正在减弱。在智慧图书馆时代，图书馆馆员所掌握的传统学科知识和业务技能已难以适应现代化发展的需求。因为读者获取信息资源的途径和方式更便捷多样，足不出户就可以利用图书馆的信息资源和服务。由此看出，网络技术和信息带给读者便利的同时，对图书馆的服务产生了不小的冲击，图书馆馆员作为智慧图书馆各项服务的行为主体，必须顺应这种变化做好职业性质的转型，加强自身专业知识学习，在不断学习的过程中提升自己分析问题、解决问题的能力，融入用户之中，了解用户需求。

（3）馆员队伍创新意识和创新动力不强。高校图书馆的中心工作就是为读者提供信息资源服务，随着信息化、网络化在各个层面的渗透，在电子阅读和碎片阅读已成为多数人的阅读方式时，图书馆馆员却固守传统的服务方式，服务工作还停留在简单的查询检索、借借还还、上书整架等被动的服务形态上，深层次的专业性、知识性、学科性较强的服务工作流于表面。对利用新技术、新知识、新方法有效搜集、归纳文献信息的科研能力和创新能力不足，缺乏创新发展的动力，不能满足智慧图书馆对高校图书馆和馆员的深层次要求。

2　图书馆馆员职业能力提升途径探索

（1）加强职业道德建设，提高职业服务意识。图书馆馆员的职业道德就是指图书馆馆员在职业生涯中应遵循的职业品德、职业精神、职业纪律、职业责任心和荣誉感等多种品质的总和。高校图书馆作为高等教育的知识服务部门，其担任各项工作的馆员，应该具备行业的基本素养，这也是其职业价值体现的基本要求。馆员只有对自己所从事的工作有着强烈的职业感情，才能让自己全身心地投入进去，并在工作中实现自己的价值提升。作为知识服务部门，服务意识是一项尤为重要的素养，具体到馆员个人而言，这一意识的基本内涵就是：立足服务对象的基本诉求，以服务对象的满意为服务评价的唯一标准，灵活运用自身知识结构，在实现与服务对象有效契合的基础上，全心全意提供服务，力争在服务的各个环节满足服务对象的不同层次要求。

（2）提升馆员的自主学习能力。智慧图书馆作为图书馆发展趋势，主要是通过物联网、云计算、RFID的技术的发展与运用，通过嵌入式、无缝的智能服务模式实现的。新技术的广泛应用，使得图书馆的服务方式、服务手段、服务理念不断更新。高校图书馆主要服务对象是高校的教师和学生，面对的是高知群体，对信息资源的要求更专业，更有针对性。馆员要想做好服务工作，必须适应这些变化，掌握这些新技能，及时提升自己的学习能力和理解能力。自觉学习各种新知识，了解更多信息检索手段，才能准确理解用户需求并提供优质服务。同时，高校图书馆也应加大对现有馆员的业务技能培训，以提高馆员的业务水平。馆员自己更要加强自主学习，积极应对业务的薄弱环节，清楚认识到自身知识老化的现状，通过自学最直接、最有效地提高自身的业务素质。图书馆员作为智慧图书馆各项服务的行为主体，知识水平和工作能力的提升是搞好服务工作不可或缺的技能。

（3）提高馆员的业务素养。高校图书馆馆员特别是担任学科服务的馆员，会接触大量的信息，要想从那些良莠不齐的信息中筛选出用户需求的信息资源，就得具备一定程度的信息判断和鉴别能力。馆员在做学科服务时，如能提前对某一学科知识有深入了解，为用户提供的信息准确率也会高些。馆员要想做好学科服务，应对这个学科有关的研究现状、研究热点、发展趋势等各个方面内容熟知，这样在检索时，可以利用自己所掌握的学科知识，对检索结果进行优选，使得检索结果更为准确。此外，面对庞大的文献数量时，为了保证文献的高质量，馆员还必须具有准确的鉴别能力，能粗中取精，剔除质量不高的、参考价值低的文献，使用户免受无用信息的干扰。另外，提供智慧服务的馆员，如能熟练掌握和运用检索工具和信息分析软件，必定能为用户带来快捷高效的优质服务。

（4）完善人员管理及激励机制。图书馆人员年龄结构老化，是高校图书馆目前的普遍现象，阻碍了图书馆现代化建设进程。建立完善的人员管理制度、激励机制是图书馆员培养和职业能力提升的基础性保障。以制度的形式要求馆员主动提升自身的职业能力，从制度上对其进行管理和要求，为培养和提升馆员的职业能力创造一个良好的管理环境。

在新进馆员的选拔上，可根据智慧图书馆的特点，除了要满足传统的图书馆员工作要求外，还应注重他们的信息分析和鉴别能力，以及学科服务所需的知识储备，并能掌握一些智慧图书馆所需的技术知识，如大数据、物联网等。馆员只有跟得上高校图书馆服务群体的发展步伐，才能更好地为用户提供智慧化服务，促进智慧化图书馆的发展。

面对现有馆员知识老化现象，加强业务培训是十分必要的。可针对每个馆员的特点有的放矢地指导他们查漏补缺、取长补短，通过对馆员技术操作、创新能力、创新思维等方面的培训，让他们重拾自信心，增进工作热情，积极参与到智慧图书馆的日常运行中去，保证智慧图书馆的稳步发展。

建立适当的激励机制，在馆员中营造良性的竞争氛围，促进馆员加强对新知识、新技术的学习，自觉地补足自己的业务短板，努力掌握工作中出现的新技能，在竞争中不断提高自己，完善自己的综合素质、服务意识和创新意识，积极促进智慧图书馆的建设进程。

3 结语

提升高校图书馆馆员职业能力，不仅是智慧图书馆的要求，更是图书馆实现可持续发展的决定因素。智慧图书馆的发展除了技术和硬件的更新换代，作为高校图书馆的服务主体，馆员更应当不断提升综合实力，积极调整服务模式，利用专业优势，为高校师生群体提供优质、高效的文献服务，为高校图书馆职能的充分发挥贡献力量。

参考文献：

[1] 赵延昇，徐境．人力资源管理视角下高校图书馆学科馆员的专业化发展——以北京大学图书馆为例 [J]．大学图书馆学报，2016（3）：96-100.

[2] 黄毅丹．对高校图书馆员职业能力培养与提升的思考 [J]．办公室业务，2016（3）：165-166.

[3] 黄有均．高校图书馆人才队伍建设现状调查与分析 [J]．创新教育，2015（12）：161.

[4] 袁红军．基于“互联网＋”背景的图书馆智慧服务研究 [J]．图书馆理论与实践，2018（3）：109-112.

对影印古籍若干问题的探讨
——以华中师范大学图书馆为例

邓艺清　方　虹

（华中师范大学图书馆，武汉，430079）

【摘　要】在介绍影印古籍版式与特点的基础上，结合工作实践，就其采选的策略、分类与编目的选择、典藏入库与管理方法等问题进行了分析与探讨，从真正意义上实现影印古籍化身千百、服务读者的愿望。

【关键词】影印古籍　采选　分类与编目　管理

影印古籍是十九世纪西方先进印刷技术传入中国后的产物。与中国传统的雕版印刷技术相比，它能够较为真实地反映古籍原貌，可避免整理、录入、编校过程中产生的差错，整理难度较低，整理和出版的周期较短，人力、物力投入较少，受到中国出版业及知识分子的推崇。为实现“书写在古籍里的文字都活起来”，解决图书馆界与学术界之间收藏与利用的矛盾，影印古籍成为古籍整理的一种最为常见的方式，在古籍再生性保护中发挥着重要的作用。

作为高校图书馆馆藏资源的一个重要组成部分，影印古籍在高校师生阅读、学习和科研中不可忽视。在日常频繁的业务工作接触中，笔者发现各个图书馆对影印古籍没有形成统一的认知，以致在分类、编目、管理等方面众说纷纭。鉴于此，笔者结合华中师范大学图书馆（以下简称“我馆”）的实际情况，对影印古籍图书的若干问题略谈己见，期待同行们不吝赐教。

1　影印古籍的基本版式及特点

影印古籍数量在我国古籍整理出版工作中占有较大的比例，一是因为出版机构具有科学的规划和引导；二是因为影印古籍相较于点校、注释等整理方式的出版费时更短一些，出版更为简单。这些特点从对它的定义里就可体现出来。

蒋鹏翔认为严格意义上的影印古籍应该是指通过照相、扫描等技术手段获取底本原书的全文书影，采用以图集为主的形式，制版批量印行的古籍复制品；还有一种通俗的说法：影印古籍就是现代图书的外衣，古籍的心脏。从上述几种定义中不难理解：影印古籍是采用最常见的复制技术形成，只是在选择底本后页面排印上有所区别。

影印古籍的基本版式大致有以下几种：

第一，复制型，也就是尊重原貌，其字体大小与原书相当或者略小一点。国家图书馆出版社 2002—2014 年耗巨资出版的《中华再造善本》，是通过大规模、成系统地复制出版，其装帧上取传统的线装形式，每册封皮用仿库磁青纸，正文大部分选用国产宣纸，铺色黑白印刷；少数用瑞典进口蒙肯纸，全行彩印；编排上从行款、版式连同装订样式一切都维持其旧，外包装采用蓝色的布面四盒套形式，目的是展现原生态性。复制型最大的缺点是版面浪费，整体出资成本高。

第二，缩拼型，最简单的一种是除改变古籍的开本大小外，改古籍的单面印刷为现代的双面印刷，并且外包装发生相应的变化。台湾经学文化事业有限公司出版的大型丛书《稀见清代四部辑刊》，整个编排模式按经、史、子、集排序，共分十辑，每辑 100 册，总计 1000 册，精装出版，但书中的行款、版式基本如旧。另一种是改变版式结构，版式设计选定拼接形式，有上下两栏四拼一型、上下三栏九拼一型甚至更多拼一型。

四拼一型是目前影印本中最常见的一种缩拼本，其字号、行距已大大小于原书，天头地脚留白处面积有限，但是不影响常人的通读查看。如我馆收藏的大部头丛书《续修四库全书》《景印文渊阁四库全书》等就是采用四拼一的方式出版，很受读者的喜爱。这种方式的优点是最大限度地利用版面，大大缩小古籍的体量，放入尽可能多的信息，降低成本，显著地提高了便携性。另有一些单页版式无限缩小的袖珍本，字如蚂蚁，虽说易于携带，但是无法用肉眼识别。

2　影印古籍的采选

当前，影印古籍的采选渠道跟普通图书一样，主要采用订购和荐购两种。作为仅有小众读者的影印本，应结合学校的性质和学科特点进行选购，做到有的放矢。华中师范大学是一所偏重于文科类的师范院校，文学院、历史文化学院规模较大，有很多重点学科，每年招收本科生、研究生上千人，其中古典文学、古典文献学、古代史是专业必选课程，除文学院、历史文化学院几个大的院系师生查看此类图书之外，还有教育学院、美术学院、音乐学院的部分师生读者。那么，在采选时，应主要围绕古代哲学、政治与经济、教育、文学、历史、地理、综合类筛选图书。

同时，影印古籍在百十年的发展中，涌现出一批专业古籍出版社，如中华书局、安徽黄山书社、国家图书馆出版社、上海古籍出版社、山东齐鲁书社、四川巴蜀书社、湖南岳麓书社、江苏古籍出版社（今凤凰出版社）、河南中州古籍出版社等。它们在多年的影印工作中，已积累丰富的经验，形成各自的优势和特色，树立了自己的品牌，出版了许多优秀的图书，这些核心出版社无疑为影印本采选工作提供了价值参考。

此外，还有一批城市古籍书店，如成都古籍书店、杭州古籍书店、沈阳古籍书店、长春古籍书店、南京古籍书店等。在台湾地区，也有部分出版机构，在影印古籍出版方面表现出色，如台湾商务印书馆，台湾新文丰出版公司等。它们都可以作为采购备选。

影印古籍出版的另一显著特点是渐渐呈现系列性，例如“四库”系列包括《景印四库全书》《续修四库全书》《四库禁毁书丛刊》及其《补编》等；“丛书”系列包括《中外交通史籍丛刊》《中国地方志集成》《新编诸子集成》等；“小说”系列包括《古本小说集成》《古本小说丛刊》等；“文学”系列又分诗、词、文、散曲；还有“史学”系列、会要体、史料笔记等。在采选时，需要多搜集一些具有代表性的系列图书信息，并结合学科特点、受众读者群以及优秀的出版社等多重条件综合，进行认真选购。有些甚至可以采取跟踪方式对缺藏的系列进行补购，保持其延续性、完整性。

被称为出版大家的张元济先生主持出版了《四部丛刊》（初编、续编、三编），之后又计划出版四编，但因战乱，出版四编的计划暂时搁浅。时隔九十年后，在众多专家学者的支持下，此书于 2016 年重新出版，使《四部丛刊》这一古籍影印事业终获完满。据查，目前我馆已收藏前面的三编，不妨多关注这方面的书目推介信息，借此查漏补购完整。

3　影印古籍的分类与编目

影印古籍是采用新式方法出版的，有明确的版权页及基本信息，各个图书馆选择分类和著录时各持己见，操作中往往仁者见仁，智者见智。

3.1　分类法的选择

迄今为止，国内图书馆通常采用的分类法有：四部分类法、中国人民大学图书分类法、中国科学院图书分类法、东北图书分类法、中国图书馆图书分类法（以下简称“中图法”）等。随着时代的发展，图书分类法经历了改革和变迁，有些经过增删修改后得到沿用，而另一种状况则是被停用，被新的分类法所取代。目前来看，大多数图书馆对普通图书选择中图法，有些馆为保持分类体系的连续性，甚至还将早期使用其他分类法的图书改成中图法。因此，对影印古籍图书来说，也顺势选择了中图法；还有少数图书馆，将影印古籍等同于古籍，按四部分类法来分类等。

我馆的现状有所不同，至今对中文图书仍然保留两部分类法：第一部分类法叫东北分类法（以下简称“东北法”），它是仿美国杜威十进制分类法编制而成，用0—9十个数字，采取组合的形式，将学科门类分成十个大类，早期的中文图书（包括古籍图书在内）曾经使用过该分类法对照取号。直到今天，线装古籍（包括部分线装影印本）仍然沿用这部分类法，用以保持古籍分类体系的一致性。第二部分类法是中图法，它的编排体例是用英文的26个大写字母加数字进行组合，采用层累制的结构有序排列。从图书使用国际标准书号（即ISBN号）出版开始，我馆就启用中图法，对普通图书进行分类标引，其中影印古籍的精装、平装等普通装帧图书，也采用这种方法；而对于以前的图书分类，维持原样，建库时类号也不作修改。

3.2　编目格式的选择

由于种种原因，部分图书馆建立书目数据库时，基本上共用一个系统，集多语种、多文献资料类型的书目数据于一体，没有按文献类型设立子系统，我馆的建库也是如此。不过，选择著录格式时还是依据文献的特点进行了必要的区分。如：普通中文图书的编目依据是《CALIS联机合作编目手册（上册）》，采用CNMARC格式；西文图书则采用MARC 21（USMARC）格式；古籍编目对应的格式则是CALIS古籍联机合作编目规则等。影印古籍则是与普通图书的使用格式保持一致，只是该类型图书著录时显得烦琐一些，因为很多是以大部头丛书或者多卷书出版，包含信息量大，子目丰富。为了准确揭示这些子目信息，便于读者详查，著录时除了必备的书目信息外，还需增加子目附注描述，并提供对应的子目书名及其作者的检索字段。

4　影印古籍的入库与管理

图书加工后的典藏分配也是比较重要的一环。结合馆藏布局，图书馆一般是按照类目入库分藏，大的结构分社科书库与自科书库，小的结构除每个类目设库以外，还包括一些特色书库、特藏书库等。关于影印古籍的入库问题，尚没有一个统一的定论。笔者认为，应该视图书馆的资源收藏规模而定。影印古籍与古籍是相关联的，如果一个图书馆基本没有古籍收藏或者仅有少部分，那么影印古籍可以随着普通图书一起入库上架管理；如果馆藏古籍资源比较丰富，那么作为影印本应与古籍一同入库，只是将影印古籍另起开头，单独排架，与古籍同库不同架。

之所以选择这种模式，有两点理由：第一，从读者的使用范围来讲，影印古籍与古籍一样，属于小众图书，受众群体趋于一致。第二，从资料的关系来看，到馆查找这两类图书的读者，往往会交叉选择查看，如果找不到原本，或者不太方便翻阅原本，可以选用影印本替而代之；有时甚至会同时取出影印本与原本两种比对查阅。如果将两种图书放入同一个书库，既方便又能及时找到资料，节省读者时间，满足学习和科研的需求。另一方面来看，提高了影印古籍的利用率，减少了部分古籍的磨损，真正意义上实现对古籍的再生性保护和化身千百、服务读者的愿望。

参考文献：

[1] 周余姣. 1949 年以来的古籍影印出版研究述略 [J]. 图书馆论坛，2019（3）：128-135.

[2] 南江涛. 改革开放四十年来的古籍影印出版 [J]. 中国出版史研究，2018（1）：76-90.

[3] 罗志欢. 新印古籍管理 [J]. 大学图书馆学报，1999（1）：49-50.

[4] 卢慕琪. 新印古籍图书机读目录数据制作中的问题探讨 [J]. 图书情报工作，2001（9）：51-52.

[5] 蒋鹏翔. 古籍影印的体例革新与定位变化 [J]. 新世纪图书馆，2016（1）：87-91.

略谈高校图书馆新书通报优化

王利萍　陈　莉

（华中师范大学图书馆，武汉，430079）

【摘　要】 图书馆新书通报是高校师生进行阅读查阅的重要途径，虽然现在的高校图书馆新书通报功能能满足广大师生的阅读需求，但个性化需求还有待完善、优化。本文通过对高校图书馆新书通报的阅读现状、优化、改进进行了简要阐述，以丰富图书馆新书通报内容，为高校师生提供更为主动的服务。

【关键词】 高校图书馆　新书通报　优化

互联网的发展使得高校图书馆的信息服务开放程度有着越来越大的利用空间，新书通报是图书馆向高校师生及时有效传递最新书目信息的服务方式之一，能将每批到馆的新书通过文献介绍给高校师生，以提高馆藏利用率，它在高校师生的阅读活动中起着重要的宣传导读作用，新书通报是高校图书馆服务的不可分割的重要部分，新书通报的好坏直接影响着高校师生对图书和图书馆的利用程度和感受。这种反映图书馆新入图书的书目索引是新书通报最显著的外在表现形式。图书馆要利用好这个智慧服务平台，以知识为基础，以需求为导向，主动为高校师生提供专业性、针对性的新书通报信息，预测性地推送新书通报准确信息，给高校师生了解新书通报动态带来新的体验和满足。

1　高校图书馆新书通报阅读现状

随着对全民阅读的提倡，高校图书馆越来越重视对阅读的推广与普及。作为图书馆员要有好的新书阅读能力，把各个方面的内容优质的自然科学、社会政治、人文书籍推荐给高校师生，让热爱阅读的高校师生能在有限时间里有选择的范围内阅读到自己心仪的新书，受到高校师生阅读群体的认可，这也是在提高高校图书馆的信息服务质量。目前我馆在纸质文献上一方面通过《文华公书林馆报》将新入馆的图书信息进行新书通报，以供读者阅读。另一方面通过各楼层的电子显示屏，实时滚动式定期新书通报报道，使新书通报呈现给高校师生不一样的观感和心理体验。

2 高校图书馆新书通报阅读优化

新书通报的信息主要是书名、作者、出版社、时间、定价、分配地、链接。我馆做的新书通报每本书都配有电子版封面，全面的书目信息有利于高校师生对新书的内容做出全面掌握，封面的展示给高校师生提供了直观的信息，可引发高校师生的阅读兴趣进而提高新书的阅读率，不同的电子版封面会刺激读者的视觉，对枯燥的文字描述加以调剂，高校师生有了第一感观会加深对新书的认识。高校图书馆的新书通报主要是由教职工和学生的阅读需要设立的，由于学生数量的优势地位，新书通报现在应该更加侧重学生主体。我馆每年采购新书五万册左右，新书也是不断进入各个书库，图书馆的新书信息也应该做到定期更新，这样高校师生可以根据更新时间形成自己的检索习惯，有效避免错过新书通报时间，降低图书检索的频率，促使高校师生新书阅读量提高，更好地为高校师生科研能力的提升提供有效的阅读服务。还有新书通报栏目在图书馆主页上的位置十分重要，尤其对于新生，刚进入图书馆，对图书馆的书目需要逐步了解，最希望能在图书馆主页上的显著位置看到图书馆新进的资源。加强图书馆网站新书通报的易用性，确保高校师生在使用网站过程中不会出现迷失的现象。此外，新书通报除了 MARC 数据、丰富的封面推送外，若在推荐信息中加上一定的读者评价、名人推荐语等信息进行优化，可以更快吸引读者眼球，激发读者的阅读兴趣，使新书通报内容能通过网上阅读平台，进行新书内容阅读分享。

3 高校图书馆新书通报阅读内容的改进

建议将期刊和电子资源列入新书通报的阅读范围，目前我馆也只考虑纸质图书的新书推荐。其实图书馆可以在新书通报过程中将该图书馆年度的期刊数量、期刊名称和期刊分类做出总的信息栏，让高校师生了解期刊的信息，扩大期刊资源的搜索，有效利用期刊纸质资源和电子资源。另外，新书通报推荐的书目大多是图书馆馆员或从实体书了解到，或看馆藏书目信息，或看读者的新书推荐而选择的书目，但和高校师生互动性不够，这会降低高校师生群体的互动积极性，使新书推荐的书目种类单一。应根据高校师生需求建立新书通报库。由于图书馆馆员的学科知识面所限，新书通报的内容也有所限制。文科方面的书籍易作为新书通报推荐给读者，像理科、工科类的书籍专业性强，推荐时还需要征求专业学科教师的建议。在图书馆验收工作中可以让各学科教师参与验收，新书通报一方面可以在图书验收过程中和广大教师进行新书阅读交流互动，可以掌握高校师生最新需求新书内容，了解他们自己购买了哪些专业书籍，有时还把他们购买新书的清单拍照下来，然后有选择地在图书馆网站上检索图书馆的馆藏情况，有目的性地做好新书通报推荐，尽心尽力地想办法做好新书通报工作。另一方面可以让信息管理学院的硕士生每年来馆实习，要求他们根据他们的专业所长，认真做好新书通报的推荐工作。不管是参考教工的图书验收的新书清单，还是利用每年的信息管理学院学生在馆实习，目的都是提高新书通报信息的时效性和价值，使得高校图书馆可以在网络环境下更好地提升新书阅读服务品质。

4　结语

高校图书馆的新书通报系统是广大师生进行图书有效利用的检索方式，高校师生可在网络平台上充分利用，从新书通报中获取足够的阅读信息，让高校图书馆提供的网上新书通报内容更丰富。为了提高为高校师生主动服务的质量，图书馆馆员必须加强自身的洞察力和管理决策的科学性，准确掌握高校师生的阅读社会关系、阅读兴趣与需求，精准完成高校师生个性化阅读服务的优化。总之，图书馆馆员要做好全民阅读的图书导讯员，掌握高校师生需求，了解各学院学科结构、师资力量，做好新书通报的科学阅读规划和优化，最大限度地运用好高校图书馆的阅读空间资源。

参考文献：

[1] 张鸣远．基于高校图书馆新书通报服务现状浅析其优化措施［J］．科技创新导报，2017（15）：252-253.

[2] 宁圣红．现状和未来：解读高校馆网上新书通报服务［J］．图书馆学刊，2009（2）：57-59.

[3] 洪春霞．网络环境下定制个性化新书通报的框架研究［J］．图书情报，2008（7）：67-68.

[4] 尚新丽．我国高校图书馆网站新书通报服务现状调查分析［J］．图书馆学研究，2013（12）：25-26.

试谈高校图书馆期刊服务及提升策略

汪 琳[1] 魏 云[2]

（1. 华中师范大学图书馆；2. 华中师范大学美术学院；武汉，430079）

【摘 要】在高校图书馆众多服务项目中，期刊服务是其中的一个重要组成环节。本文在分析高校图书馆现有的期刊服务的基础上，对提升期刊服务的策略从几个方面进行了一定探讨。

【关键词】高校图书馆 期刊服务 现状 提升策略

1 前言

期刊是一种定期出版的刊物，是具有特殊地位和重要参考价值的文献类型，其可靠的学科信息来源、专业性的内容是高校师生加强学科研究、提升学科专业素养、拓展科研深度、拓宽学科国际视野不可或缺的学术资源之一。

高校图书馆是师生们的第二课堂，在高校图书馆众多文献服务工作中，期刊服务工作占据着重要的地位，同时也是高校图书馆文献建设的重要组成部分。

2 高校图书馆期刊服务

2.1 高校图书馆期刊存在的现实意义

在电子媒体高速发展的时代背景下，期刊既是高校图书馆重要的文献资源，同时也是重要的馆藏资源。期刊的阅读与引用，相较于电子资源来说，有着不可替代的优越性。第一，期刊在阅读方面不受设备的制约。第二，期刊的阅览不受网络限制。高校图书馆电子数据库一般情况下，是针对校园网开放，在脱离校园网的情况下，访问都会受到或多或少的限制。第三，高校图书馆馆藏期刊服务人群，主要面向全体师生员工，其内容更具针对性与专业性。它既能巩固、拓展学生在课堂上所学的知识，又是教师撰写学科著作、申请科研课题的重要资料与依据。第四，期刊的存在也避免了师生在科研前期的资料收集阶段，在电子数据库如大海捞针般地进行资料筛选。

因此，针对高校图书馆所面对的受众读者而言，期刊还是有着重要地位的。

2.2　高校图书馆期刊服务现状及问题

（1）高校图书馆期刊读者流失

伴随着互联网的高速发展以及电子阅读的兴起，师生们的阅读模式也开始发生转变。老师和学生可以依托校园网，在寝室或办公室就能阅读电子数据库里的文献资料，避免了阅读时间、地点的制约。这一现状导致了读者前往图书馆阅览期刊的人数下降。

受经费等原因的限制，高校图书馆的期刊一般没有复本，为保证馆藏文献完整性需求，期刊只能阅览，不能外借。然而高校师生在进行科研资料收集和阅览的过程中，不能完全迁就阅览室的开放时间，这也在一定程度上导致了读者的流失。

许多高校图书馆为期刊阅览室配备了复印机，以供读者将所需内容进行留存，但复印价格并没有明显优势。如果遇到需留存内容较多，那么较高的复印费用也会给读者带来一定的负担。

（2）高校图书馆期刊搜索与使用宣传培训安排不足

随着网络搜索的广泛应用，部分读者在科研资料收集的过程中，过分依赖互联网搜索。搜索引擎信息量大，但信息质量无法保证，科研类资料的搜索，还是应以图书馆内馆藏文献资料为科研信息的主要来源。但部分学生甚至教师，对于图书馆配套的图书检索系统使用能力亟待提高，部分学生或教师自进入学校以来，就没有系统了解或学习过图书馆相应的期刊信息及正确的搜索方法，这也导致他们在使用图书检索系统搜索期刊文献时困难重重。

（3）高校图书馆期刊分类与摆放精细化程度不足

期刊的分类与摆放，对读者的体验感起着至关重要的作用。想要将期刊类文献分类细化、排架合理，对场地大小和服务馆员人数都是有一定要求的。但高校图书馆现存的期刊分类与摆放的方式受空间、馆员人数不足等限制，不能很好地满足读者对期刊分类细化的需求。期刊分类不清，摘要、类别属性标识不明确，排架整理不及时等等因素都直接导致读者在寻找所需期刊的过程中，一点一滴丧失对高校图书馆馆藏期刊文献的使用热情。

（4）高校图书馆期刊服务馆员服务意识需转变

期刊服务工作从征订、签收、分类、排架到装订等等环节，都需要相关馆员除了具备相应的图情知识外，还应具备相当深厚的学科专业知识。相关馆员的学科专业知识储备不足或仅仅是略懂皮毛的话，在进行期刊服务的过程中，就会感受到无法满足读者对学科专业类期刊的需求。

热情、周到的服务，不仅能够有效帮助有科研需求的读者，同时也能为高校图书馆在读者心中树立良好形象。但部分图书馆工作人员的工作理念、服务意识还停留在之前的传统模式中，没有紧跟时代的脚步与时俱进。

3 高校图书馆期刊服务提升策略

3.1 高校图书馆期刊适当开展外借服务

高校图书馆期刊资料一直以来有“重藏轻用”的倾向，这既是经费的制约，也是为了保证期刊资源完整性而采取的措施。但随着读者需求的上升，是否也应将借阅模式的转变提到改革日程上来呢?

对于学生读者来说，阅读学术期刊更多是为了对本学科建立一个宏观认识，多吸收本学科专家的见解与观点，从而渐渐形成自己对学科的认识。这类读者对于学科专业类期刊的需求，不一定是需要最新出版的期刊，对于过刊也是有一定程度需求的。针对这类读者，可以尝试开放短期过刊外借服务。

对于教师读者来说，学科专业期刊的阅读更多是为了了解学科内最新科研动态，为申请课题，撰写论文、著作等做前期准备工作。同时，高校教师平日的教学与科研任务相对来说还是比较繁重的，他们没有大量的时间坐在期刊阅览室阅读学术期刊，他们对于学科最新、最前沿的期刊外借需求更为迫切。那么针对这类读者对于学科专业类期刊的需求，我们可以尝试对他们开放短期现刊外借服务。

高校图书馆有限度地开放期刊短期外借服务，不仅能够提高期刊使用率，还能有效降低期刊的破损率和遗失率。

3.2 高校图书馆积极引导读者提升期刊文献检索能力

高校图书馆大多是按照中图法对期刊进行编目、排架，所以也有着相对应的索书号、期刊排架规则等文献搜索信息。但相当部分学生乃至教师没有专业渠道去学习、了解期刊文献检索的相关知识。为了扭转这一尴尬局面，首先，可以在大一新生的公共课程设置中，开设类似期刊搜索及利用、图书馆文献资源利用、图书馆中图法初讲等课程。开设这类课程能够让大一新生快速了解、掌握期刊检索技能，帮助他们更快进入学科学习状态。

其次，针对非新生年级，图书馆可以和院系联合组织开展期刊检索科普类讲座。请期刊服务部门馆员到院系为学生们开展系统性讲解，帮助他们了解、掌握图书馆期刊类文献资料的检索方法，并重点讲解专业等级较高的核心期刊检索方式，为他们即将面对的论文撰写提供技术支持。

再次，面向院系教师的期刊检索类培训方式可以更加多样化、灵活化。可以将相关步骤、方法制作成短视频，以便教师随时观看、学习。

3.3　高校图书馆积极提升馆员学科专业素养

以往高校图书馆更偏重于图情专业的人才储备，但作为高校图书馆的工作人员仅仅具备图情教育背景还不足以应对复杂且艰深的学科专业内容的深度挖掘。因此，提升期刊服务馆员学科专业素养，是提升高校图书馆期刊服务的核心环节。这就要求期刊服务馆员在日常工作中多看，看自己分管学科专业书籍，看学生、教师在期刊阅览室借阅哪些学科期刊频率较高；多思，思考哪些期刊对读者的科研帮助较大，哪些期刊能开拓读者科研思维，哪些期刊能够体现本学科最前沿的学科动态及科研成果；多学，深入院系向骨干教师、学科带头人等其他科研人员学习、了解、咨询他们对本专业学术类期刊的期望与需求。

期刊服务馆员只有坚持从多渠道提升自己的学科专业素养，才能更好地为期刊读者服务。

3.4　高校图书馆提升期刊分类与摆放精细化

高校图书馆期刊阅览室里大部分设置为开放式书架，以方便读者取阅期刊。但以往受人员配备不足、场地局限等因素，不能将各类期刊精细化分类与摆放。

要想从根本上扭转这一现状，第一，需要期刊服务馆员在以中图法为依据的基础上，进行更加精细化的期刊分类，从期刊的学科类别、关键词的提取到更有针对性的内容摘要撰写，都需要工作人员投入大量精力和时间去完成。第二，针对科研类核心期刊需要重点关注，除了关键词、摘要的完善，还可以给它标注醒目标题，以便读者来到期刊书架时第一眼就能看见。第三，在条件允许的前提下，适当扩充书架数量，增加期刊摆放场地。不仅仅是将学术类期刊与娱乐、生活类期刊分开摆放，更要将学术类期刊按照更加精细化学科分支进行分类摆架，并将最新的学科信息、研究成果，以醒目的形式设置在该书架上。这样读者在进行科研资料阅读及搜索的过程中才能事半功倍。

4　结语

综上所述，期刊服务是高校图书馆各项业务中的重要组成部分，也是读者进行学科知识体系建构、专业知识深度挖掘的重要环节。所以提升期刊服务质量，既是高校图书馆提高自身业务水平的重要步骤，又是高校图书馆实现科研价值的体现。

参考文献：

[1] 杨丽. 高校图书馆纸质期刊利用现状调查分析［J]. 吉林工商学院学报，2017，33（4）：122-125.

[2] 孙连军. 浅谈高校图书馆期刊阅览室的服务创新工作［J]. 文化创新比较研究，2017，1（21）：109-110.

新时期图书馆编目工作的挑战与机遇

黄　睿

（华中师范大学图书馆，武汉，430079）

【摘　要】 本文主要阐述了信息技术的发展和互联网的普及对图书馆传统编目工作的挑战，以及面对日益边缘化的困境，图书馆编目工作者应该如何抓住图书馆转型的机遇，转变观念、提升自我，探索出一条编目工作延续和发展的新途径。

【关键词】 编目工作　编目员　挑战　职业发展

编目作为图书馆工作流程中的一环，是各项读者服务工作的基础，可以说是图书馆所有工作的核心，曾经在图书馆工作中有着举足轻重的地位，也是图书馆学研究的重要领域。

近年来，随着信息技术的发展和互联网的普及，传统的图书馆服务受到网络信息传播技术的冲击，编目工作自然也遇到了前所未有的挑战，在各种内、外在因素的作用下，编目工作在图书馆普遍不受重视。然而，作为编目员，我们应该在面对从业压力和挑战时，思考如何抓住机遇，拓展职业的未来之路。

1　编目工作的挑战

1.1　文献资源形态及知识传递方式的改变

如今文献资源的类型日益丰富，文献数量呈几何级快速增长。除图书、期刊等传统文献外，还包括各种数字资源、网络资源等。今后将会出现更多的资源形态，这些都给传统的以纸本为主体的编目工作带来挑战，增加了编目工作的复杂性和难度。如何掌握新的数据格式和其他各种信息组织方法，对编目员的综合素质及信息技术素养提出很高要求。

1.2　读者阅读行为的改变

移动互联网和手机技术的飞速发展，让人们的阅读行为逐渐走向移动化，移动新媒体也催生了阅读音频化、视频化的快速发展，各种以音频、视频形式展现的知识平台成为越来越多人的一种新的接受知识的方式。阅读不仅仅是看书，只要能获取知识信息的方式就是人们需要的，人们甚至可以充分利用一些碎片化的时间进行阅读，由此可见，读者可以不通过图书馆书目数据检索，就能在网络上随心所欲地找到自己想要的文献信息。

然而，传统编目过于看重规则和格式，很少考虑到普通读者的需求，使得图书馆书目数据并没有为读者检索文献发挥多大的作用。随着网络环境的进一步完善，用户的检索行为发生更多改变，他们希望更简便、更个性化地获取所需信息和信息的增值评价，甚至互动和分享，目前图书馆检索系统很难满足这些要求。如果图书馆仍然按照固有模式和固定的业务流程来描述、揭示和组织文献信息，那么一定会不适应用户搜索行为变化带来的挑战。

1.3 编目工作在图书馆的边缘化

随着图书馆购置文献数量越来越庞大及联机合作编目的发展，编目外包和书商增值服务成为趋势，这让图书馆在编目时效和成本上获得很好的效益，但同时又给编目工作带来新的困扰：首先，外包商编目人员业务水平参差不齐，流动性大，片面追求速度，其质量难以保证，从而影响整个图书馆书目数据库的质量规范；其次，动摇了编目工作在图书馆业务工作中的地位，编目外包让决策层认为编目只不过是个熟练工，相当多的编目岗位被削减甚至撤销。然而事实是，图书馆的书目数据库需要持续的建设和维护，而外包商对此并不负责，还是需要图书馆编目人员对数据进行审核校对，遇到质量不高的外包商，可能要耗费更多的精力。保留下来的编目岗人员难以得到学习和交流的机会，更没有很多的时间和精力开展相关研究。

2 抓住编目工作的发展机遇

图书馆真的不要文献编目工作了吗？读者真的不需要通过书目数据查询文献信息了吗？中科院文献情报中心研究员张晓林曾指出：“图书馆并没有被读者遗弃，只是故态图书馆不能满足读者的信息需求。”

文献编目也是如此，无论图书馆如何转型，图书馆读者服务形式如何变化，归根结底都要依托馆藏资源。编目工作也应当抓住这次转型的机遇，顺应时代的变化，调整编目工作的重心，规划好编目人员未来的职业发展之路。

2.1 编目人员心态的调整

在图书馆的传统业务中，编目人员从事的是最基础的业务工作，长期重复单一的工作培养了吃苦耐劳、精益求精的工作作风，格式化的工作内容也让编目人员过分依赖规则，缺乏创新意识。同时由于疲于应付工作量，对新知识、新领域的发展变化无暇顾及，容易安于现状，形成惰性，危机意识缺失。然而，时代和技术的进步不等人，编目人员应该以积极的心态迎接新时代带来的冲击，乐于接受新事物，善于学习新事物，勇于改变和创新。

2.2 编目人员个人素养的提升

优秀的编目人员不是熟练工，而是具备一定知识素养和理论素养的多方位复合型人才。首先应在三个知识层次加强学习：图书馆学、目录学、主题法、分类法等图书馆学基础知识是核心；计算机科学、信息科学等知识是辅助；历史、地理、文学、法律等一般学科知识是延伸。三个层次相辅相成，才能准确理解把握文献信息。其次应提高语言文字水平，能从繁杂无序的信息资源中准确筛选出所需信息，并用精练的语言将其转化整合为知识和情报提供给读者。

2.3 优化现有编目工作

目前的图书馆编目工作，很大程度上依赖供应商提供的技术与服务。对编目工作来说，与图书馆集成系统供应商、文献供应商、编目外包供应商等的合作已经是工作中重要的一部分。在文献编目外包方面，图书馆应承担指导、培训、监督和管理的职能，与外包商建立良好、稳定的合作关系，双方合作共赢，使图书馆编目人员有更多精力去开拓研究型工作；也可以从提升编目工作质量和流程优化角度，对图书馆集成系统供应商提出需求，参与方案，从而更好地利用系统实现编目工作的提升。

2.4 转变观念，正确认识书目数据的功能

编目工作应当从图书馆本位转向用户本位。传统图书馆目录的主要功能是图书馆管理和用户管理，定位是图书馆内部工作，并不直接面对读者。在网络搜索引擎的冲击下，拥有这些功能的图书馆目录用户必将日益流失；而用户本位的编目工作围绕用户服务来开展，并不是封闭地完成书目数据即可，而是要从用户角度出发，认真研究用户信息需求和检索习惯，学习借鉴一些搜索引擎的信息组织方式，在书目记录的基础上优化重组这些记录，并结合用户的建议和观点不断添加相关信息，让用户乐于使用图书馆检索系统和各类资源。

2.5 编目工作向研究型、专家型转变

长期的基础业务实践，使得编目人员对图书馆自动化管理系统及书目数据有全面深入的了解和认知，在查找利用信息资源方面具有经验优势，编目人员有能力从事参考咨询中关于文献资源的工作。

另外，国际图书编目界的发展脚步从未停歇，要积极关注本岗职业发展动态，学习最新编目理念和知识，注重新技术在编目工作中的应用，提高科研能力，指导实践操作。

3　结语

时代和技术的发展，让图书馆以及图书编目工作面临前所未有的挑战，但是任何时候都是机遇和挑战并存。编目工作日渐被边缘化的颓势，或许又会出现新的转机。如何在新时代实现华丽的转身，关系到编目人员在图书馆未来舞台的生存与发展，图书馆编目工作和编目人员必须接受并且战胜这一新的挑战。

参考文献：

[1] 李恬．新媒体时代编目员面对的挑战［C］．回顾与展望：新媒体时代下信息组织方法的创新与发展——第五届全国文献编目工作研讨会论文集，北京：国家图书馆出版社，2017.

[2] 陈琦，冯亚惠，吴旻，等．转变与突破——国内公共图书馆编目工作调查分析报告［J］．图书馆论坛，2013（6）：107-113.

[3] 胡小菁．图书馆编目的衰落与转型［J］．国家图书馆学刊，2015（6）：12-14.

论高校图书馆学生助理馆员的培养与组织管理

李志刚

（华中师范大学图书馆，武汉，430079）

【摘　要】学生助理馆员是解决当前国内大多数高校面临的图书馆工作人员缺失、经费不足等问题的有效途径，同时也为部分在校大学生提供了在图书馆实习和锻炼的机会，具有重要意义。华中师范大学图书馆在学生助理馆员的招聘、筛选、制度建设、激励政策等方面进行了大量的实践，促进了图书馆工作的高效运行和服务水平的提升。

【关键词】学生助理　高校图书馆　管理实践

图书馆管理员，一个普通平凡而又神圣高尚的工作。追溯历史，我们会看到，从艺术家冼星海，文学家沈从文、莫言、金庸，到大数学家莱布尼茨，商界巨擘比尔·盖茨，无一不担任过大学的图书馆管理员。这不仅仅是巧合，还是因为那些图书馆所独有的魅力以及图书馆管理员这份职责所赋予他们的气质与品性。

1　吸收在校大学生参与图书馆管理的意义

第一，高校图书馆是教师和学生获取文献信息，追踪世界先进科技的主要场所，也是对学生进行素质教育的重要阵地。在高校图书馆的日常工作中，让学生参与到图书馆的服务、管理、宣传等工作中，不仅缓解了高校图书馆的工作压力，还锻炼了学生的管理能力、沟通能力和自我服务能力，从而也提高了图书馆的服务质量。

第二，华中师范大学图书馆担负着为全校各院系教学、科研工作搜集、加工、开发与传递人类信息产品的任务，学生参加图书馆管理，在高校是普遍存在的现象，我们把这些学生称为学生助理。在高校图书馆适当引进学生参与管理，不但能促进高校图书馆改革工作的深入发展，而且能充分发挥图书馆的教育职能，锻炼学生的管理能力、沟通能力和自我服务能力，提高学生的文化素质和个人修养。也就是说，学生助理在图书馆工作中学习与掌握文献检索知识和技能，获得文献检索基本方法和利用图书馆资源解决问题的基本信息素养，在大学四年人生规划中充分利用图书馆，将自己的学习专业需求与图书馆资源更多地结合起来，并不断提高自己综合运用知识解决问题的能力。

第三，解决图书馆工作人员不足的问题。图书馆都是教育辅助部门，在资源配置上都存在严重缺编。以华中师范大学图书馆为例，华中师范大学图书馆2008年完成新馆的搬迁，图书馆馆舍面积由几千平方米扩展到数万平方米，扩大了近十倍。馆藏图书也逐年大幅增加，服务对象和人次也多了，图书馆的工作量也随之增加，故吸纳学生助理参与图书馆的辅助性管理。虽然存在学生助理流动性大、服务质量稳定性差等问题，由于他们参与图书馆的服务，将会在相当程度上减轻图书馆工作人员的劳动强度，减少因人手不足而带来的困难，这些都有利于图书馆工作的开展。

2 图书馆学生助理管理员的素质要求与选拔

2.1 图书馆员应具备的基本素质

(1) 要有强烈的事业心和责任感及奉献精神。基于目前图书馆吸纳的学生助理管理员都是勤工助学性质的，每月报酬有限，以华中师范大学图书馆为例，每月工资两百多元，任务重，待遇还有待提高。为此，在选拔学生助理管理员时应注意学生的思想素质。

一方面要有对图书馆工作的兴趣与热爱，这样才能以满腔热情和高度负责的精神对待读者，才能较好地完成工作任务；另一方面由于图书馆自身的特性——技术性强，从事图书馆工作必须具有强烈的事业心和责任感，这就要求学生要有正确的世界观、人生观、价值观，要有甘为人梯的奉献精神，才能较好地完成工作任务。

(2) 要有一定的图书情报专业知识。图书馆工作技术性强，单纯地靠热情与兴趣不行。学生助理管理员应熟悉图书馆管理的基本原理与方式手段，及馆藏结构、服务内容等工作要素。

一般来讲，学生助理管理员必须具备参与图书馆部分服务性工作的能力，能在馆员的协助下，完成图书借阅上架服务工作，能为其他同学提供检索咨询、介绍文献资料馆藏情况等。

2.2 学生图书馆助理管理员的选拔原则

(1) 挑选学生图书馆助理管理员的原则应基于热爱图书馆事业。学生到图书馆任助理管理员一定要热爱图书馆事业，有奉献精神，不贪图名利。选择担任图书馆学生助理是一种心理归属的需要，大学图书馆的工作十分烦琐，要求学生图书馆助理管理员的工作态度一定要认真负责，否则就很容易造成工作上的失误，给管理工作造成不必要的麻烦。

(2) 选取的面要广，以非毕业班学生为主。要从整个学校的学生中选拔。图书馆工作是一种技术性、连续性很强的工作，为确保学生图书馆助理管理员队伍的相对稳定，在选拔学生图书馆助理管理员时，一般要以大一刚入学的新生为起点。因为大一新生能为图书馆服务的有效时间长，因大四有就业或者考研的压力，学习较紧张，相对课外活动时间较少，因此，不能使用毕业班的学生。入选的学生要热爱图书、喜欢看书，平常工作积极热情，不担任班级任何职务，这样才能对图书馆工作既有热情又有时间。

(3) 选取的标准要有全面的规划。选取的学生图书馆助理管理员，除要求学生应具有上面提到必备的素质和能力外，还要有团队意识及较强的组织、沟通能力。学生图书馆助理管理员虽然是学生，但又是图书馆管理与服务者，他们每天都要面对来图书馆的其他同学，图书馆对工作人员的一切要求，他们也必须达到。为此，他们必须具有协作精神，具备比较强的沟通能力，甚至要有一定的公关能力。图书馆要对每个准备由学生图书馆助理管理员来承担的工作岗位，提出具体要求，使其能力与工作岗位相互适宜、人岗匹配。

3　图书馆学生助理管理员工作的组织管理

第一，学生参与图书馆工作，是社会实践的一种途径。图书馆的劳动是大学课余生活的补充，越来越多的高校学生志愿参与图书馆服务，华中师范大学建立了图书馆学生管理协会，隶属学工处，由图书馆办公室统一管理，对学生助理管理员工作规范化、制度化科学管理，制定章程和岗位职责，组织勤工助学分队、志愿者协会或者图书馆读书社团的在校学生参与图书馆工作，图书馆做好学生助理管理员工作规划、组织用工、人员聘岗、考勤考绩等考核及评比工作，及时与相关学生所在部门信息反馈，调动学生的工作积极性，提高他们的工作责任心和工作效率。

第二，做好对学生助理管理员图书馆文献知识的普及和工作技能培训、图书馆职业精神的培养，包括职业道德、职业纪律、职业信誉等，树立以读者为中心、爱岗敬业、团结协作的精神。图书馆馆员应以身作则，率先垂范，在工作中培养大学生树立时间、劳动和效率观念，自强、自尊、自立，培养他们的实践能力和创新精神。

第三，图书馆各部门科学设置学生助理管理员岗位及合理用工，应聘学生与图书馆双向选择竞聘上岗。针对不同学生专长和特点分层次、分岗位、分工作内容，如大一新生参与书库整理图书上架工作，对图书馆有较为直观的感性认识；大二及以上高年级学生对图书馆馆藏资源使用有一定的认识，可以在阅览室值班解答日常咨询，通过培训可以在图书馆参考咨询台，解答读者与学科或者专业相关的、较深层次的图书馆文献资源使用问题，对于优秀者还可以参与图书馆课题项目、教学科研等工作。

4　图书馆学生助理管理员的管理模式

4.1　明确学生到图书馆工作的动机

（1）学习知识。在学校，学生把图书馆当作知识的海洋，他们希望做图书管理员，因为可以更加亲近图书馆，更加深入了解馆藏，以便更好地利用图书馆的资源学到更多的知识。

（2）获得归属感。有的学生喜欢加入一些社团组织的理由是一种心理归属的需要。

（3）享受回报。对学生助理管理员的回报一般有以下几种形式：第一，综合考评加分。华中师范大学规定，凡是学生加入校内的社团组织或是参加某些有意义的活动，考评时都可以为班级或自己加分。第二，拥有更多的使用图书馆资源的权限。由于学生助理管理员直接参与图书馆管理工作，所以一般来说他们比普通的学生读者拥有更多的使用图书馆图书等资源的权限。第三，掌握图书馆管理运作等方面的知识。

4.2　加强学生助理管理员的岗前培训工作，注重对学生助理管理员能力的培养

提高学生助理管理员利用图书馆资源的能力。学生助理管理员参与图书馆管理，起初大都是承担一些具体的服务工作，如图书上架、过刊装订、图书资料借阅等。但经过一段时间的工作后，他们会逐步熟悉馆内的馆藏布局、文献分类方法、文献的检索方法等。久而久之，就会大大提高他们利用图书馆资源的能力。

培养学生助理管理员的管理能力。学生助理管理员从新队员熟悉工作的过程到日常工作中遇到问题的协调，全部都是由图书馆学生助理管理员负责人在专职教师馆员的指导下来管理和解决的。通过学生助理管理员的自我管理，学生们在工作中培养了积极向上的精神，增强了责任心，为他们正确人生观的树立打下了基础。

总之，高校图书馆学生助理管理员工作是图书馆工作的有机组成部分，加强对学生助理管理员工作的组织管理和实践，对图书馆服务管理工作和学生助理的培养教育有着重要作用。

参考文献：

[1] 刘桂林. 新世纪中国大学图书馆发展之我见（之一）[J]. 大学图书馆学报，2001（1）：3-4.

[2] 邵敏，李欣. 图书馆拓展服务探析与案例研究 [J]. 图书情报工作，2011（5）：5-10.

[3] 韩丽风，王媛，刘春红，等. 学生读者深度参与图书馆管理和服务创新的实践与思考 [J]. 大学图书馆学报，2013（4）：26-30.

高校图书馆捐赠文献管理浅谈

姚婉燕　陈春玲

（华中师范大学图书馆，武汉，430079）

【摘　要】 捐赠文献是高校图书馆丰富馆藏资源的重要手段，本文对捐赠文献的接收、特点、筛选处理、规范编目进行了探讨，结合馆藏的实际提出了管理方法。

【关键词】 捐赠文献　规范编目　管理

随着信息化、数字化的飞速发展，高校图书馆在纸质文献资源经费的配置上在逐年减少，而大幅度地倾向电子资源。近年来纸质文献的价格也在不断攀升，从而导致图书馆每年购置纸质文献数量愈来愈少。在这种情况下，接收捐赠文献无疑已成为高校图书馆丰富馆藏资源，补充馆藏容量的一项重要措施。面对数量越来越大的捐赠文献，如何充分利用这部分馆藏文献资源，规范文献的编目，加强对文献的管理，成为图书馆工作的一个组成部分。

1　捐赠文献的来源

1.1　国际友人的捐赠

我馆曾先后接收日本关西大学知名中国哲学、思想史研究学者河田悌一教授及专攻日本汉学、中日美文化关系史的陶德民教授所捐赠的藏书，包括他们从事研究方面的著作和他们收藏的中文和日文相关文献，内容涵盖历史、文学、哲学、社会领域。当代美国学界“中国学”的代表性人物、加州大学圣地亚哥分校周锡瑞教授捐赠的日文、英文版中国近代史研究资料。还有中国台湾学者余传韬先生（其父余家菊老先生也是本校的前身——中华大学第一届毕业生）捐赠的文献资料，包含余家菊（景陶）先生论著和手稿，陈诚先生书信集、家书、回忆录、手稿和文件资料光盘，蒋中正总统档案、事略稿本，蒋经国先生书信集、与宋美龄女士往来函电，中华民国史专题论文集等历史文物史料。这些捐赠极大地丰富了我馆民国时期文献史料和外文资源。

1.2　高校教师的捐赠

高校教师大多都有自己编写的教材、著作。其中著名的教授专家，他们是科研队伍的主力军，或是某一学科的带头人，很多重大的发明、专利、科技创新的专著都出自他们之手。我馆用数字化及纸质文献方式收集全校教师公开发表的学术论文、论著、编写的教材、研究报告、专利等科研成果。它传递各学科研究中的学术信息，促进学术交流，彰显我校的科研学术实力，它承载着华师学术科研的过去、现在和未来。

1.3 毕业生的捐赠

高校毕业生捐赠的主要是自己用过的教材、教辅资料，还有特意选购的优秀读物。例如计算机等级、考研、四级和六级外语考试参考资料。这些图书对于在校学生来说实用性、针对性很强，非常受欢迎。毕业生的捐赠已在我校成为传统，这也在某种程度上补充了这类馆藏复本量不足的缺口。

1.4 个人的捐赠

社会各界的名流，在科技、文化教育等方面做过巨大贡献，他们长期积累下的在所研究领域的系列文献专著很多，由本人或家人捐赠给图书馆。如从事民间文学研究的刘守华教授捐赠的专著和收藏的民间、民俗、道教等方面研究的图书2100余册，这是我馆对该专题文献资料收集比较全面的库藏，让学习和研究本专业的学生受益匪浅。

2 捐赠文献的特点

2.1 种类及材料载体分散

捐赠文献的种类繁多，既有中文也有外文。中文出版物包括大陆出版的简体中文和港台出版的繁体中文；外文出版物包括英文和小语种。载体也有图书、手稿书信、光盘等不同的材料。

2.2 质量不确定

由于文献捐赠的途径多样，质量也良莠不齐，这其中有捐赠者自己的著作，也有收藏的珍贵资料，但也有少数盗版和思想内容不健康的图书。工作人员要严格把好质量关，体现赠书的使命。

2.3 时效性差，复本多

捐赠文献中，很大比例上存在着时效性差的问题，例如计算机类图书、过期刊物、教材等。这些图书、期刊内容陈旧，知识老化，对读者来说使用价值不大。赠书中存在大量的复本，如各类考试用书等，这对图书馆有限的馆藏空间来说是巨大的浪费。

3　捐赠文献的筛选处理

捐赠者对被捐赠的高校图书馆馆藏的性质、结构不甚了解，所捐文献不一定适合本馆收藏。例如本校没有开设的专业，本馆也无收藏，这类文献的利用价值不大，应该剔除。另外捐赠者的文化背景、职业身份各不相同，他们捐赠的文献质量也存在不确定性。为了保护捐赠者的积极性，需要全部接收。因此，对这些文献就要结合本馆的馆藏制定选取标准，包括范围标准、专业标准、等级标准、复本标准等，按照标准筛选出具有专业性、利用价值的文献，分别做出处理。

3.1　转放漂流角

高校学生和毕业生捐赠的图书，有很多有价值的考试资料、教材等，大多是使用过的有涂画的痕迹，复本量大，不符合馆藏要求。也有捐赠的图书的专业性较强，阅读面很窄，不适合本馆收藏。我们做好登记，盖上漂流角专用章，放入漂流角，让有需要的学生或感兴趣的读者拿走阅读，继续发挥它们的余热。

3.2　收入馆藏

按照制定选取标准通过严格的筛选后，所留文献符合馆藏的条件。对这些文献进行编目数据化、加工处理后，成为馆藏文献。这其中有一部分文献学术价值很高，需分别收入不同的馆藏地。如台湾学者余传韬先生捐赠的文献资料，是中华民国历史文物史料，收藏到古籍特藏书库；日本河田悌一教授等外籍友人捐赠的外文研究文献，收藏到专藏文库；本校教师、专家、学者捐赠的著作等收藏到桂子文库；社会个人捐赠的文献按照研究价值分别收藏到专藏或者各阅览室书库。

4　捐赠文献的规范编目

4.1　采访模块中独立标明赠送和赠书的征订号

我馆捐赠文献在验收环节中显示获得方式，并且征订号一定要同通过正规渠道采购的新书区分开来，单独设置流水征订号。这样采访人员仅从征订信息就能知道书目的来源。

4.2　捐赠文献编目细则的制定

图书馆学基础理论和现代编目的奠基人阮冈纳赞提出编目工作最重要的原则是一致性，规范化和标准化是书目数据质量的保障与关键，它对数据库的使用效果、存在价值和发展前景有直接影响。针对捐赠文献的特点，借鉴我馆根据《中国机读目录格式使用手册》《CALIS 联机合作编目手册》，结合本地图书馆的个性化要求出台的《华中师范大学图书馆回溯建库细则》，来制定捐赠文献编目细则，对增设和简化的字段予以明确的规定，使编目工作做到有章可循。

捐赠文献中包含大量的西文和小语种图书，需要进行原始编目著录，我们可以对重复的 MARC 字段适当简化，这主要在题名字段上，完全不影响检索效果。这样能够正确标引、摘录有关的数据信息资源并使之有序化、规范化，保证网上运行的信息资源通畅。

4.3　编目时在字段中揭示捐赠

捐赠文献编目时，除了完成必要的核心字段，如 200 题名与责任者项、210 出版发行项、606 主题项、690 分类号等之外，还需增设 610（非控制主题词）字段作为一个检索点，对赠书信息进行揭示，基本格式为：6100 # \$a..，以例说明。

例 1　2001 # \$a 明清小说理论批评史 \$f 王先霈，周伟民编著
6100 # \$aT112616364 该书由王先霈捐赠，入藏桂子文库文学院专架

例 2　2001 # \$a 哲学の原型と発展 \$f 斎藤忍随［ほか］執筆
6100 # \$aT110805163 该书由河田悌一捐赠，入藏东方文库

例 3　2001 # \$a 中国近代思想文化研究 \$f 苏中立，涂光久著
6100 # \$aT112999272 该书由苏中立捐赠，入藏中文图书阅览室（四）

做好必要的备注后，读者在 OPAC 检索书目时能够看到相关的捐赠者信息，只要在主题词的对话框中输入捐赠者，即可在相对应的书库中查到需要的文献。同时，揭示捐赠信息对图书资料的捐赠活动起到了有力的宣传和推广作用，也有利于捐赠文献的使用和开发。

5　结语

捐赠文献日益成为高校图书馆丰富馆藏资源，补充馆藏容量的一项重要手段。以上对传统的捐赠文献的特点、筛选处理、规范编目进行了详细的说明和给予了解决方法。以后随着图书馆数字化的不断推进，新的捐赠文献方式也将产生变革，如已经有光盘的捐赠，或许作者捐赠数字版权等。面对这些新的文献捐赠方式，我们也将积极探索新的接收、处理、编目方法及利用评价的管理模式。

参考文献：

［1］王慧．高校图书馆“捐赠图书”管理新探索［J］．现代情报，2010（8）：107-109．

［2］董瑾，周力英．图书馆捐赠图书的规范编目探讨——以深圳大学城图书馆捐赠图书加工工作为例［J］．农业图书情报学刊，2016（4）：96-99．

［3］李燮惠．现代高校图书馆编目中的质量控制分析［J］．南昌高专学报，2011（3）：157-159．

高校资料室接受本院教师捐赠著作工作浅析

魏　云[1]　汪　琳[2]

（1. 华中师范大学美术学院；2. 华中师范大学图书馆；武汉，430079）

【摘　要】 高校图书馆开展的图书捐赠活动受到图书馆界的高度重视，高校资料室收集本院教师著作，整理、宣传、开发利用工作也在同步进行。做好这一工作，对资料管理人员提出了更高要求。

【关键词】 高校资料室　著作捐赠　开发利用

在高校教学、科研水平不断提高的新形势下，高校教师的学术研究成果不断增多，高校资料室通过征集本院系教师著作，进行整理、加工、上架等方式创建本院系教师著作专架，实现对本院系教师学术成果展示和宣传，弘扬科学精神，营造浓厚的学术氛围，提升师生的荣誉感和凝聚力；为学生阅读专业书籍提供方便，同时也鼓励学生博学精思，学会总结和创新，积极进行学术活动，有着重要的意义。

1　做好自愿捐赠的前期工作和宣传工作

院系资料室主要收集本院教师的著作，做好捐赠的前期工作尤为重要，首先在QQ群或者微信群发起捐赠通知，让每一位在职或者退休教师，都能阅读到自愿捐赠的信息。

做好本院在职和退休教师的宣传工作。为彰显我院立德树人成就，充分展示我院教师的学术风采，激励在校学子成长成才，通过资料室主办的教师捐赠著作展将展示的图片发往我院教师群，激励教师踊跃捐献。

做好本院毕业校友的宣传工作。历届本院毕业的校友中事业有成也有不少，通过信息渠道向他们做好著作捐献的宣传工作。

2　捐赠文献收藏的类型和范围

收藏类型：学院建校至今本院系教职工及校友出版的学术著作（专著、译著、编著、教材、工具书、手稿、讲稿等），每种著作1—3册。著名教授、专家、学者的论著不受时间限制。

收藏范围：我院系在职、退休教工；曾在我院系工作过的专家、学者；我院系历届学生，曾就读于我校我院系，现在工作岗位上做出突出贡献人士的著作。

3 建立捐赠图书展示专架，完善教师捐赠著作的入库流程

资料室需要建立捐赠图书展示专架来放置所有捐赠著作（除复本外）。捐赠图书展示专架是由我院教师根据资料室的空间环境专门研究设计制作的展示架，特别新颖醒目。

对收集到的赠书要及时进行登记、编目、加工、上架等工作。

3.1 建立本院教师著作捐赠登记表

根据院系资料室的实际情况来编制表格，便于捐赠书籍的管理和统计。采用序号、ISBN 号、书名、著者、出版社等信息来制作表格。近年来，我院教师共捐赠著作 80 多册，用表格的形式登记简单方便。如表 1 是近年来我院教师捐赠的部分著作：

表 1 教师著作捐赠登记表

序号	书 名	ISBN 号	著 作	出版社
1	从生活到创作——魏谦钢笔画艺术	978-7-5394-2474-3	魏谦	湖北美术出版社
2	作为“元审美判断”的意境	978-7-5622-3857-7	陈晓娟	华中师范大学出版社
3	易阳铜版画作品集	978-7-5394-5283-8	易阳	湖北美术出版社
4	走近陶艺家，邱玲	978-7-5330-2519-9	邱玲	山东美术出版社
5	回望西海 王余重彩艺术	978-7-5394-4390-4	王余	湖北美术出版社
6	中国古代书论与文论的关系研究	978-7-5622-3994-9	黄峰	华中师范大学出版社
7	西方学者文艺复兴研究三论	978-7-5622-3132-5	杨贤宗	华中师范大学出版社
8	信息时代的信息设计	978-7-5622-5580-2	欧阳丽莎	华中师范大学出版社
9	黑白森林——意向造物的选择	978-7-5622-6584-9	唐文	华中师范大学出版社
10	中国当代画家画丛	978-7-5394-1917-2	张墨菊	湖北美术出版社
（省略）	（省略）	（省略）	（省略）	（省略）

3.2 做好教师捐赠著作的编目工作

在汇文系统中，可以查询到教师捐赠著作的信息，在编目系统里直接添加该捐赠图书信息即可；如果数据库中没有查询到，我们就要对捐赠图书做好简单编目工作；在简编过程中需要新建模块，依次完成以下字段的填写：

（1）ISBN 号 010 字段

（2）通用处理数据 100 字段

（3）作品语种 101 字段

（4）题目与责任者说明 200 字段

（5）出版发行项 210 字段

（6）载体形态项 215 字段

（7）学科名称主体 606 字段

（8）人名等同责任 701 字段

（9）人名次要责任 702 字段

3.3 教师捐赠著作的细化加工

在教师捐赠著作的加工过程中，采取更细化的加工，如在图书的目录页可以加盖“捐赠图书”的印章；捐赠时间可以填写在捐赠图书印章里。在书标的粘贴上与资料室图书要有所区别，如果资料室图书采用的是白色书标，那教师捐赠的著作可以选用红色书标，把教师捐赠的著作与本书库图书区别开来。

3.4 教师捐赠著作的上架工作

将所有的教师捐赠著作（除复本外）都在“教师捐赠著作专架”中上架；根据各资料室的实际情况，可以按著者或者分类号上架。这样有利于读者检索利用，还有利于让捐赠者了解所赠图书的利用情况。

4 加强对捐赠教师的报道宣传

在资料室开辟专栏，报道捐赠教师的著作和作品，在院系教师工作群里加强对捐赠著作的教师进行表扬、宣传和报道，通过学生辅导员在学生中进行宣传，扩大捐赠教师的知名度。举办赠书展览，方式可以在资料室，也可以拍成照片或视频在学院工作群和学生群里报道宣传；定期向捐赠者反馈资料室收藏、管理和利用方面的信息，形成赠书与用书的良性循环，以激励教师更好地做好教学和科研工作。

5 加强对教师捐赠著作的宣传与利用

首先，我们采取各种渠道和形式宣传资料室教师捐赠著作信息，变被动服务为主动服务，师生可以在学校校园网上浏览查询，借此机会，我们可以将资料室的教师捐赠信息及时发布到网上，让大家随时掌握院资料室最新动态，为便于读者快速、方便地了解到所需图书。

其次，对教师的捐赠著作实行对外借阅。教师捐赠著作主要是学术著作、专业书籍，对高校师生的教学、科研工作和人文素质的提高有着积极的作用。

教师捐赠著作复本在2本以上实行对外借阅，没有复本的文献可以采取短期借阅的方式，不影响其他读者查阅，不影响借阅者信息卡上的借书册数。

6 结语

资料室教师著作捐赠管理工作是高校资料室工作的重要组成部分，接受教师著作捐献是高校资料室丰富馆藏、专业特色建设的重要途径，也是资料室自我宣传的有效方式。我们要积极加强捐赠书籍的管理、宣传、开发利用工作，在资料室、捐赠者和读者之间形成良性互动，发挥捐赠文献的最大作用。

参考文献：

[1] 谷雨. 公共图书馆图书捐赠工作探讨 [J]. 图书馆工作与研究，2012 (6)：108-109.

[2] 王岚. 公共图书馆建立健全图书捐赠机制的若干思考 [J]. 图书馆建设，2011 (2)：30-32.

[3] 周薇. 高校图书馆图书捐赠管理机制研究 [J]. 内蒙古科技与经济，2015 (7)：137-139.

高等院校经典阅读推广模式探索[①]

——华中师范大学图书馆中华经典诵读大赛解析

朱立红

（华中师范大学图书馆，武汉，430079）

【摘　要】 华中师范大学图书馆阅读推广活动，从中华经典、传统文化、文学典故等入手，把经典导读、经典阅读、剧本创作、心得交流、舞台表演、回顾展望融合于一体，遵循“以读促创、以创促演、以演带读”的思路，形成“深阅读＋创作＋艺术化”的阅读推广模式。这一模式在具体实践中展示了华中师范大学丰富的馆藏，激发了大家阅读经典、传承文化的使命感，探索出一条高校图书馆服务于本科教学的新路径，具有较强的创新性、实用性和可推广性。

【关键词】 高等院校　阅读推广　经典阅读　阅读推广

中华经典承载传统文化，具有丰富的文化内涵，是阅读推广的主要选项。近些年来，阅读推广作为高校图书馆的日常活动，取得了令人瞩目的成绩。华中师范大学图书馆围绕本科人才培养和一流学科建设，在集思广益、博采众长的基础上，把馆藏实际与教师教育相结合，策划并组织了中华经典诵读大赛系列活动，推动以人文素养为基础的师范生专业技能的培养，探索出一条高校图书馆服务本科教学的新路径。

1　案例简介

自2016年起，本着“阅读中华经典　弘扬传统文化”的宗旨，华中师范大学图书馆携手校内各院系、校团委和学生社团等组织，开展了中华经典诵读大赛系列活动。这项活动紧扣经典作品，突破传统的诵读模式，不拘体裁，主要以图书馆为引导，以学生为主体，又有相关专家、学者作指导，从经典文化意象、传统文化现象、文学典故等入手，集经典导读、经典阅读、剧本创作、

①　获得2018年华中师范大学中央高校基本科研业务费专项资金项目“中华传统文化融入校园文化建设研究”项目经费资助，项目编号：120-20205180522-800。

心得交流、舞台表演、回顾展望完美融合于一体，遵从“以读促创、以创促演、以演带读”的思路，形成“深阅读＋创作＋艺术化”的经典阅读范式，让学生读出经典的人文内涵，感悟传统文化的魅力。这项活动展示了华中师大丰富的馆藏，激发了学生阅读经典，传承文化的使命感，从而成为具有创新性、实用性和可推广性的优秀案例。

第一届：2016 年中华经典诵读大赛：“诗韵流光”（2016 年 9 月—12 月）

本届大赛尚处于探索阶段，以经典诗词为主，诵读内容分为四个篇章：家国情怀、浪漫爱情、劝君惜时、先秦诸子。每个篇章由学生抽签决定，具体作品学生自主选择。以院系为单位报名参加。分为预选赛、复赛、决赛三个阶段，决赛以舞台表演的形式呈现。

第二届：2017 年中华经典诵读大赛：“桂子山问月”（2017 年 9 月—12 月）

本届大赛以“月”为主线，精选先秦至当代诗词歌赋中含有“月”的作品，演绎“月”在历史长河中蕴含的丰富情感，借此展现文化的传承和时代的发展脉络。在诵读篇目的选择上，突破以往的传统诵读诗篇，以期让学生摆脱束缚，在创作与表演上能有所创新。

第三届：2018 年中华经典诵读大赛：“经典·盛宴”（2018 年 4 月—2019 年 4 月）

与前两届相比较，本次大赛因循了第二届的参赛方式，在组织形式、参赛内容、方式上再次大胆创新，犹如点评嘉宾谭邦和教授所言“图书馆的诵读大赛不断开拓、创新、深入”。大赛分为五个阶段：招募领队、经典导读、剧本创作、排演、回顾展望。参赛的内容从往年的诗词诵读延伸到经典名著，如《史记》《儒林外史》《三国演义》《红楼梦》等经典。这次大赛遵循“以读促创、以创促演、以演带读”的原则，使得经典阅读和文化传承真正落到实处，形成了“深阅读＋创作＋艺术化”的经典阅读范式。综合艺术的运用使得大赛成为集思想性、知识性、趣味性、艺术性的视觉与听觉的盛宴。

第四届：“岁月如歌”——喜迎新中国成立 70 周年诵读大赛（2019 年 9 月—12 月）

在新中国七十华诞之际，华中师范大学图书馆为了贯彻党中央“不忘初心，牢记使命”的口号，将已经成熟的诵读大赛项目融入更多的爱国主义元素，以激励师范生做新时代的追梦人。作为对国庆的献礼，本届大赛经过全校范围的广泛征集和严格选拔，挑选了 9 支参赛队伍，以朗诵、话剧等形式回望了新中国的光辉历程，同时继承了“以读促创、以创促演、以演带读”思路，在对祖国真挚的祝福和赞美中深化了项目主题。这次别开生面的诵读活动感染了广大同学，增强了他们的家国情怀。

2 案例的活动程序

中华经典诵读活动，是国内高校一项经常开展的文化活动。怎样把这项活动办出新意，办出水平，让大学生踊跃参加并有所收获，是每一个项目策划者都会思考的问题。这里，我们着重分析“桂子山问月”和“经典·盛宴”两个案例。

2.1 案例一：“桂子山问月”

2.1.1 活动的组织和宣传

华中师范大学图书馆注重与校内各院系的学生会、学生社团的合作和互动，借助学生会、学生社团开展活动组织和宣传。“桂子山问月”活动前期准备阶段，由风雅读书会牵头，邀约寒梅诗社、摇篮文学社等社团联合主办了“《诗经》中的恋诗”“李白诗歌的张力”等古典诗词的讲座，并在春季组织了桂子山原创古典诗词大赛，评选出优秀校园诗词作品 20 首，排在前 5 名的同学和作品直接晋级“桂子山问月”决赛环节，同时把这些优秀的诗词作品推荐给校报、微信公众号等；还与寒梅诗社一起组织菊花诗会，表演“诗书礼乐”。这些前期活动为广大同学提供了一个个展示多种才艺的平台，帮助大家更多地了解中华诗词，踊跃参与诗词诵读大赛的活动，使本届大赛更有深度和广度。

经过前期准备，全校共有 110 个团队报名参加预赛；通过参赛者互评，选出 56 件作品进入复赛；再经过评委会对复赛作品的遴选，最终有 14 个团队进入决赛；决赛阶段，从海报、节目单到邀请函、入场券的系列设计，均以招募志愿者的方式，交给学生完成。

2.1.2 活动内容的设计

在以古典诗词诵读为主的“桂子山问月”活动中，选择中华经典的文化意象“月”为主线，注重“月”所寄托情感的层次性。比赛内容分为“春江花月夜”“水调歌头”“秦时明月”“桂子山问月”四个篇章。

“春江花月夜”篇章选取了张若虚、王维、辛弃疾、陆游等唐宋诗人的代表作，通过他们对山川江河的向往和热爱，体现出人与自然的和谐状态。

“水调歌头”篇章由山水情转向个人情，从高难度的《诗经·陈风·月出》开始，继之以苏轼、李煜、柳永、阮籍等跨度较大的作品，展现了有关爱情、亲情、友情、乡愁与“月”的关联。

“秦时明月”篇章由个人思念转向爱国情怀，选取了王昌龄、李白、高适、岑参、杨广、岳飞等不同时期边塞诗人的作品，演绎出历代将士为国戍边的豪情壮志。

“桂子山问月”篇章则由古代经典转向今人对“月”的思索与热爱，选取了余光中的现代诗、校园师生原创等5首诗词。每个部分各具特色，又紧密联系；既致敬经典，进行文化溯源，又提倡原创和改编，激发读者的思维创造力，校园原创诗词更是对中华经典诵读活动的升华；既能充分地表达每首诗词所抒发的情感，又能在起承转合中演绎中华文化的魅力。本次大赛最后通过舞台表演的方式呈现，层层深入，使这项活动前后贯通，浑然一体，成为一台从古至今的精致而巧妙的图书式的艺术晚会，凸显高等院校阅读推广活动的学术特质。

每个篇章诵读诗词的选取，注意不同时代、不同身份诗人作品的搭配。如将唐宋时代帝王、将军、诗人等不同身份的作品如《饮马长城窟行》（李广）、《满江红·写怀》（岳飞）、《塞上闻笛》（高适）作为一组诗词诵读。这样参与者在诵读之前，必须了解作者的时代背景，更细致地了解博大精深的历史文化，从而激发出探寻历史本源的兴趣，唤起民族自豪感和文化自信心，更彰显出阅读推广和经典诵读的意义。诗词文体方面则选取四言、楚辞、乐府、绝句、律诗、词、曲等，以期让学生在判明诗词的不同文体时，根据文体的意义表达机制，理解诗词含义，准确把握和表现诗词神韵。例如选取的乐府诗，要求学生加入歌舞表演、角色扮演等。

2.2　案例二：“经典·盛宴”

2018年的中华经典诵读大赛，从诗词诵读延伸到经典名著阅读、改编和表演。如何展示一部经典的魅力，是策划时首先考虑的问题。中华经典中的文化意象和文学典故，蕴含着历史人物、历史素材、文学形象，以其典型性和创作手法的运用而形成永恒的艺术魅力，对读者产生较大的影响力。在本次大赛中，我们选择“经典中的宴请”这一有趣的话题，遵循“以读促创、以创促演、以演带读”的思路，把活动分为五个阶段：招聘领队经典导读、剧本创作、排演、回顾展望，以期构成“深阅读＋创作＋艺术化”的经典阅读范式，营造一个能接近经典作品的艺术场景，使经典作品不再高冷，把经典阅读和文化传承真正落到实处。

前期策划中设计出“易水宴”“鸿门宴”“青梅煮酒”“曲水流觞”“饮中八仙”“鹿鸣宴”“将进酒”“渑池宴”“滕王阁序”等13个片段，供参赛者选择，参赛者可以自行选择其他经典中的宴饮场景。参赛者需要认真细致地研读中华经典，根据经典改编或者创作剧本，用舞台剧的形式呈现出一个个有深厚文化内涵的经典盛宴。剧本创作要求标明参考文献，在史实的基础上改编经典，传播传统文化正能量。

这次大赛活动分为五个阶段：

招聘领队：考虑到大赛涉及较广泛的知识、才艺等，主办方采取了先招募领队，再由领队招募编剧、导演、演员、剧务、美工、化妆师等参赛的方式。要求每个剧组必须由领队、编剧、剧务、演员等组成，鼓励跨学科、跨年级地组合，以促进不同学科之间的知识互补，在创作中发挥各自的优势，更重要的是希望不同的思维方式在阅读、理解和讨论中相互碰撞，产生思想火花。对于领队的要求，我们原本希望他既有对中华经典的研究又有丰富的舞台剧表演经验，但在具体活动中，发现只要热心于传统文化，有参与欲望及一定的人际交往能力和组织能力的人，就可以担任领队；对中华经典的了解和舞台经验可以在后期活动中增强。实践证明，招募领队有助于激发广大学生的参与热情，有助于发挥每位领队的强项，从而保证了本次活动的成功举办。

经典导读：作为一个学术准备阶段，主办方邀请全国著名的《史记》研究专家张大可先生作专场讲座，怎样读《史记》；邀请来自北京大学、北京师范大学和香港教育学院三位教授作同台讲座，“知名学者三人谈治学”，他们从读书方法、诠释经典、创新思路等方面给学生提供了全方位指导。

剧本创作阶段：主办方聘请本校文学院谭邦和教授、历史文化学院赵国华教授作为大赛的学术顾问，邀请文学院、历史文化学院等博士和硕士生担任经典阅读指导，解答剧本创作过程中的疑惑，纠正出现的常识性错误，以保证剧本的学术性。对大多数参赛者来说，剧本创作是一个新挑战。为了保证参赛剧本的质量，主办方还邀请本校钩沉剧社、晨雨剧社一些有剧本创作经验的老师和同学加入指导。无论是深入阅读经典文本，还是剧本创作过程，主办方组织了多次作品交流讨论会，参赛者互相研讨作品，提出和解决各种问题。仅仅是打磨剧本，从导读到完成定稿，就花费六个半月时间。

排演阶段：领队在全校范围内自主招募演员，对难以找到心仪主角的领队，主办方根据剧本选定的情况，推荐三四位同学备选。剧目分排练、预赛、复赛、决赛阶段，循序渐进，有条不紊。大赛最终评出优秀领队、最佳编剧、最佳导演、最佳演员、优秀组织奖、优秀志愿者、优秀美工等奖项。经过九个月的准备和打磨，一幕幕中国历史上著名的宴饮场景、宴饮文化在诵读大赛的舞台上被栩栩如生地重现，并且借助微信、微博等新媒体的传播方式，让校内外爱好经典阅读的读者都能观赏到这场文化盛宴。

回顾阶段：这次大赛结束之后，参赛者把参赛的感悟写成文字，连同大赛过程中的各类文字、图片、视频等一起编辑成册，成为有据可查的活动成果，并制作成展示架在校园内宣传展示，大赛的表演视频通过二维码上传到互联网。这既是对本次大赛的总结和宣传，也是对未来工作的启发和铺垫。

3 案例的意义

3.1 原创性

自2016年起，华中师范大学图书馆举办中华经典诵读大赛，在不断的实践和总结中走向成熟，已经成为一项服务教育教学的重要活动，并且获得2018年中央高校基本科研业务费专项资金项目“中华传统文化融入校园文化建设研究”中华经典经费资助。

每一届中华经典诵读大赛，我们都力求创新和有所突破，从而形成了各种原创的活动模式。如第二届中华经典诵读大赛以经典作品中的具体意象“月”为主线，使活动更加细化和深刻；第三届中华经典诵读大赛将经典导读、经典阅读、剧本创作、心得交流、舞台表演、回顾展望融合在一起，构成“深阅读＋创作＋艺术化”的经典阅读范式；第四届中华经典诵读大赛关注国家和时代的大背景，将爱国主义教育与经典文化融合，用以激发华大学子的家国情怀。我们强调中华经典、传统文化与时代背景相结合，为本案例注入原创的内容和形式。正是在这种不断创新中，中华经典诵读系列活动成为华中师范大学图书馆的阅读推广品牌。

3.2 服务本科教育的新路径

本案例的宗旨、内容、形式都与高校大学生素质息息相关。对经典的解读与再创作，能够增强学生的人文素养；诵读和表演，有助于学生的口头语言表达能力和肢体语言表达能力的提高；每一次交流和讨论，有利于学生的人际沟通能力、思辨和自身能力的发展；活动的组织，能够提高学生的组织和管理能力；海报的设计和舞台的布置，能够加强学生对色彩、构图的感悟和呈现能力；活动的回顾，对学生的反思能力与教育教学研究能力不无裨益。因此，本案例为我校图书馆服务大学生教育教学探索出一条新路径。

3.3 参与的广泛性

从活动筹备开始，图书馆与校内各单位如校团委、校学生会、文学院、历史文化学院、钩沉剧社、晨雨剧社等密切沟通，充分地发挥各方的作用。除本校参赛的学生之外，图书馆邀请到湖北电视台、洪山区图书馆、中国地质大学、洪山区小学等校外单位代表参与大赛。在观众和嘉宾方面，图书馆邀请了武汉大学、华中农业大学、华中科技大学、汉口学院、仙桃职业学院等10余所兄弟院校的师生进行现场观摩指导。演出现场还邀名师进行点评，共同丰富和深化了活动的内容与形式。

特别是本案例的设计，照顾到所有想参加活动的学生。本案例涉及读书、交流、导演、写作、朗诵、表演、海报设计、舞台背景设计、音乐、场务、组织等，所有参加活动的同学都能在活动当中找到适合的位置，突破传统诵读活动需要有一定的朗读基础才能参与的局限，体现了图书馆举办阅读推广的初衷。因此，本案例吸引了众多的参与者，保证了活动的规模，从而营造出书香浓厚的校园文化氛围。

3.4 可推广性

经典文化意象在传统诗词中被广泛应用，第二届“桂子山问月”以意象“月”为主线开展的活动，案例完整，高雅简洁，深受广大学生喜爱，可以作为成熟案例在高校或者中小学推广，并以此为模板，进一步地创作有关风、云、雨、雪、花、茶、塞北、江南意象等经典诵读的案例。第三届“经典·盛宴”以传统宴饮文化为主线，思路清晰，层层深入，将博大精深的中华经典和传统文化，通过由浅入深的阅读，继而进行创作，最终将经典阅读艺术化的路径，特别适合高校图书馆开展经典阅读推广活动，并可以依此来策划有关衣、食、住、行、节日、书院等传统文化传播的案例。

4 结语

总括上述，华中师范大学图书馆中华经典诵读大赛系列活动主题鲜明，内容丰富，形式新颖，参与度较高，反响较好，是一次对中华经典的重新认识和深刻解读，是一项再创造、再表达的艺术活动，是一场从内心深处唤醒学生的自我意识和生命意识，促使学生养成正确的人生观和价值观的文化盛宴，是高等院校阅读推广艺术化模式探索的成功案例。这一案例对高校图书馆服务本科生教育教学工作，全面提高大学生的人文素养，进一步地开展阅读推广活动，创建书香校园和弘扬优秀传统文化，都具有一定的创新性和示范性。

参考文献：

[1] 申艳. 携人间四月——赴诗词之约 [J]. 图书馆研究与工作，2017 (8)：5-8.

[2] 朱立红. 高校图书馆经典阅读推广探析：以华中师范大学图书馆为例 [J]. 河北科技图苑，2017 (5)：60-63.

[3] 李子华，刘庆. 高校中华经典诵读的内在意蕴与建构路径 [J]. 安徽师范大学学报 (人文社会科学版)，2020 (1)：107-112.

从华中师范大学图书馆变迁看高校图书馆多元化的发展

王庆雯

（华中师范大学图书馆，武汉，430079）

【摘　要】 本文通过研究比较华中师范大学图书馆在不同时期建成的老馆、新馆、南湖分馆建筑风格与空间布局、服务管理方式，展现了高校图书馆从传统藏、借、阅向线上信息共享空间，再向集知识、信息、交流于一体的多元文化场所转变的发展动向，以期对当代高校图书馆建设有所启发。

【关键词】 高校图书馆　多元化　信息共享空间

随着校园学习和生活方式的多元化，现代图书馆作为高校中不可或缺的综合性文化场所，除了满足传统图书馆藏、阅、借的基本需求外，在师生学习和生活中发挥着至关重要的作用。华中师范大学图书馆具有悠久历史，因其最先打破旧式贮之高阁的藏书楼观念，对中西文图书、期刊采取开架式阅览，成为中国近代第一个真正意义的公共图书馆，为图书馆事业的兴起与繁荣起到了巨大推动作用。

在过去的岁月里，图书馆经历了多次扩建，即时扩充资源，顺应师生们日益增长的文化需求和生活需求。现在的图书馆主要包括图书馆老馆、新馆和南湖分馆三个部分，不同时期建设的图书馆在建筑风格、空间布局方面各有不同，管理系统和服务平台等方面不断进步，为师生们提供了更加多元化的图书馆使用体验。结合实地调研与文献研究，本文从华中师范大学图书馆不同建设时期的设计策略和发展侧重进行对比分析，以窥见近年来国内优秀高校图书馆的发展变革动向，以期对我国未来高校图书馆的建设和发展有所启发。

1　华中师范大学图书馆发展历史

图书馆的前身可追溯至1903年的文华书院藏书室和1910年创建的文华公书林。1951年原华中大学、中华大学、中原大学教育学院三校的图书馆合并成为华中高等师范学校图书馆，1953年改名为华中师范学院图书馆，1985年正式成为华中师范大学图书馆。馆舍由武昌昙华林迁至武昌桂子山。1961年修建了图书馆大楼即老馆，以传统藏、借、阅功能为主。1989年香港爱国人士邵逸夫先生捐资兴建的科学会堂（逸夫苑）落成，其主体建筑部分曾为华中师范大学图书馆东馆，直至2011年图书馆新馆建成。新馆实行借、阅、藏、学、研一体化的现代服务模式。2019年在南湖校区教学实验综合楼建成南湖分馆，侧重智慧便捷、共享空间、学科服务，推动学科争创一流。经过百余年的积淀和传承，华中师范大学图书馆现已成为学校教学、科研的文献资源保障中心，规模与馆藏位居湖北省高校图书馆前列。

2 质朴的藏、借、阅空间——老馆

华中师范大学图书馆老馆1961年修建，建筑面积9015平方米，位于学校桂中路旁，校喷泉广场对面，是华中师范大学从昙华林迁到桂子山上的首批老建筑之一。老馆白砖绿瓦、质朴、儒雅，其建筑风格与周边的一号、二号教学楼，西区宿舍等老建筑风格一致，楼高四层，提供的功能相对传统，以实体型文献的外借、阅览、文献复制、书目查询、浅层的咨询等服务为主。曾设有3个借书处、4个普通阅览室、1个电子阅览室、1个多媒体阅览室，经过几十年积累形成与学校专业、设备、办学规模相匹配以及具有师范教育特点的藏书体系。1989年自行开发了计算机流通管理系统，2002年完成校园网络化管理与服务系统的建设，实现读者借还、查阅、采编等服务的计算机、网络化管理。20世纪90年代，图书馆信息服务业务，代检课题、定题课题、文献传递、科技查新服务陆续开展。2011年新馆建成后其文献资源迁入新馆，一层改造为密集书库，其余楼层暂被学校征用。2014年学校为纪念文华公书林，将新馆与老馆之间的地下长廊定名为“文华公书林长廊”，老馆也挂牌为“文华公书林”。

随着互联网和信息技术的快速发展，文献信息资源的载体、人们获取信息的途径、阅读文献信息的时间和空间都发生了显著的变化，图书馆不再仅是信息资源的存储地，其信息服务的内涵延续扩展。图书馆需要提供一个嵌入式的多维度、全媒体、个性化的学习空间。

3 开放的信息共享空间——新馆

随着学校办学规模扩大，学校又建了新图书馆，新馆位于老馆北面，由加拿大黄雄溪建筑设计事务所设计，2010年竣工。新馆面积为39357平方米，外形呈“¬”形，楼体四面为绿色的玻璃幕墙，展现出现代、典雅、明静之风格。新图书馆按功能划分为四部分：借、阅、藏一体化书库，个性化研究学习空间，教师教育信息资源中心，人文艺术教育中心。

新的馆舍除了大大增加馆藏和阅览空间外，实行“大流通、大阅览、大咨询、大服务”和“一卡通”的运行管理模式，提供24小时线上网络信息服务，开放对国内外其他图书馆的馆际互借和资源共享，同时开展多种信息素质教育课程和文献相关服务。学科服务纵向深化，学科馆员深入各学院为师生项目和科研提供信息支持，如深度分析报告、科学资源建设、学科评估、检索报告及各类文献参考服务。建设学科服务平台，开展阅读推广、校园文化建设，打造“风雅悦读会”“文华公书林讲坛”等特色品牌。采用有线和无线覆盖相结合的多元化网络服务体系，利用RFID、门禁系统、信息发布系统、座位预约系统等信息技术与图书馆的管理与服务结合，实现图书馆自动化、网络化、智能化、服务化转型。

4 多元化的第三空间——南湖分馆

南湖分馆位于学校南湖校区综合大楼的裙楼，共2层，面积约7500平方米，2020年开馆。一层有藏书区、研讨区、阅览区，二层有阅览区、IC空间、朗读亭、新技术体验及综合展示区、卡座学习区、太空舱休闲区，设置24小时学习区。整个空间开阔明亮，打破传统图书馆物理空间条块分割的布局，开放的大空间既相互独立又交叉渗透。压缩纸质资源存储与流通空间，利用现代室内设计与装饰，打造人性化、具有亲和力的学习研究、休闲互动空间，尤其是丰富多彩、充满活力的现代家具让人赏心悦目。安静的阅读学习空间和有声的讨论互动空间，满足读者对私密性和协同性的需求。互动设施、高科技设备与技术平台等促进师生学习、研究、创新。

南湖分馆中多元化的学习空间既展现出当代校园学习模式的变化趋势，即从个体研究向合作研究、单向信息搜索向互动交流传播；同时其对于公共休闲功能的纳入，反映出当代文化教育内涵的拓展，打造校园中自由、平等、公共、便利、休闲的第三空间，鼓励师生们不满足于书本、不拘泥于寒窗苦读，而是以更加开放的姿态迎接丰富多彩的校园生活。

5 结语

华中师范大学图书馆三期工程历经数十年，各期图书馆设计反映出不同时代对于高校图书馆的功能定位。60年代建成的老馆，着重发展传统藏、借、阅功能，当代建成的新馆展现出网络化和自动化的趋势，以电子资源对传统馆藏进行补充，建立一体化管理系统和开放式服务平台，以线上图书馆空间对实体空间进行拓展。刚建成的南湖分馆强调线下实体空间的营造，反映出当代高校由个人研究转向合作研究、单向信息搜索向互动交流传播的趋势，将图书馆打造成为一个寓文化教育和休闲为一体的校园第三空间。

华中师范大学图书馆各期工程体现不同时代风格，从传统藏、借、阅向线上信息共享空间，再向集知识、信息、交流于一体的多元化空间转变，启示当代高校图书馆应以空间变革和服务转型，将现代信息技术支持下的先进设施和研究工具、虚拟资源平台和专业化服务相融合，为师生提供舒适的学习研究空间、专业的数字信息平台。

参考文献：

[1] 郭卫宁．大学图书馆空间革命——美国北卡罗来纳州立大学亨特图书馆见闻启示录［J］．图书馆学研究，2016（19）：92-96，101．

[2] 别立谦，力恺．从战略规划及其实施看日本大学图书馆空间变革趋势［J］．图书馆工作与研究，2016（10）：37-41．

[3] 盛兴军，介风，彭飞．数字环境下大学图书馆空间变革与服务转型研究——以美国布朗大学图书馆为例［J］．图书馆论坛，2017（5）：1-9．

图书馆服务模式多维度探究

黄莎莉[1]　方　虹[2]

（1. 湖北城市建设职业技术学院；2. 华中师范大学图书馆；武汉，430079）

【摘　要】2020 年突如其来的新冠肺炎疫情在武汉蔓延。此次疫情对国民经济、行业发展和人们生活均产生较大影响，同时也促使人们对今后的生活、工作方式进行一些改变。本文将从疫情对图书馆服务模式的影响、图书馆功能的弱化以及今后图书馆服务模式变更几个方面进行探讨，以促进高校图书馆在推动复工复学中发挥作用，更好地适应后疫情时期高校图书馆服务重构。

【关键词】聚集性　数字资源　服务重构

1　引言

近几年，高校图书馆作为一个建筑实体，凭借安静舒适的学习环境、丰富多样的图书资源以及便捷的数字资源服务，吸引了大批学子选择在图书馆看书、学习、查找资料。新冠肺炎疫情发生后，防疫部门明确提出尽量减少在密闭空间聚集，这使我们必须对今后高校图书馆的服务模式进行多维度的思考。

2　转变服务理念，将被动服务变为主动服务

高校图书馆的主要服务对象是校内师生，图书馆必须首先树立为校内读者提供服务的理念。近年来，随着社会服务体系的完善，高校图书馆也作为公共图书馆的辅助平台，逐步向广大市民开放，服务对象扩展了，服务形式多样了。以湖北省图书馆为例，疫情期间该馆推出“方舱数字文化之窗”，融合海量数字资源进行文化服务，包含专业课程以及丰富的读书活动、精彩的文博展览、趣味的在线游戏、群众艺术普及教程等数字资源；还设有疫情信息更新、权威辟谣、心理疏导等栏目，为疫情防控起到了积极的作用。高校图书馆也应由过去的满足单一类型用户需求转向服务于目标用户，由单一的文献资料阅读查询转向提供综合性服务，重新设计和打造从资源源头到利用终端的整个服务链，实现对目标用户的精准个性化定位。利用网络与大数据分析，了解用户需求，提供个性化服务，将被动服务转变为主动，营造“以用户为中心”的服务

理念。

3　转变服务方式，将线上服务与线下服务相结合

随着数字技术的不断发展，目前，各类印刷型期刊已基本被电子期刊全文数据库取代，部分大型出版社的图书、会议录，也已开始被电子图书或会议录全文数据库取代。文献资源的数字化，导致用户使用行为发生了极大改变，也对图书馆的信息资源建设与服务模式产生了极大影响。

在后疫情时期，数字资源建设肯定会进一步加强，但纸本资源也不应该被忽视。纸本资源仍然受大多数读者喜欢。以北京大学图书馆为例，疫情发生后图书馆开展送书到楼服务，累计完成借阅申请 663 单，送书 2638 册，很多师生对此给予了极高的评价，可见纸本资源仍是不可替代的。后期还要做好纸本资源借还出入库以及书籍消毒杀菌工作，这增加了图书管理员的工作负担。建议可以考虑线上与线下资源相结合的方式，师生可以通过线上图书馆，在线申请需要借阅的书籍，约定时间后等待还取书，避免聚集。图书管理员也可以通过预约好的时间合理进行书籍的检查、消杀，从某种程序上来讲服务方式更为有序。

高校图书馆持续强化线上服务，为师生的教学科研活动提供数字文献资源保障。通过免费资源搜集、文献传递等方式扩充文献资源保障能力，从纸本书刊服务、文献传递服务、参考咨询服务、信息素养教育服务、阅读推广服务等方面构建图书馆在线服务保障体系，最大限度满足疫情防控期间师生对图书馆服务的需求，为特殊时期的教学科研、人才培养提供信息支撑。线上、线下服务相结合，按用户需求提供服务更为合理。

4　重视创新服务，做好空间服务和特色服务的融合

高校图书馆一直是大学生专业知识进修和人文素质培养的重要阵地，但近几年，随着网络和移动通信的普及，电子阅读、网络阅读极大地冲击了传统的学习和阅读习惯。图书馆的利用率已经有所下降，其教育功能出现弱化。后疫情时期，能否利用图书馆阵地，举办以通识教育和系列讲座为主要内容的宏观教育，培养学生的人文素养和科学知识，延伸其知识结构，激发其创新精神，促成包括广大师生在内的普遍科研氛围的形成。

综上所述，后疫情时期，图书馆服务模式面临极大的挑战，需要我们及时转变服务理念，变革服务方式，加强创新服务手段，强化公共管理，为营造一个安全的图书馆环境而努力。

参考文献：

［1］张亚君，许志强，苏华．高校图书馆建筑模式与共享空间的发展［J］．教育现代化，2017（2）：242-243．

［2］陶宗辉．新形势下高校图书馆教育功能弱化及其原因探究［J］．兰州教育学院学报，2014（9）：88-89．

完善线上服务体系，拓展高校图书馆服务能力

陈亚敏　邹　霞

（华中师范大学历史文化学院，武汉，430079）

【摘　要】 在一场突如其来的疫情面前，高校图书馆线上服务体系的作用得到了充分体现，也暴露出不少问题和不足。本文从线上服务是高校图书馆今后主导发展方向的认识出发，提出了改进和完善线上服务体系的建议和措施。

【关键词】 高校　图书馆　线上服务

一场突如其来的新冠肺炎疫情导致社会几乎停摆，高校图书馆实体馆舍也不得不临时关闭，迄今为止还未恢复到正常的运行状态。在此期间，不少高校图书馆利用在线服务，为教师的教学科研和学生的学习提供了一定的服务，满足了他们的一些急需，图书馆线上服务体系的作用得到了充分体现。我们知道，图书馆的在线服务是基于图书馆网站建设而发展起来的。它是利用图书馆和网上丰富的电子网络资源优势，建立以读者为中心，集文献咨询、文献提供和读者教育于一体的文献信息服务模式，其核心是向人们提供丰富的信息[1]。实践证明，在线服务提升了图书馆服务的广度和深度，打破了图书馆线下服务物理空间的限制，在线服务的方便快捷更是线下服务无可比拟的，代表了图书馆未来发展的方向。

这次疫情也是对图书馆线上服务的一次大考，不少高校都作出了积极应对，在资源推荐与推送、在线研讨与培训、常规业务的在线延伸，以及网课教学、阅读推广等方面，开展了大量工作，为教学科研提供了有效的服务和资源保障。同时我们也看到，图书馆的线上服务体系在此期间也暴露出一些问题与不足，需要不断改进和完善。

第一，和其他行业和部门一样，面对这场突如其来的疫情，高校图书馆也是猝不及防，缺乏应对这种殃及全社会的突发卫生公共事件的预警和应急机制。尤其是疫情发生在放假期间，更是添加了组织反应、处置的难度。

第二，馆购资源的组织、整合和集成不足。由于事发突然，不少图书馆对馆购数字资源的推送，基本上是跟着数据库商的步伐走，没有从读者使用的角度，对资源进行基本的判断。即使对推送内容进行汇总，也是简单汇集，只做到按照学校各学院对数字资源进行组织归类，没有对数字资源按照学院的一级

学科、二级学科进行进一步的整合，更谈不上从专题方面整合下功夫，针对特定的学科和读者进行推送。

第三，读者线上使用数字资源的能力差异较大，信息素养培训亟待加强，培训内容也要不断改进和完善。目前，高校图书馆使用的数据资源和信息素养培训课程大都相似，而根据教学科研的不同需求，有针对性的培训课程少。介绍数据库使用方法的多，而对于读者用来处理大量数据、制图设计和撰写论文的学习类工具软件的指导少。

第四，互动不够，反应不及时，服务的针对性还有较大的提升空间。图书馆的线上服务使得图书馆和读者处于全时空的互动状态，不过限于技术和组织架构以及人员配置，事实上图书馆和读者还做不到这种全时空互动，尤其在疫情期间各种各样的限制更甚于平时。这种互动的不畅，使得服务的针对性大打折扣。

第五，对线上教学的配套服务准备不足。迄今为止，高校图书馆鲜有建立自己学校的电子教材平台，对线上教学教材的资源保障，大多停留在信息提供层面上，即使获得了电子教材，由于没有平台，也无法及时快捷地传送到使用者手中。

针对高校图书馆在这次疫情中暴露的上述问题，我们既要按疫情管控要求来改进和完善图书馆线上服务，也要从长远考虑来推进线上服务的改进和完善。因为，现代网络通信技术的快速发展，为图书馆线上服务提供了可靠便捷的技术手段，同时，师生的阅读与利用信息资源的习惯发生了很大变化，使用PC和移动终端获取信息资源已成为常态。线上服务将越来越成为图书馆的主导性服务。具体而言，我们建议采取以下措施来改进和完善图书馆线上服务。

第一，图书馆要建立相应的突发事件预警和应急反应机制。从组织架构、技术保障、人员设置、岗位职责、触发条件、应对预案与措施等方面，建立规章和制度。定期举行不同范围的演练，培养和提高全系统工作人员的应急反应意识和能力。

第二，应加快将图书馆的发展重心向线上服务转移，以适应未来图书馆的发展方向，更好地为教学科研服务。要借助新的信息技术，重组和整合图书馆管理及服务元素，重新定位图书馆工作格局。当前要加强资源信息获取、资源信息组织和结构化与非结构化信息集成工作，加快文献信息服务信息化建设。在人、财、物等资源配置上向线上服务倾斜。对馆藏纸质资源不断地进行电子化、数字化，与电子资源数据整合、集成，形成规格统一的馆藏资源，使得读者能够通过同一平台便捷地使用图书馆资源。这样即使再次面临疫情这类公共安全事件，大家也可以基本上和平时一样享有图书馆的各类服务。

第三，增强在线服务保障与服务能力。尽快建立完善图书馆线上服务硬件系统与服务手段，确保数字资源 24 小时全天候服务，全天候监控数字资源运行状态，加强机房、网络和服务器的维护，排查各类隐患，保证图书馆信息系统正常运行。

拓展馆藏数字资源的校外获取途径，积极与数据库商联系沟通，精选可直接使用的数字资源。争取数据库商的配合，按照学校的教学计划、科研发展各个阶段的需求，开展一系列资源推广活动。建立电子教材管理平台，结合教务部门，形成学院—图书馆—出版社的专业选书团队和 PDA 驱动机制。

要从数据库丰富的资源内容着手，发现、发掘和揭示出更多的信息和资源，让读者能得到更多的资源线索和获取渠道，从而提升图书馆资源服务的层次和内涵。

第四，利用大数据分析，提高服务的针对性、精准性和有效性。通过资源使用日志统计、读者兴趣分析和服务应用统计等，直观地了解资源使用情况以及读者的阅读行为兴趣、哪些项目受欢迎、哪些项目使用率低，为提供更好的信息服务内容，及时调整服务内容提供参考。

细分服务对象，对学习、教学科研以及不同学科和专业的读者，运用大数据分析，提供不同层次和不同专题的精准服务。配合“双一流”建设，针对重点学科，结合学科馆员制度，提供特色服务。

第五，建立常设培训平台，加强供需互动，提高读者线上信息资源使用能力。图书馆线上服务的发展，既为读者带来了丰富的信息资源，但如果读者不熟悉使用方法，面对“金矿”也只能望而兴叹，所以要建立常设培训平台。平台既要有系统性培训，也要有分解专题培训，以提高读者使用图书馆线上服务的能力。除了必需的培训外，还要借助网站、微信、微博和 QQ 等新媒体，与读者建立实时互动，及时回复、解决他们问题，在方便读者的同时，也提高了资源的利用率。

第六，改善馆员结构，适应图书馆线上服务的发展。面对图书馆线上服务的快速发展，需要有大量具备较高信息素养和计算机应用能力的馆员。一方面要引进补充研究生以上学历，具有计算机技术和丰富信息素养的人才；另一方面要对现有馆员进行专业性的知识技能培训和职业培训，更新他们的知识储备，提高他们的信息素养和综合素质，以适应图书馆线上服务的迅速发展。

线上服务是今后高校图书馆的主导发展方向，尚有不少新的技术、新的服务模式需要我们去研究和摸索。

参考文献：

[1] 刘锦德．信息高速公路——有关的定义和技术进展［J］．计算机应用，1995（2）：1-5.

[2] 穆卫国．高校图书馆强化线上服务体系建设的思考［J］．高校图书馆工作，2020，40（197）：79-83.

[3] 郭玮，王睿，王勇．新冠肺炎疫情期间大学图书馆开展线上服务的思考［J］．高校图书馆工作，2020，40（197）：71-74.

[4] 黄如花．从重大突发公共卫生事件的应对谈信息素养教育的迫切性［EB/OL］．［2020-03-02］．https://baijiahao.baidu.com/s?Id=1660011661761550881&wfr=spider&for=pc.

“双一流”背景下的高校图书馆流通服务创新

沈菊霞

（华中师范大学图书馆，武汉，430079）

【摘　要】 高校图书馆流通服务在新技术、新工作模式、新服务内容及新的空间需求的冲击下，在“双一流”建设压力下，必须要谋求服务创新。本文探讨了“双一流”背景下，高校图书馆流通服务创新的一些具体方式和措施。

【关键词】 “双一流”　高校图书馆　流通服务　冲击　创新

流通服务是高校图书馆最基础的服务，是和读者交流最频繁的服务，是最容易了解读者需求和意见的服务。然而在“互联网+”和新技术、新媒体蓬勃发展的环境下，传统的流通服务受到的冲击也最严重。现在国家为了建设教育强国，提出了创建世界一流大学和一流学科的目标。为了争创“双一流”，各大高校都不得不重新布局规划，持续深化改革。为了契合高校的“双一流”建设，高校图书馆的流通服务既要做好资源保障，更要进行服务创新。只有服务创新，馆员自身才能进步，图书馆才能发展，才能为学校争创“双一流”发挥应有的作用，实现共赢。

1　传统流通服务面临的挑战

1.1　RFID 新技术的冲击

高校图书馆流通服务是图书馆以读者为服务对象，以馆藏文献为服务手段，通过一定的服务方式向读者提供文献资料以满足知识信息需求的过程。传统的流通服务主要是以人工服务方式为读者提供图书的借阅服务，服务手段和服务方式比较单一，所以在使用 RFID 新技术之前，传统的流通服务在高校图书馆中占据重要地位，是全馆工作的重心。随着 RFID 技术的运用，图书的流通也转向了自助借还，读者对流通服务馆员的需求大大减弱[1]。而数据库和电子图书的大量购置也使纸质图书的流通率逐年下降。自助借还系统大大减少了流通服务馆员的体力劳动，开架模式给予读者更多自由的同时也解放了馆员。这些变化似乎让传统的流通服务馆员显得可有可无，其他部门的馆员对流通服务馆员有看法，馆领导层也认为流通服务馆员的工作量过少。这种错误的认识直接导致传统流通服务的地位急剧下降。流通服务馆员队伍结构老化，普遍年龄高、学历低，进来的少、退休的多，保守有余而创新不足。

1.2 新的工作模式的冲击

针对家庭经济困难的大学生，很多高校成立了专门的学生资助中心，通过设立奖学金和勤工俭学岗位来缓解这些贫困生的经济压力，帮助他们顺利完成学业。高校图书馆因需求量大而成为这些大学生勤工俭学的重要平台，这也导致现在高校图书馆的工作模式发生了变化，由原来的馆员为主的工作模式发展成现在的以馆员为主、学生助理为辅的新的工作模式。同时社会实践的要求也让高校志愿服务遍地开花，高校图书馆成为大学生志愿服务的重要平台，而志愿者服务也以传统流通服务为主。在学生助理和大学生志愿者的大力参与下，传统流通服务馆员的业务工作也发生了极大的改变，由传统的以管理图书为主转变为以管理学生助理、读者和大学生志愿者为主，由以单纯的图书上架整理工作为主转变为复杂多样化的管理大学生工作为主。

在新工作模式的影响下，新的业务也产生了。包含有学生助理的招聘、培训、考核，还要应对学生助理的频繁流失；包含有开架模式下大学生读者文明阅读行为的引导，读者占座的处理等；还包括大学生志愿者的统筹安排、任务对接和志愿服务管理。这些新的业务需要流通服务馆员们耐心适应，不断完善管理制度和业务流程。

1.3 新的服务内容的冲击

高校图书馆作为情报信息部门，对新知识、新技术、新服务的挖掘与应用也是反应很迅速的。新技术、新系统不断上马，学科馆员制度、学科服务和机构知识库已在大多数高校图书馆推广。近几年的阅读推广服务更是热闹非凡，微信、慕课、微课也是大受读者欢迎。新的服务内容和服务项目有新的活力和创造力，更有显示度，能快速吸引读者眼球，也更能代表高校图书馆工作的亮点。这些新的服务内容越发凸显了传统流通服务的陈旧落后与平淡无奇。

1.4 新的空间需求的冲击

新时代的大学生不仅对高校图书馆的文献资源有很高的要求，还对图书馆空间的设计与改造有自己独特的见解与期望。大学生读者希望图书馆有充足的阅览座位，更多休闲舒适的空间，还要有创客空间、合作学习空间。但这些新型空间需求会挤占书架和书库的面积，在书库空间难以保障的形势下，图书上架整理越来越难，图书倒架次数更频繁，从而导致流通服务馆员工作量和劳动强度的增加。而传统空间设置又减少了读者阅览和休闲空间，会加剧读者占座，从而增加流通服务馆员管理的难度，不仅读者之间容易发生争执，馆员和读者之间也会产生矛盾。

2 流通服务创新的必要性

传统流通服务的地位日益下降，作为流通服务馆员应该有强烈的危机感和紧迫感，应该顺应新时代的要求，主动思考努力创新。正因为流通服务是图书馆最基础的服务，只有流通服务做好了，才能让图书馆腾出更多的人力、物力去开拓新型业务和服务，传统流通服务是高校图书馆做好学科服务和阅读推广及社会化服务的重要保障。在“双一流”建设背景下，高校图书馆工作重心也会向学科服务倾斜、为一流学科助力。流通服务应该优化学科资源配置并创新服务内容和形式，为学校“双一流”建设做出应有的贡献。流通服务馆员应该有清醒的认识，不要妄自菲薄，也不要甘于平凡放弃创新。创新也是改革的一部分，必然要经历一个阵痛期。在一系列新技术、新业务、新服务的冲击下，流通服务唯有创新才能焕发新的活力，才能融入“双一流”建设的事业当中。

3 流通服务创新的措施

3.1 成立项目组，带动馆员整体发展与进步

流通服务要创新，首先要调动流通馆员的创新意识和工作热情。一部分流通馆员资历深，熟悉全馆多个部门的业务工作和流程，了解本校优势学科和研究方向，也知晓流通服务症结所在，但又耽于袭旧，不想创新不想变革。另一部分年轻的流通服务馆员，希望工作创新，实践新的知识新的服务手段。这两种力量以项目组形式进行组合，将极大地发挥出人力资源整合的优势，新老能量结合，经验与变革贯通，从而带动更多流通服务馆员去创新达到以点带面的良好效果。

流通服务创新要重视借阅数据分析，了解读者需求[2]。可以在资深副研究馆员的带领下，发动年轻馆员，通过人工搜集和系统调阅保存本图书阅览的数据，结合同种类型图书外借的数据，对比此类图书新书入藏数据，综合进行数据分析以期发现读者利用纸质图书的规律，为资源配置提供一定的依据，保障一流学科资源并带动重点学科建设。

3.2 打造一站式服务，培养万事通型馆员

虽然RFID新技术和自助借还剥夺了流通馆员借书还书的工作任务，但读者对自助设备的询问和对自助借还异常问题的无助也为流通服务馆员开拓了新业务，这也要求从事传统流通服务的馆员必须去接受和熟悉这些新技术、新问题。随着数据库和电子图书包括 kindle 的大量购置，读者对这些电子资源的选择也需要流通服务馆员去宣传并做有针对性的推荐。现在国际化趋势越来越

显著，来中国的留学生也更多了，这些留学生来到图书馆，也希望有懂外语的流通服务馆员为他们提供服务。

新的流通服务台应该是一站式服务平台，能帮助读者查找纸质图书，没有馆藏的能够推荐电子图书或数据库，能排除简单的机器故障让自助设备恢复正常，能向读者解答图书馆的新业务及联系人方式，能缓冲读者和图书馆之间的矛盾，能耐心接待幼儿园参观团，也能用英语服务于留学生读者。新的流通服务馆员应该是万事通型的馆员，能够满足读者常规的咨询。对于一流学科院系的师生在文献资源方面的需求，流通馆员更应该快速并从简办理。

3.3 追求精细化工作，完善流通基础化服务

流通服务作为基础服务，在实现了新技术新设备更新的前提下，服务创新应追求工作精细化、人性化。学科馆员服务以专业服务深层次服务为目标，而流通服务直接面对读者，应该对读者在馆内的所有问题提供细致化的服务和管理。高校图书馆读者满意度是评价流通服务质量和水平的重要指标。例如日常性的图书纠错整架，减少读者找不到书的概率；书库优化与文献调拨，保障读者在书架上找到流通率高的图书；关注免费资源和馆内试用数据库，及时向读者推介；提供中外文对照式的温馨提示或使用说明，让留学生感受到图书馆的人文关怀；在读者日常管理中，执行刚柔相济的原则，既要宣传图书馆文明阅读的系列管理规章制度，又要根据读者实际情况实行人性化管理，注意换位思考，真正贯彻“以读者为中心”的流通服务理念。对于有多个校区的高校图书馆有必要建立跨校区的借阅平台，通过网络预约实现跨校区借阅，就近还书，流动书车代劳免去读者跨校区奔波，让读者省心、省力[3]。

3.4 坚持特色书展，促进大学生阅读推广

自从国家倡议全民阅读以来，阅读推广活动在理论和实践上都得到了突飞猛进的发展。各大高校图书馆也以竞赛、讲座、征文、书评、读书会等多种形式开展针对大学生的阅读推广。有的图书馆成立了专门的阅读推广部，有的由学科馆员负责组织阅读推广。流通部凭借庞大的纸质资源可以开展不同主题的书展。比如，针对大一新生，可以搜集上年度全校借阅排行榜上榜图书，可以向各专业借阅达人寻求书单，把这些纸质资源整合在一起于新生军训期间开展新生导读工作，为其大学四年的学习、生活打下阅读基础，开启良好的阅读习惯。针对高年级大学生可以开展考试、实习、论文写作、留学、就业等主题的书展。针对一些重大事件或纪念日开展一些主题书展，如庆祝中华人民共和国成立七十周年的书展等。针对一些节假日可以开展一些活泼有趣的书展，如年俗展，可以结合剪纸、写春联、送春联，这也是大学生喜闻乐见的。针对本校

的一流学科和重点学科，可以开展一流学科专家教授成果展，让广大师生知晓本校的“双一流”建设成果和目标，增强学校的集体荣誉感。

3.5 盘活图书馆多种资源，为读者谋福利

流通服务掌握有丰富的纸质资源、光盘资源和空间资源，创新流通服务就要充分考虑读者的利益，盘活这些资源。每年毕业生捐赠的专业教材和辅导书就是一笔源源不断的财富，图书馆可以让这些图书在读者之间流转起来，既节约了资源又避免了读者在高峰期借不到专业书的情况，从而让环保节约的风气在校园内代代相传。多余的随书随刊光盘和赠刊可以拿出来让读者自由挑选，自行登记，发挥图书馆育人功能。还可以拓展学习支持服务的新空间，可以是个人自主学习空间，也可以是团队合作学习空间或创客空间，既能组织学长师长对某些方面学习有困难的读者进行辅导，也能动员专业学科馆员对有需要的读者进行指导，从而锻炼大学生的交流与合作能力，让图书馆真正成为大学生的第二课堂[4]。可以请一流学科的专家为研究生做研究方向的选择及课题申报方面的讲座，更好地发挥学科优势，促进人才梯队建设。

3.6 开拓视野，为流通服务注入新的活力

新生入馆培训及信息素养教育的效果对流通服务的影响是显而易见的。做好了新生入馆教育将为学生充分利用图书馆及流通服务正常顺利开展打好基础[5]。各大高校图书馆也不断创新新生入馆教育，除了学科馆员分院系讲解，还有实地参观指导，现在更流行通关游戏，让新生在游戏中熟悉图书馆在题目中检验自己，有的还设计了立体实景参观图。流通服务不能只局限于借阅服务，要主动融入新生入馆培训及信息素养教育。因为流通部直接服务于读者，对读者的需求、建设甚至是投诉了解最多，完全可以结合读者常见问题编写新生入馆指南，根据服务经验精准设计，让指南发挥指导作用。流通服务可以组织新生借还书比赛，笔试与场地比赛结合，理论与实践结合，让新生快速掌握基本的借阅技能。

4 结语

流通服务作为图书馆最基础的服务，其服务质量直接决定了图书馆的形象。一般来说，流通服务质量的评价包括馆藏资源、队伍建设、读者服务、读者环境设施满意度、资源完备性满意度和获取服务满意度6个核心指标[6]，在“双一流”建设背景下，我们可以再加上“双一流”建设贡献值这个指标了。图书馆的发展是与时俱进的，流通服务只有不断创新才有立足之地，才能为图书馆的进步和学校的“双一流”建设做出应有的贡献。

参考文献：

［1］曾婧．基于RFID技术的高校图书馆流通服务模式创新［J］．河南图书馆学刊，2016（1）：47-49.

［2］胡书靖．网络环境下高校图书馆流通服务创新研究［J］．内蒙古科技与经济，2016（2）：146-147.

［3］豆剑香．西部地区高校图书馆流通服务创新与实践［J］．图书情报，2014（7）：122-123.

［4］张诗博．美国高校图书馆大学生学习支持服务的特征及其启示［J］．图书馆理论与实践，2018（1）：83-88.

［5］何海霞．浅谈地方院校图书馆流通服务工作［J］．内蒙古科技与经济，2018（1）：122-123.

［6］田丽娜，聂玉敏．高校图书馆流通服务质量评价体系研究［J］．图书馆论坛，2013（3）：136-140.

基于高校图书馆微信公众号的信息素养教育服务研究

——以华中师范大学图书馆为例

梅　雪　方　虹

（华中师范大学图书馆，武汉，430079）

【摘　要】本文以华中师范大学图书馆为例，利用图书馆微信公众号从开展新生入馆教育、开展阅读推广活动、进行检索培训课等三个方面，研究其在高校信息素养教育服务中的作用，并提出由于微信公众号独有的便捷性、易传播性和教育的非正式性，它可在今后信息素养教育服务中拓展使用。

【关键词】高校图书馆　微信公众号　信息素养教育服务

新媒体时代，微信公众号在高校图书馆得到了普遍的发展和应用。高校图书馆的微信公众号主要以以下几个方面为其推送的主要内容：图书馆的资源与服务介绍、图书馆开展的活动发布、培训与讲座内容发布、图书馆使用与数字资源的使用方法介绍、与图书馆相关信息的发布。

以华中师范大学图书馆为例，我馆自 2015 年开通了微信公众号，并组成了新媒体团队，树立了“绿色、知性、博雅”的微信公众号形象，并先后两次获得学校的新媒体十佳称号。除了日常发布各种图书馆相关内容外，还提供了馆藏查询、热门图书、好书推荐、公开课、一网读尽、阅读推广等资源服务，特别是在今年疫情的特殊情况下，更是加强和完善了我馆的预约功能，更好地服务广大师生读者。

信息素养教育是高校教育的一项重要内容，是学生能力培养的基础课程，也是学生终身学习的核心素养。这其中，图书馆对于读者的信息素养教育服务更是其中的重要组成部分。

本文以华中师范大学图书馆为例，从三个方面来探讨其对高校信息素养教育服务的作用：

1　利用微信公众号开展新生入馆教育

每年的九月开学季，图书馆都会对新生进行入馆教育。目的是让我校新生从入学的第一天起，走进图书馆，认识图书馆，充分利用图书馆的资源与服务。新生入馆教育涉及的内容包括：图书馆的历史、资源概况与服务，图书馆的楼层布局索引，图书馆设备的操作流程指南，以及读者常见问题答疑等等。

与之相对应的，华中师范大学图书馆微信公众号也会推出一系列的内容，例如2017年的《萌新图书馆修炼手册》，2018年的《先网上培训，后开通借阅权限》，2019年的《馆长寄语，致2019桂子山新生》《新生必读｜萌新图书馆修炼手册》《@2019级本科新生，图书馆借阅小课堂开课啦！》，这些都是通过微信公众号，以线上的形式，向新生及时推介相关知识并答疑。

通过这些图文并茂、全方位的介绍，小图（读者对图书馆微信公众号的亲切称呼）在新入学的同学中树立了暖心、贴心、知心的形象，帮助大家完成了走进图书馆的第一步。

2 利用微信公众号开展阅读推广活动

阅读推广作为一项提高读者阅读素养、增强阅读乐趣、打造书香校园的活动，已经成为高校图书馆的核心业务。阅读推广在我馆得到了很好的开展，活动举办得有声有色、丰富多彩、形式多样，吸引了广大学子的积极参与。我馆并因此获得湖北省大学生全民阅读示范基地的荣誉称号。

在信息技术飞速发展的今天，新媒体更是成为阅读推广的强大助力，密切嵌入阅读推广工作中，与阅读推广工作基本可以说是息息相关、密不可分，互相推动发展。

“文华公书林讲坛”和“经典阅读——师生共分享”是我馆在阅读推广方面的两个品牌栏目，长期开展，并获得师生的一致认可。另外，我馆还成立了风雅读书会，不但定期组织读书，同时还有读书打卡这类互相促进的活动；开展了“风雅趣联、福送万家”、掌上诗词大赛这类富有特色的活动。

为此，微信公众号围绕这些活动，分门别类地进行了推送：

（1）讲坛、阅读讲座类的活动：讲坛、阅读讲座是高校图书馆的常规活动，嘉宾一般是知名学者、教授，在各自的领域深研，有一定的知名度，内容也一般是与经典阅读有关，深受读者欢迎。对于这一类的活动，微信公众号一般是以通知的形式发出，例如《讲座预告｜文化公书林讲坛：唱响中华诗词经典》《文华公书林讲坛｜乾隆与〈四库全书〉》。

（2）大赛类的活动：大学生精力充沛、求知欲旺盛，同时也十分愿意在各个领域展示自己的阅读成果和风采。为此，以图工委为主办方的全省大赛活动，以及我馆组织的以全校大学生读者为对象的比赛活动也是不少，这些活动层次齐全、活动面广、种类繁多，满足了大学生们多样化的参赛需求。微信公众号也是通过各种引人注目的标题以及活泼的参赛口号，吸引广大学子们的参与。同时，对于大赛的获奖情况，也有相应的报道，同样也吸引了学子们的目光。

(3) 读书打卡类的活动：为加强书香校园建设，倡导多读书、读好书，在大学生中保持良好的读书风气，我馆在读书打卡类的活动中投入也不少。首先是成立了专门的风雅读书会，由负责阅读推广的馆员作为指导，学生组成读书会成员，定期开展读书活动，我们的微信公众号也会定期对此类活动作出报道。为提倡坚持读书、读出成效的读书打卡类活动也不少，我馆微信公众号也及时推出，并精选书评影评推荐。

(4) 疫情期间推出的特别活动，阅读战疫：疫情期间，图书馆推出了"'疫'起读书，'e'线战疫"系列活动，助力大家宅家抗疫，科研、学习两不误。这期间，阅读推广活动大部分从线下形式转到线上，也就更加依赖于图书馆微信公众号的传播。

这些活动主要包括："新冠防控知多少"知识普及系列活动；"关于武汉和疫情的记忆"征集系列活动，面向广大师生征集抗疫相关的日记文章、书信、摄影、海报作品等；"芸窗共读·武汉"读书活动；同时，还积极承办和组织了一系列竞赛，包括承办湖北省高校"生命·战'疫'"书评影评大赛，组织参与中国图书馆学会举办的第二届大学生"悦读之星"读书演讲风采展示活动，以及湖北省高校图工委举办的"勇往职前·大学生就业技能与知识竞赛"等比赛。这些活动都在图书馆微信公众号线上推出，起到了传播正能量、振奋人心的作用。

(5) 其他富有特色的活动：每年，我馆都会推出一些特色活动，吸引广大读者们的参与，并且取得了不错的成效。这些活动我们也在微信公众号作了推广，例如《风雅趣联、福送万家——华中师范大学楹联文化系列活动》《我们毕业啦！毕业留言墙照片征集活动》《阅读夏令营｜一个让你暑假也不放弃学习的励志活动》等。

3　利用微信公众号开展检索培训课程

检索培训课程分为两大类：数据库的培训和检索技巧方面的课程培训。前者主要包括：中外文数据库使用方法介绍、计算机检索原理与技巧、学位论文写作格式及方法、专业文献信息资源及检索方法等。后者主要包括：文献信息检索基础知识、基本原理、方法与技能，各种信息产品、各类数据库结构、功能、使用方法介绍。该类培训主要由我馆参考资源部负责，并配备了高职称、高学历的馆员，高质量、高效率地为读者提供专业对口的培训与服务。

对于这方面的课程，我馆微信公众号主要以推送、发布此类培训信息为主，视频方面的课程主要还是放在馆网上，方便读者回看。

疫情期间，我馆更是加强了这类线上资源的推送力度，以几乎每天一条微信的频率，从VPN的使用、帮助老师建网课、免费学术资源汇总到疫情科普类文献、毕业论文专题，结合后台读者咨询的问题，将网上可获取的资源全方位、最大限度地提供给读者用户。

高校图书馆用户的信息素养教育服务工作是提高图书馆馆藏资源利用的重要工作。高校大学生的需要与新媒体环境的变化决定了高校图书馆的用户信息素养教育也应与以往有所不同。由于微信公众号的便捷性、及时性，方便广大读者用户碎片化地利用时间获取这方面的教育内容，也是为大学生年轻群体所易于接受的形式；同时，由于微信公众号在教育形式上的非正式性，也是线下正式教育的良好的、有益的补充，读者在选择接受教育内容方面也有较大的自主性。

在如何为大学生读者提供更加切合他们实际需求的内容和服务，如何嵌入阅读推广活动，增加与读者的互动性，加强图文视频内容的丰富性方面，我们在拓展微信公众号服务于高校用户的信息素养教育方面，还有更多的工作要去做。

参考文献：

[1] 朱立红. 高校图书馆经典阅读推广探析——以华中师范大学图书馆为例 [J]. 河北科技图苑，2017（5）：62-63.

[2] 徐春，张静. 新型环境下高校图书馆多途径信息素养教育模式研究——基于“985工程”院校图书馆的调研 [J]. 图书馆研究，2017（5）：91-95.

[3] 徐春. 基于微信公众平台的大学生信息素养培养模式研究——以中国药科大学图书馆为例 [J]. 用户研究与教育，2015（6）：104-107.

论高校图书馆读者服务工作与创新

陈立新

（华中师范大学图书馆，武汉，430079）

【摘　要】 本文分析了高校图书馆读者服务工作存在的问题，提出了图书馆必须开展读者个性化特色服务，馆员必须提高自身职业素养，运用先进的服务理念，探究读者的需求，有针对性地改进读者服务工作，促进图书馆读者服务工作的全面发展。

【关键词】 高校图书馆　图书馆员　读者服务

“读者第一，服务至上”是高校图书馆的服务宗旨，图书馆的各项工作都是围绕着读者服务进行的，读者服务工作做得如何，反映出一所高校图书馆的办馆水平。随着互联网技术和计算机技术的不断发展，图书馆提供的各种电子文献资源也越来越丰富，读者获取文献信息的方式更加便捷多样，读者甚至不需要亲自到图书馆就能实现对文献的查阅和搜集，可以通过图书馆网站、社交网络平台、电脑终端及手机等途径。

高校图书馆的传统服务模式已经无法满足现阶段教师和大学生读者的阅读需求。随着互联网技术的不断深入发展，高校图书馆原有的纸质文献资源以及信息服务模式受到了巨大的冲击和挑战。读者需求的不断增加也在一定程度上推动了图书馆读者服务工作的不断发展、创新和完善。在此过程中，高校图书馆正逐步实现以藏书为中心的被动服务模式向以读者为中心的主动服务模式转变。

1　高校图书馆传统读者服务模式面临的问题

目前高校图书馆的读者服务工作还存在一定的问题，所以要想在“互联网+”的背景下，提高图书馆读者服务水平，必须转变传统的服务模式，并找到有效的方法来解决问题，促进高校图书馆读者服务水平的发展与完善。

1.1　图书馆传统服务模式文献利用率低，服务方式单一

目前高校图书馆的纸质文献借阅、资源采购、文献编目等基本业务仍采用人工操作，耗时、费力，影响文献资源的流通效率。很多高校图书馆的电子资源建设与服务和学科建设衔接不紧密，电子资源不丰富，利用率不高，高校图

书馆之间的电子资源不能共享，渠道不畅，这些服务模式的滞后直接影响着图书馆服务的输出。

现阶段我国许多高校图书馆纸质文献的利用率较低已经成为普遍现象。图书馆文献资源是其服务的基础，藏书建设的质量直接影响图书馆藏书利用率；目前，许多高校图书馆的藏书建设仅是为提升藏书量，未曾根据读者需求进行收藏，导致高校图书馆藏书中仍然以老版主流图书为主，内容新颖的图书藏书量严重不足；由此导致高校图书馆纸质文献利用率较低，难以满足读者的需求。随着我国信息技术的不断发展，在“互联网＋”的模式下，图书文献资源给读者带来更加便利的查阅方式，相对于纸质文献在存储及阅读费用方面都相对更加节省。

高校图书馆是大学生、教师及科研人员获取公共知识文献资源的场所。但是许多高校图书馆目前所具备的主要服务内容仍是围绕文献借还、参考咨询服务、数字资源利用等，这样的服务内容通常简单单一，对于深层次的读者服务开展相对欠缺，无法满足高校图书馆读者的服务需求。尤其在现阶段“互联网＋”的背景下，读者更多地选择从网络获取知识，而把图书馆主要作为自习的场所，导致高校图书馆的正常服务功能及作用等诸多方面无法发挥。

随着高校对学科建设不断加强，高校教师和大学生读者对科研、教学和学习的需求不断增加，特别是随着“互联网＋”时代的来临，传统高校图书馆的运营模式已经无法适应读者对图书馆各项服务的需求。

1.2 图书馆员的服务观念滞后

高校图书馆每天接待的读者人群主要是大学生和教师，图书馆员的服务质量水平直接影响着图书馆的形象。传统高校图书馆的日常服务较为简单，仅局限于文献资料的借阅、流通、保管维护及服务，图书馆服务属于被动型服务。图书馆员服务观念滞后，服务态度较差，没有认识到图书馆工作的重要性，对图书馆员的技能和专业方面培训不够，服务理念比较落后。许多高校图书馆仅仅是注重对相关文献资料的收藏，未能较好地利用文献进行专业教育，图书馆对数据分析及管理等相关知识的应用更是无从谈起。

1.3 缺少以读者需求为导向的特色服务

在网络日益发达的今天，图书馆所提供的各种文献资源越来越丰富，读者甚至不需要亲自到图书馆就能实现对文献的查阅和搜集，但并不是所有图书馆员都能为读者及时提供各类文献资源和指导他们有效地获取利用现代信息资源；馆员和读者之间的沟通渠道单一，无法及时地解决读者在查阅过程中所遇到的各种问题，导致读者查阅文献过程中会耗费过多时间、精力，严重影响了图书馆读者服务效果。

2 高校图书馆的个性化特色服务

图书馆的人性化服务，是一种以人为本的服务理念和方式，要求图书馆从硬件环境到软件环境、从内容到形式，时时处处全方位、多角度地为读者提供以人为中心的服务，它是现代图书馆开展人性化服务最充分的体现。

2.1 建立读者需求反馈机制，优化服务水平

读者是高校图书馆的主体，读者需求是图书馆发展的动力，为读者提供高效优质的服务是高校图书馆的根本目标和宗旨；想要实现这一点必须改变以往传统陈旧落后的管理理念，建立读者需求反馈机制，重视读者反馈平台的建设管理及有效反馈内容的处理与落实。图书馆员在工作中要牢固树立全新的以读者为中心的服务理念，科学地为读者服务，尽自己最大努力帮助他们排忧解难和消除疑惑，满足读者的求知欲，提高读者查找馆藏文献资料的效率；通过听取读者合理的意见和建议，不断完善图书馆服务体系，提升读者服务质量。

2.2 合理的图书排架布局

图书馆在布置图书位置时，既要考虑按中图法分类，又要根据读者的借阅规律和习惯，把那些流通次数频繁的图书尽可能地放置在书库和书架醒目的位置；另外，图书馆要充分为读者借阅着想，书架顶层和底层不方便取书的地方可以少放一些图书，也不要将图书放得过于拥挤，以免影响读者查找。合理的摆放图书可以节约读者的查阅时间。

2.3 创造条件满足读者的个性化需求

在“互联网＋”时代，读者对于信息服务需求和阅读需求越来越多样化、人性化、个性化，读者有获得最好的图书馆服务的权利，图书馆员有提供最好的图书馆服务的义务，要充分考虑读者的利益需求，不断主动创新服务方式和方法，根据读者提出的明确要求提供服务，或者通过对具体读者个性、使用习惯的分析而主动向读者提供其可能需要的服务；为读者提供一个展现自我、张扬个性的窗口，帮助读者培养个性，发现个性，引导现有读者或潜在读者的新的个性化需求。

高校图书馆可根据教师和大学生读者在教学、科研、学习、娱乐等方面不同的层次和偏好，按照读者的特性建立个性化服务机制，设计读者所期望的个性化服务模式，提供具有针对性的知识内容和系统，让读者可以在任何时间、地点方便地获取所需要的知识信息，以最少的成本和时间得到最大的知识收益，为读者提供个性化的完美体验。

3　高校图书馆读者服务工作的发展与创新

读者不仅仅需要图书馆提供文献的借阅功能，更希望图书馆发展文献信息化功能，利用信息技术构建检索程序，挖掘专业图书检索功能，以此满足现阶段读者对个性化服务的需求。

随着互联网技术的发展，高校图书馆有必要创新工作服务意识，以满足读者的根本需要作为自身工作的首要目标，摒弃传统的工作模式，为读者提供最为舒心的服务，协助读者寻找各种文献资料。

3.1　加强图书馆员与读者的沟通

高校图书馆在发展中应该加强馆员与读者之间的交流，以此能够使双方了解对方内心想法，从而使馆员为读者提供优质的服务，使读者对馆员产生全新认识；在图书馆日常工作中，馆员如发现部分读者有不良的阅读行为，应及时与其沟通，并对其教育，以此提升服务意识，避免不良事件发生。

3.2　提升图书馆员的业务素质

随着时代的发展，对图书馆员专业技能和综合素养提出了越来越高的要求，如图书馆各类馆藏文献数字化平台、微信服务平台和网站平台的日常使用与维护以及各种工作的开展，已经越来越离不开网络信息，这就要求馆员具备熟练掌握网络检索技术和计算机操作技术的能力。

在为读者服务过程中，图书馆员应当虚心求教，耐心听取读者对图书馆服务工作的建议和意见，根据读者的不同需求，进行有针对性的服务，及时了解读者的阅读倾向，最大限度满足读者对文献信息需求。

高校图书馆应对图书馆员经常进行专业系统培训，使其能够加强工作责任意识，提升其服务水平及服务观念；定期对图书馆员进行素质培训，使其形成良好的职业素质，对读者进行优质服务；并对其进行信息教育培训，使其能够运用先进技术构建网络平台，对读者提供信息化服务，满足读者对个性化服务需求。

3.3　高校图书馆的创新服务

在现代高校图书馆管理的过程中，创新合理的服务理念非常重要，图书馆员有必要强化自身的创新能力，切实有效地贴合创新意识需要，只有这样才能创建出符合高校图书馆发展的新型服务模式。

在“互联网+”时代，高校图书馆读者服务创新网络化主要体现在以下两个方面：

第一，服务资源的多元化。如今，越来越多的读者倾向于利用手机、阅读器、iPad 等新兴媒体终端进行数字化阅读；高校图书馆可以对其拥有的纸质文献进行数字化加工转换，逐步建成以数字信息技术为核心的全媒体存储格局；读者可以通过网络利用电脑、手机等多媒体终端连接图书馆网站进行阅读，也可以把数字化阅读与传统文献阅读相结合，实现多元化阅读。

第二，服务形式的多元化。从服务对象上看，高校图书馆在服务到馆读者的同时，还可以为互联网远程读者提供服务，如利用数字参考咨询解答读者提出的问题，利用 QQ、微博、微信公众平台与读者进行互动交流。

从服务方式上看，读者除了能到馆借阅，还能通过电脑、手机、手持阅读器等设备查询文献信息，直接预约或下载相关资源。

从技术手段上看，高校图书馆致力于利用相关技术推动信息服务的智能化与自助化；实现在线检索及浏览图书、期刊和报纸，为读者提供自助借还服务，引进自助文印系统，方便读者进行文献转换。

图书馆可以开设咖啡屋，给读者学习之余提供休憩和讨论的空间，读者在这里可以互相畅谈交流学习活动，感受更加人文、充满现代化气息的图书馆，满足读者对充满活力和休闲阅读环境的需求。

高校图书馆还可以通过使用互联网社交工具，如微博、微信公众平台、海报展板等宣传方式，加强与学校活跃社团的联系与推广，让读者了解图书馆最新活动。

随着互联网技术的飞速发展，越来越多的高校图书馆都在加强自身的现代化建设，希望能够全面创新读者服务模式，以此来为读者提供更加充实丰富的阅读体验。因此，高校图书馆要不断地提升馆员职业素养，运用先进的服务理念，探究读者的需求，有针对性地改进读者服务工作，以便充分发挥现代图书馆的服务职能，提高读者对图书馆服务的满意度。

高校图书馆的管理理念必须坚持以人为本，图书馆员的服务工作重点应从馆藏资源转移到读者需求之上，馆员的职责不仅是管理各种图书，而且还要与读者产生交流互动，为读者提供更具时效性的信息帮助。互联网技术的快速发展为图书馆发展带来更多的可能性，馆员可以正确应用信息平台，开展更具特色的检索查询帮助，全面促进图书馆读者服务工作的优化与创新。

参考文献：

[1] 于静，杨雪晶．高校图书馆读者服务创新研究［J］．图书馆论坛，2007，27（4）：35-38.

[2] 覃连姣．论高校图书馆读者服务工作［J］．广西民族大学学报，2007（12）：227-228.

高校图书馆服务模式转型的新思考

邹　霞[1]　戴　泳[2]

（1. 华中师范大学历史文化学院；2. 华中师范大学图书馆；武汉，430079）

【摘　要】我们处在一个信息高速发展的时代，物联网、智能化、数字化、信息检索、数字出版等技术使文献信息的传播和利用发生了重大改变，传统模式的图书馆被深刻地改变，它不再是读者获取信息资源的唯一场所，这给图书馆带来了空前的挑战，同时也是图书馆转型发展的契机。本文从建立一个合理的文献资源体系入手，通过理念创新、管理和服务创新，阐述高校图书馆服务模式的转型。

【关键词】文献信息资源　创新　高校图书馆

我们处在一个信息高速发展的时代，物联网、智能化、数字化、信息检索、数字出版等技术使文献信息的传播和利用发生了重大改变，传统模式的图书馆被深刻地改变，图书馆不再是读者获取信息资源的唯一场所，人们获取文献信息资源可能首先想到的就是互联网搜索引擎，另外，还有大量的网络信息知识和多种载体的信息资料，这使他们淡忘了图书馆，使图书馆资源得不到有效的利用，给图书馆带来了空前的挑战。当然有挑战就必然会有契机。据中国互联网信息中心（CNNIC）发布的第45次《中国互联网络发展状况统计报告》显示，截至2020年3月，中国网民规模为9.04亿，互联网普及率达64.5%，手机网民规模为8.97亿，网民使用上网的比例达99.3%，网络也从现在的4G走向5G，人类社会进入高速发展的智能化时代。智能化的应用给图书馆的转型提供了技术支撑。因此，图书馆必须抓住这个契机，与时俱进，顺势而为，构建自己的核心竞争力，加快转型的步伐。

1　建立一个科学合理的文献信息资源体系

文献信息资源建设是高校图书馆建设和管理的核心组成部分，是衡量图书馆建设水平高低的标准。文献信息资源按照加工情况分，有一次文献、二次文献和三次文献；按载体形式分，有书写文献、印刷文献、缩微文献、音像文献、机读文献等；按学科范围分，有社科文献、科技文献等；按文献特征分，有图书、报刊、学位论文、会议资料、专利文献、科技报告、产品资料、科技档案、政府出版物和网络文本等。无论是纸质的、电子的文献资源，我们都要合理布局，使之形成一个多学科、多层次、优势互补的文献资源体系。

2016 年国家启动了“双一流”建设项目，2017 年 10 月，党的十九大再次明确提出“加快一流大学和一流学科建设，实现高等教育内涵式发展”，可见国家对“双一流”建设的重视。“双一流”建设的支柱就是学科建设，学科建设是高校发展、提升综合实力的关键，学科建设离不开图书馆，离不开文献信息资源支撑。随着学科建设的发展，文献信息资源也随之加快发展，我校图书馆对此也非常重视，经费投入大幅增加，每年的图书购置都在 10 万册以上；另一方面，对数字文献资源建设也越来越重视，投入力度不断加大，一些新的、大型的中、外文数据库不断引进，重点学科、重点领域多媒体电子资源更加丰富，这一点从华中师范大学图书馆网上就可以看到。数据库就有近百种：CNKI 中国博硕士学位论文全文数据库、万方中国学术会议论文全文库、万方学位论文全文数据库、CNKI 中国学术辑刊全文数据库等。据统计，这些数字资源的使用率高达 85%以上。另外，我校还有一些特色资源库，如华大文库、桂子文库、博士和硕士学位论文全文数据库、中国农村问题探究文献数据库等。这些越来越多的纸质资源和数字资源互通互用，让读者获得了最大便捷。但是，随着馆藏的不断丰富增加，我们的库藏面积不可能扩大，这就导致书库空间的紧张，尤其是一些理科方面的书，更新非常快，因此，我们还要做好图书的剔旧工作，不断优化馆藏资源。同时我们还要拒绝一些非理性购买，建立一个科学合理的文献信息资源体系。

2 图书馆服务模式的转型——理念创新、管理创新和服务创新

随着互联网技术的发展，物联网、数字化、智能化、大数据、云计算等技术也迅速发展起来，这些新技术带给图书馆的冲击和挑战是巨大的，同时也给图书馆带来发展的契机，图书馆唯有在这场挑战中知难而上，不断创新、不断超越，方能更好地发展。

2.1 理念创新

理念创新。以人为本、服务至上、读者至上是图书馆服务的宗旨。

图书馆要长远发展，馆员之间的和谐、馆员与读者的和谐是必不可少的，要实现这种和谐，就要坚持以人为本的理念。想馆员之所想，急馆员之所急，为他们解决工作、生活中的问题，关心呵护年轻馆员的成长；全面协调他们之间的合作关系，发挥他们工作的积极性和创造性，催生出他们强烈的使命感和

集体荣誉感。馆员与读者的和谐，对前来图书馆的读者，我们要做到笑脸相迎、主动热情接待，了解他们的需求，为他们提供咨询，满足他们的需要，让他们感到图书馆不只是冰冷的文献资源库，还有一群热情似火、和蔼可亲、充满智慧的馆员，是一个充满人情人性的文化中心，是一个温馨、安静、舒适的学习场所。要始终把读者的需要作为我们工作的出发点和落脚点，积极创新服务模式。要利用馆藏文献信息和信息网络系统，拓展我们的服务领域，使我们的服务深度与广度都得到延伸。丰富馆藏，加快信息化建设，实现信息资源共享，让信息资源得到最大限度的利用，从而也实现文献信息自身的价值。提供多样化、个性化的服务，满足不同层次的读者需求，吸引更多的读者到馆，保持图书馆的活力。

2.2 管理创新

在管理创新方面，要体现人性化关怀，实行管理人性化、制度严格化。领导要关心帮助馆员，及时解决他们工作、生活中的各类难题，解除他们的后顾之忧，让他们在工作中始终保持积极向上、愉悦的心情，那么他们会在今后的工作中给予回报；与馆员打成一片，多与他们交流，领导不要吝啬自己的微笑和表扬，这能激发馆员工作的热情和积极性，成为工作的一种动力。关心呵护年轻馆员，给他们搭建一个成长平台，为他们提供学习提高的机会，使他们尽快适应图书馆工作。但是，在涉及违反规章制度的原则性问题时，就应该回归到客观公平、公正的立场，绝不能掺杂个人私情，决不能把私人感情和规章制度混为一谈。加强规章制度的约束力，这是提高有效管理的保障。建立公平合理的竞争和奖励机制，通过每年的业绩考核，优胜劣汰，从而激发他们的工作热情和创新能力。

2.3 服务创新

服务是图书馆工作的主线。教育部颁布的《普通高等学校图书馆规程》明确规定，“高等学校图书馆是学校的文献信息中心，是为教学和科学研究的服务的学术性机构”，明确指出图书馆是一个服务机构。既然是一个服务机构，我们就有必要做好服务，创新服务，提供让读者满意的人性化、全方位、多层次的优质服务，满足各类读者的需要。

给读者提供一个宽敞明亮干净舒适的学习环境，馆内丰富的馆藏及各种先进的自助电子设备供读者使用，如24小时自助借还系统，读者可以在任何时间借还图书；自助检索系统，读者可以快速地查找到所需资源；文献信息资源共享平台，可以查到其他图书馆的馆藏资源；多媒体发布平台实时滚动播发图书馆信息，如新书通报、热门推荐、文献传递、课题服务、专题培训、学术网站推荐等，让读者全方位了解图书馆。

出于人性化考虑，很多图书馆都开辟了休闲阅读区。如我校图书馆阳光大厅，内设咖啡吧、西餐厅、电影厅、报告厅、博物馆等，还有文化走廊、读书吧、读书社等休闲阅读区，为读者营造了一个优雅的、放松心情、交流的场所，让他们感受图书馆也可以是如此的温馨，倍增到馆的愉悦。

除了图书馆丰富科学合理的馆藏、内部环境改善、设备更新、系统升级等各项硬指标都提升外，我们还要特别注重馆员素质的提升。高校图书馆服务的对象是教师和学生，是一个高素质群体，要服务于他们，我们馆员除了要具备图书情报专业知识外，还需具备各学科专业基本知识，因此，我们的馆员也要不断地学习充电，更新知识，扩大知识面，把自己塑造成一个具备较高素质的复合型人才。另外，互联网的发展使得各类信息资源量大增，这些信息资源有好有坏，良莠不齐，读者容易受其干扰，如何使读者从海量的信息中迅速而便捷地获取有价值的信息？这对我们馆员来说也是一个极大的考验和挑战，要从这些海量信息、数据中筛选、综合、分析、研究、整合，去其糟粕，取其精华，并深挖一些潜在的有效信息资源，使读者在查阅时快速准确地获得可信信息，更好地利用信息，这也是我们馆员亟待提高的。

展开形式多样的个性化服务。互联网时代，读者获取文献信息资源的途径和方式是多种多样的，我们不能被动地应付，而应记住我们的服务宗旨，始终把读者放在第一位，广泛吸取一切可利用资源，拓展和延伸我们的服务；做好文献信息资源的宣传、推广与利用；定期或不定期为他们推送新馆藏文献；针对教师的教学和科研，开展跟踪服务，为他们提供便利。

图书馆只有与时俱进，不断做好创新服务，超越自我，才能保持活力。

参考文献：

[1] 唐文惠，潘彤声．高校图书馆文献资源建设与评价［M］．武汉：武汉大学出版社，2009.

[2] 李玉海．教育文献信息资源建设［M］．武汉：华中师范大学出版社，2016.

大学生网络环境下移动阅读行为研究

肖　景

（华中师范大学图书馆，武汉，430079）

【摘　要】 本研究关注高校大学生网络媒体下移动阅读行为，着重探讨和分析高校大学生移动阅读的内容、渠道、时间、空间以及阅读满意度等。研究的意义在于了解高校大学生对于网络媒体的阅读行为，分析高校大学生的阅读特征，旨在引导大学生良性阅读，并给图书馆阅读工作提供新思路，努力营造良好的阅读环境。

【关键词】 大学生　网络媒体　移动阅读　阅读行为

随着计算机和互联网的迅速发展，人们的阅读方式也发生了巨大的改变。2017 年 4 月 18 日中国新闻出版研究院发布的第十四次全国国民阅读调查结果显示，2016 年我国成年国民各媒介综合阅读率为 79.9%，数字化阅读方式接触率连续 8 年上升达 68.2%[1]，逐渐实现了从传统的在图书馆捧书阅读到现在利用手机、电脑、iPad 等移动终端的阅读方式的推进。

高校大学生已经逐渐成为网络媒体阅读的最大参与者和受益者，在阅读活动中不仅享受便利，更享受多类型海量的信息内容。本研究旨在研究高校大学生的移动阅读行为，分析大学生阅读特征，从而营造良好的阅读氛围，引导大学生正确对待移动阅读，更好地推进高校图书馆阅读活动的开展。

1　研究方法

本研究是通过随机访问和身边人访问两种方式共访问 19 位访谈对象，访谈对象均为华中师范大学在校本科生和研究生，其中男生 9 人，女生 10 人，分别来自图书馆学、情报学、法学、会计学、公共管理等多个专业。访谈大纲中包括的主要问题有：大学生网络阅读的内容、获取方式、时间、地点以及阅读满意度等。10 位为面对面访谈，8 位为网络访谈，1 位为电话访谈，每个对象访谈时间为 20—30 分钟不等，访谈全程做笔记并整理问题进行汇总分析。根据访谈发现，所访的 19 名大学生全部有过网络阅读的经历。经过研究访谈对象所回答的问题，分别从四个方面对大学生网络阅读行为进行分析。

2 研究内容

2.1 阅读内容

根据访谈调查发现，现在的大学生普遍接受网络阅读，而且阅读内容类型多样。有接近 87.5%的大学生会阅读新闻等及时更新的内容，75%的大学生通过网络阅读休闲娱乐类内容。随着网络阅读内容的多元化形式如“小咖秀”“秒拍”等手机软件的应运而生，50%的大学生会选择观看视频类内容，同时也有接近 25%的大学生选择自己感兴趣的文学作品等。仅有 12.5%的大学生会选择阅读学习性内容。由此可见，现在大学生普遍偏爱更新快、消遣娱乐的内容，观看视频的兴趣较为浓厚，主要因为这些内容在网络中呈现及时，传播性更好，可供放松身心。大部分大学生阅读学习性内容是由于学习任务或者学习作业等所需。总之，大学生普遍会根据自己的兴趣来选择阅读内容，并且阅读内容以简短型为主，基本处于浅阅读状态。

2.2 阅读渠道

根据访谈调查发现，有 75%的大学生通过手机终端阅读，通过电脑和 iPad 终端阅读的分别占 37.5%和 12.5%，同时仅有 6.3%的大学生会通过 Kindle 阅读器等终端阅读。由于手机的普及及其性能的不断强大，更多的大学生偏爱选择通过手机终端阅读。阅读内容的获取渠道多样，归类统计得到结果：43.8%的大学生通过百度等搜索引擎来获取阅读内容，50%的大学生通过关注自己感兴趣的微信公众号阅读各类内容，37.5%的大学生通过下载“看书”等手机 App 软件进行阅读，56.3%的大学生通过微博等媒体平台阅读。由此可见，微博在众多信息提供平台中脱颖而出，这和微博可以使用户自由交流、按兴趣选择阅读标签且信息内容短小易读等特点分不开[2]。网络阅读的获取渠道类型多样，大学生的网络阅读选择也越来越多，这些和网络信息的海量化以及不断衍生出的网络阅读平台有很大的联系。在不断发展的网络社会，一定会有更多的网络阅读获取方式提供给网络阅读者，网络阅读形式会更加多样。

2.3 阅读时间、空间

根据访谈调查发现，大学生网络阅读的时间较为零散，通常阅读不会占用较为完整的时间。在假期或休息日大部分大学生不会选择网络阅读，通常是打发无聊时间或无事可做时才会拿出手机等阅读。调查中发现，平均每天阅读时间在 30 分钟到 1 小时之间的最多，占 56.3%左右，阅读时间在 30 分钟以下的占 31.3%，阅读时间在 1—2 小时的占 25%，而阅读时间超过 2 小时的仅占

12.5%。由此可见，大学生平均每天进行网络阅读的时间所占比重较少，大部分集中在2—3小时。大学生阅读时间的选择一般会较为集中，睡前占87.5%，课间为50%，乘车或排队等候占43.8%，仅有25%的大学生会选择餐前或餐后等零散时间。

由于网络阅读不受空间的限制，所以大学生网络阅读的地点选择较为多样。有87.5%的大学生选择在宿舍阅读，37.5%的大学生在图书馆阅读，25%的大学生在教室阅读，其他地点阅读的人数相对较少。由此可见，大学生网络阅读的地点不受限制，大多数在宿舍进行，主要因为宿舍较为便利，不受拘束和限制，可以放松自我；在图书馆阅读是由于可以利用免费的数字资源查找资料或者图书馆覆盖的网络较为方便；而在课间阅读的目的一般是缓解上课的紧张情绪，放松心情；一般在食堂、咖啡厅等其他地方阅读都是打发时间。

2.4 阅读满意度

大学生在选择网络阅读的同时，认为网络阅读也存在缺点：网络阅读的移动终端对读者眼睛的伤害较大，而且电子产品会受到电量的影响，要随时保持电量充足等。总体而言，大学生对网络阅读的满意度相对较高，而且喜爱程度也较高。这种阅读方式在今后也会越来越普及，受到更多群体的欢迎。

3 研究结果

3.1 娱乐性为主，学习性为辅

由大学生利用网络媒体阅读的内容分布可分析得出，阅读休闲娱乐类内容所占比重最大，这样既可以满足个人的兴趣和爱好，同时也能达到缓解疲惫、放松身心的目的[3]。网络上海量的信息，可以提供给大学生读者多种选择，在自主选择的情况下，绝大多数大学生选择新闻消息，这不仅是新闻消息具备短小易读的特点，更大程度上反映了当代大学生的新闻触觉较为敏感，对国家大计较为关心，有忧国忧民的初步意识。大学生在学习类阅读内容的选择上主动性较差，这在一定程度上和大学生学习自觉性有直接联系，今后需要更多地关注大学生利用网络阅读进行有效的学习。

3.2 倾向于分享和交流

目前网络社交媒体吸引了越来越多的青年使用，由于网络社交媒体的个性化、便捷性、共享性等特点[4]，充分迎合了广大青年学生的兴趣，大学生可以在网络媒体平台自由讨论沟通、交流，不受限制地发表自己的看法，同时也能够彰显青年人的个性，在网络媒体平台构建一个属于自己的空间。

3.3 时间和空间相关性较弱

随着传统阅读方式的衰落，网络阅读不受时间、空间限制的优势决定了如今其已成为大学生阅读方式的首选。大学生网络阅读的需求主要表现为时间相关性需求和空间相关性需求[5]，大学生普遍阅读时间较少，阅读地点选择上较为倾向于舒适的场合。同时网络阅读方式仍没有彻底改善大学生阅读率低、阅读时间短而分散的现象。目前普遍存在大学生网络阅读时间短、阅读学习相关内容的时间更短的问题。

4 对高校图书馆的建议

4.1 引导学生阅读，重视共读

网络信息纷繁复杂良莠不齐，自制力较差的大学生很容易沉迷于不利于身心发展的信息内容之中，容易产生负面影响。图书馆需建立网络阅读推荐系统等，向学生推荐更多高质量正能量的信息内容，间接引导学生构建良好的自我阅读的评价体系[6]。如此，既可以帮助学生从海量信息中筛选出适合大学生阅读的内容，同时也可以引导学生建立良好的阅读习惯。大学生网络阅读限制较少，需要更多的提出规范，以帮助大学生搜索有意义的阅读内容，使网络阅读朝着良性的方向发展。网络阅读常常被人们诟病是浮光掠影的粗浅阅读[7]，但随着网络阅读实践的不断深入，网络信息内容呈现出短小精悍的特点，大多数大学生可以在足够的时间内更深入地阅读，阅读效果更加明显，达到读有所学、读有所用的目的。

4.2 图书馆走进宿舍，构建移动阅读新模式

随着网络阅读成为最具影响力的网络阅读方式，高校图书馆应该加大力度着力建成数字图书馆，推广移动阅读模式，主导开发移动阅读 App 软件并逐渐参与到服务中，使更多的大学生可以通过移动终端利用图书馆的各项服务。同时利用网络特有的功能，实时互动在线分享阅读内容，并在数字图书馆主页设置推送[8]。图书馆后台定期推送给大学生读者感兴趣的内容，使读者随时随地接收图书馆移动阅读服务的分享和推送，这样既保证了读者阅读的内容质量，也保证了大学生对图书馆的有效利用。移动阅读模式的构建要注意移动阅读平台的稳定性和内容呈现的速度，并不断优化服务系统[9]，以保证大学生可以长期满意使用。

4.3 增强校园网络覆盖，提升移动阅读条件

随着网络阅读方式的盛行，以及大多数大学生选择在宿舍阅读的原因，使得宿舍网络的利用率会越来越高。由于移动设备本身网络流量的高花费和网络

连接的特殊性，学校需要考虑增强无线网络的覆盖，特别是宿舍生活区的网络覆盖，让学生可以更方便地连接校园网[10]，提供给学生网络阅读强大的网络信号保障。

4.4 改善学习方式，引入翻转课堂方式

高校大学生相对于中学生来说学习任务和学业压力较小，网络阅读有更充分的网络保障和移动设备支持，但是花费在学习上的时间比重低和主观能动性差。面对这种情况，亟须加强网络学习的引导，构建网络学习模式。传统的教育模式正在被各式各样的网络教育模式创新和替代，MOOC 凭借着开放共享、在线和信息容量大等特点[11]，在教育领域被广泛推广。大学生需要不断适应和增强自主学习能力[12]，尽可能地利用 MOOC，在海量的在线课程中，寻找感兴趣的内容学习。同时，也可以借鉴国外翻转课堂的学习模式，教师可以将课堂讲解内容录制成视频上传到网络上，学生可以在宿舍、图书馆、家里等任何网络信号覆盖的地方接收到，然后教师和学生在课堂上交流分享[13]，由此可以节省大量的时间，学生也可以满足自己的个人需求。这样一来，网络阅读的形式更加丰富，大学生可以选择多样的方式进行网络学习，大大地增强了参与网络阅读的大学生的学习效果。

参考文献：

[1] 郭文玲. 基于微博平台的图书馆阅读推广比较研究 [J]. 图书情报工作，2012 (2)：86.

[2] 张丽平. 大学生网络阅读心理和行为分析及对策研究 [J]. 产业与经济论坛，2011 (16)：121.

[3] 赵英，范娇颖. 大学生持续使用社交媒体的影响因素对比研究——以微信、微博和人人网为例 [J]. 情报杂志，2016 (1)：194-195.

[4] 茆意宏. 面向用户需求的图书馆移动信息服务 [J]. 中国图书馆学报，2012 (1)：70.

[5] 薛菲，张曼玲. 北京地区高校大学生网络阅读的实证研究 [J]. 图书与情报，2011 (1)：102.

[6] 王世伟. 论数字阅读 [J]. 图书馆杂志，2015 (4)：6.

[7] 袁曦临，王骏，孙雅楠. 基于 PAD 的移动阅读行为及阅读体验实证研究 [J]. 图书馆杂志，2013 (3)：27.

[8] 钱鸥，李翔翔. 综合性大学在校生移动阅读行为特征研究——基于用户体验的视角 [J]. 图书情报工作，2013 (22)：97.

[9] 周萌，宋仁君，刘晓琳. 大学生手机阅读对高校图书馆工作的启示 [J]. 情报探索，2017 (1)：100.

［10］郭明净，纪在云．试析 MOOC 对高校教育模式和学习方式的变革［J］．现代教育科学，2014（6）：112．
［11］郭文革，陈丽，陈庚．互联网基因与新、旧网络教育——从 MOOC 谈起［J］．北京大学教育评论，2013（4）：175．
［12］吴忠良，赵磊．基于网络学习空间的翻转课堂教学模式初探［J］．中国电化教育，2014（4）：121-122．

大数据时代公共图书馆的功能转型

武　彬　黄　杰

（华中师范大学图书馆，武汉，430079）

【摘　要】 本文阐述了在互联网时代和网络资源建设发展背景下，公共图书馆和传统数字图书馆将如何生存、如何发展，同时这种挑战也很可能成为传统图书馆的一种发展机遇，传统图书馆可转变原有的对资源、资源组织、技术、服务以及职能方面的认识，重新架构数字图书馆，把挑战变成再一次起飞的机遇。

【关键词】 大数据　公共图书馆　功能转型

互联网时代，网络学术资源建设发展迅猛，势不可挡，大有取代传统图书馆之势。在这种背景下，公共图书馆如何转型、如何在数字化一统天下的格局中完成突围，成了摆在所有从业者面前的一个严峻而紧迫的课题。

人们曾在担忧传统的实体零售商是否会被强势崛起的电子商务所替代，短短的几年过去了，人们的担忧很快便成了现实。在互联网时代，传统的数字图书馆是否会被兴起的网络资源建设商所取而代之，提出这个问题并不危言耸听，而是一个活生生的现实。学术资源建设商的迅猛发展，大数据时代的到来，都是我们没有办法回避的。资料显示，目前中国最大的学术资源建设商，中国知网（CNKI）学术资源建设已由中国期刊论文逐步扩展到国内外期刊论文、会议论文、学位论文、重要报纸文章、专利标准等领域。而在图书资源方面，也收录大量中外图书，不仅提供年鉴、工具书的查询服务，还建立了教辅平台。另外一家重要学术资源服务平台——万方数据知识服务平台，也能提供国内期刊论文、学位论文、会议论文、专刊、标准、地方志、法规文献、科技成果、图书、行业机构、专家学者等学术资源。目前，这些学术资源建设商所拥有的图书资源是国内绝大多数图书馆都无法比拟的，我国绝大多数大学图书馆已经完全摆脱不了对这些学术资源建设商的依赖。此外，一些网络资源服务商也开始涉及图书文献资料。百度已进入学术资源领域，除了百度文库、百度百科等学术资源，还能提供数十万种图书的阅读。2014 年上线的百度学术搜索更是提供了传统图书馆不能提供的各种学术信息。百度学术搜索是提供海量中英文文献检索的学术资源搜索平台。可以一站式搜索到收费和免费的各种学术文献，是学术研究的好帮手。据测百度学术目前拥有的信息总量已超过1000PB，相当于国家图书馆馆藏书数字化后的5万倍。这些都对我国传统数字图书馆形成了很大的冲击。

由此可见，这些资源建设商对资源开发的深入拓展必将引发一场大的地震，传统数字图书馆将如何生存、如何发展，是否会被取代？这是我们必须面对的残酷现实。当然，从另一方面讲，这种严峻的挑战也很可能成为传统图书馆的一种发展机遇，传统图书馆转变原有的对资源、资源组织、技术、服务以及职能方面的认识，重新架构数字图书馆，把挑战变成再一次起飞的机遇。

首先，应该很快适应互联网时代，融入互联网思维，积极探索互联网时代大数据与数字图书馆的特点。国外学者在理念、技术、应用等方面都做了许多研究。美国加州大学伯克利分校图书馆的Huwe在《构建数字图书馆》一文中指出：在互联网时代大数据是传统图书馆天作之合，图书馆员对用户进行研究的项目尤其适合大数据，希望能够加强数字图书馆对用户行为信息的采集。加州大学尔湾分校、麻省理工学院等借助大数据技术，对使用大学数字图书馆用户的行为进行深度挖掘，并帮助学校对学生阅读行为及相关信息进行关联分析。在技术方面，美国加州大学洛杉矶分校利用嵌入式技术，在数字图书馆系统中嵌入传感器，并收集相关数据，为研究人员开展研究提供相关数据，为传统图书馆拓展了新的功能。在国内，武汉大学陈传夫等人分析了大数据环境下数字图书馆面临的诸多问题，并以转变观念、发展知识服务、完善投入机制、提高图书馆员素质等方面提出了建议和对策，曾建勋在《数字图书馆论坛》“大数据与数字图书馆”专辑卷首语中指出：大数据必将促进数字图书馆数据管理、数据分析、数据使用及数字服务的深层次变革，同时也对图书馆员的职责和意识提出了更高的要求。兰州商学院的陈臣还从技术角度探讨如何建立高度的、满足用户个性化需求的数字图书馆搜索引擎。这一切都表明，学界和图书馆都已经意识到互联网时代大数据对数字图书馆带来的挑战和机遇。我们要做的就是抓住机遇，与时俱进，促进互联网时代大数据与数字图书馆的完美融合，转变思维，提高数字图书馆的核心竞争力。

其次，我们要把来自学术资源建设商的崛起和威胁转化成一种内生变革的强大动力，抓住机遇，重建传统数字图书馆的服务体系，让传统数字图书馆在互联网大数据时代重放光彩。要成功转型就先确立新的思维模式：传统数字图书馆的一切都要改变，要主动适应大数据，要能充分运用大数据，把数字图书馆完全融入大数据中，促进传统数字图书馆在人们的学习、生活、工作中发挥更大的作用。传统数字图书馆可以汲取学术资源建设商成功之道，从资源采集的范围入手扩大数字图书馆的资源范畴，加强各类信息资源的整合，探索各类资源间的相互关联，并将它们有机地组合在一起。在资源价值的发现方面，做到充分发挥数据的作用，对外采集的数据进行深度挖掘，找出其潜在的规律，对相关数据进行深入分析，发现其内在价值。从服务角度，传统图书馆也必须学习资源建设商的成功经验，提供多样化的服务形式，改变传统数字图书馆被动式、等待式的服务模式。

确立互联网时代大数据数字图书馆思维模式，还必须拓展数字图书馆资源范畴，增加数字图书馆资源整合的广度，加强数字图书馆的服务水平，借助大数据解决数字图书馆在新时代所面临的问题，把数字图书馆作为“互联网＋”的重要一员而融入这个日新月异的新时代。

最后，必须借助大数据重新确立和构建传统数字图书馆的产品与服务模式。这不仅需要正式出版的各类学术资源信息，还需要视频、图像、非正式出版的灰色信息以及网络信息、再生信息。未来数字图书馆的产品更应丰富多彩才能更具竞争力。除了提供一次文献，有关网络信息的信息服务外，还应该增加再生信息的服务，比如知识库、方法库等智库产品，除此之外，科普教育的视频信息也应成为数字图书馆的重要产品，如百科知识、科普讲座、历史文化视频讲座、大中小学精品课程视频等。

互联网时代信息繁多，知识爆炸，我们不缺信息和知识的储备，缺的是对信息和密集知识产品分析处理的先进手段，从而带给用户更加科学、合理的高端产品，数字图书馆应该注重用户行为分析成果，以帮助了解用户的合理需求，掌握用户关注主题和学术领域，并结合前沿领域的信息采集和科学分析，确定前沿领域和科学发展趋势。通过用户行为分析还能将用户经验进行推广总结，及时发现用户的特异行为，掌握资源利用规律等，更好地为用户提供服务，进一步强化数字图书馆的服务功能。总之，大数据时代的传统数字图书馆应突破传统的图书馆思维，无论是在数字图书馆的架构，还是数字图书馆的服务理论和新的服务模式等方面都必须确立大数据思维，才可能迎接新一轮的大挑战。跳出传统图书馆的资源框架，建立具有语义关系的、各类数据和信息间联系更紧密的信息组织框架，树立全方位服务理念，构建全新的互联网时代传统数字图书馆的服务模式，这样才能迎来传统数字图书馆的浴火重生。

在互联网大数据时代，传统数字图书馆要有大数据思维，在资源建设、技术应用、服务模式等多方面进行大的变革，以一种开放的姿态迎接新时代。未来的数字图书馆要跳出传统资源建设的框架，树立全方位服务的理念，提供全资源服务，拓展服务方式和传播形式，总之，传统数字图书馆应该成为功能齐全、服务完善的数据分析家。

参考文献：

[1] 苏新宁．大数据时代数字图书馆面临的机遇和挑战［J］．中国图书馆学报，2015（6）：4-12.

[2] 韩静金．移动互联网技术助力公共图书馆服务的转型［J］．管理学家，2019（3）：133-134.

社交网络交流趋势与图书馆服务扩展

张　弦

（华中师范大学图书馆，武汉，430079）

【摘　要】 社交网络的快速发展使社交媒体知识信息交流成为主流，但社交媒体信息存在的辨析难度、质量非结构化以及大量侵权等问题，使知识信息的利用率差。图书馆可以利用自身在文献信息管理上的优势，解决相关问题，使社交媒体信息的价值得到更好发挥，并进一步发挥图书馆服务价值。

【关键词】 社交网络　社交媒体　社交信息　图书馆

社交媒体的快速发展，已经成为网络信息交流的重要渠道，但是在社交媒体的发展中，也暴露出许多在信息传播和知识利用上的缺陷和问题。图书馆作为传统的知识信息传承的重要信息源，在知识信息传递交流中具有的丰富的文献信息资源，系统完善的相关知识存储，有经验的信息处理手段和方法，大量有经验的信息管理人员，不仅能够充分弥补社交媒体在信息交流中暴露出的问题，同时也为图书馆服务的扩展创造了新的领域。

1　社交网络信息交流的现状与趋势

1.1　社交网络的快速发展

随着互联网的发展，我国社交网络近几年来发展迅速，到如今，社交元素已经成为网络各类应用发展的必需的要素，社交网络从开始的信息传递，发展成为具有信息沟通交流、信息发布、商务交易、各类企业和社会管理应用的重要工具。通过此工具实现对知识信息的广泛、快速传播和应用。目前，社交网络出现显著的移动化、群体化特征，更被快速引入到金融、游戏、音频、视频、在线教育等领域。各类网络应用都在通过社交元素的引入起到带动用户群体、提高用户黏性来提升自己的价值。从《前瞻产业研究院社交网络行业深度调研报告》的统计来看，2015 年中国社交网络行业市场规模约为 153.6 亿元，相较于 2014 年同比增长 27.56%；2016 年中国社交网络行业市场规模约 200 亿元，同比增长 30.2%，发展势头依旧强劲。按照当前社交网络在中国的发展趋势，到 2017—2022 年，我国社交网络的增长速度将不低于 10%，2017 年底有望达到 265 亿元，而到 2022 年将我国社交网络行业的市场规模将接近

500 亿元，达到 495 亿元。

1.2 社交网络已经成为一个新的信息渠道

出版分析服务商 Parse.ly 近日对 2015 年最热门新闻的两大流量来源：搜索引擎和社交网络进行的对比分析，发现多数热门新闻来自社交媒体的推荐流量超过搜索引擎（取决于新闻性质），并且呈现持续增长的势头。社交媒体超越搜索引擎成为热门新闻主要流量来源。暨南大学新闻与传播学院谭天在其文章《我国社交媒体的现状、发展与趋势》中谈到，发展到 2016 年，社交媒体已超越搜索引擎，成为互联网第一大流量来源，二者占比分别为 46%和 40%。虽然这个数据在 2017 年，搜索有一个反超，2017 年在推荐流量方面，有 34.8%的访客来自搜索引擎，只有 25.6%的访客来自社交媒体，但是也不能否认社交媒体在信息渠道中的影响。

从我国的社交网络的交流方式看，大致分为关系型社交和内容型社交。关系型社交主要是交流双方通过相关通信工具建立和维持关系的互动方式社交，在我国比较有影响的是微信、QQ 和钉钉。这个领域由于关系的私人化造成很高的门槛，少有参与机会。在社交媒体中内容型社交，则主要是为了获取内容，具有更广泛的社会参与，在我国主要包括微博、今日头条、知乎、小红书、斗鱼、抖音、喜马拉雅等，成为重要的对外进行信息传播的窗口，具有相当大的信息流量，因而成为目前社交网络信息参与的主要渠道。目前的内容型社交媒体，逐步向着内容定制化、短视频、建立明星流量、付费内容增加、人工智能的大量应用等几个方面发展。

1.3 社交网络的信息覆盖面广，各种领域的信息比较全

社交媒体基本上覆盖了目前社会交流的所有领域，极大丰富了信息内容传递交流。例如，国内的新浪微博是全国最主流、最具人气、当前最火爆的微博产品。用手机随时随地发微博，能迅速获取最热、最快、最新的资讯。在微博主页面上，右边栏分布有：热门、头条、视频、榜单、搞笑、社会、时尚、电影、体育、动漫等栏目。不仅有右边的栏目分类，而且上面菜单栏包括了视频、发现、游戏等内容。继续点开一个视频栏目，则信息内容进一步区分为：美食、游戏、音乐、旅游、影视、体育、人文艺术、时尚美妆、动漫、幽默、舞蹈、纪录片等不少于 18 项目录。仅仅一个视频栏目涵盖面就非常广泛。

同样，国外著名社交媒体 Twitter（中文名为推特），是美国一个在线社交网络服务和微博服务的网站。它拥有超过 5 亿的注册用户，每天发布超过 3.4 亿条微博，系统每天要处理超过 16 亿次的搜索查询量。自推出以来，Twitter 已经成为互联网上十大最常用的网站，并被称为“互联网短信”。Twitter 是提供当下全球实时事件和热议话题讨论的平台。在 Twitter，从突发事件、娱乐讯息、体育消息、政治新闻，到日常资讯、实时评论对话等全方位地展示了故事的每一面。在这里，你可以加入开放的实时对话，或观看活动直播。语言版本包括简体中文、繁体中文、印尼语、丹麦语、英语、巴斯克语、意大利语等 30 多个语种。

2　社交网络的信息交流问题

2.1　信息辨识问题

首先说到的是信息本身，社交媒体信息具有变化频繁、各类信息价值不一的问题。这主要原因是因为社交媒体的信息多数是由参与社交的个体根据自己的认知、兴趣喜好、知识水平以及相关环境等发出的信息。对同一个主题，众多的社交参与者可能发出众多不同的信息，因此，这本身就造成信息泛滥、良莠不齐。

其次涉及信息利用者对信息的辨识问题。第一是对虚假、恶意信息的辨识。很多此类信息为了吸引大家的眼球、吸引信息流量，故意迎合人们的心理而编制出的信息，短时间难以被读者辨析。第二是对传播的知识和信息的利用上的辨识。这个问题涉及缺乏系统知识体系的支持，以及缺乏权威人士或者专业学者的讲解。由于交流中常常是一些片段或者碎片知识或者信息，造成很大认知误区。虚假信息问题，无法辨析的虚假信息，有时带来巨大的经济损失和社会影响。

2.2　信息侵权问题

这个问题在自媒体交流中显得十分突出。在网上传递的信息或者知识，由于其复制粘贴非常方便，使其在媒体交流中流传非常方便。特别是一些自媒体平台，为了快速吸引用户，降低自己的信息采集成本，常常在网上寻找一些热点话题和时尚内容，从其他媒体那里查找并获取相关信息或者文章，通过抄袭修改的方式，甚至有的采取原样复制的方式在自己平台上发布，造成侵权。由于这种网站大量收集其他媒体的精华和热点，造成优质信息集中的现象，常常使抄袭平台的用户流量，超过很多原创媒体的信息流量。

2.3　信息质量问题

社交媒体中的信息由参与者自发发布，一般的社交平台并没有对发布信息的格式标准等进行特定的限制，这样造成其信息格式多样化。互联网上出现的海量信息，大概分为结构化、半结构化和非结构化三种。结构化数据如电子商务信息，信息相关字段出现的位置是固定的，结构化数据是可以方便地通过计算机和数据库技术进行管理；半结构化的数据如专业网站上的Web页面、相关文献等，其或不完整，没有预定义的数据模型，不方便用数据库二维逻辑表来表现的数据，包括一些办公文档、图片、图像、音频和视频文件等等。而在大部分的社交媒体传播的文字、图像和音频视频中，更受大家喜欢的图形、视频和音乐等都是属于非结构化的数据。而这些非结构化数据中拥有大量的有价值的信息。在社交媒体中非结构化信息正以成倍的速度增长。但是由于信息本身不规范，或者说是无结构化，造成检索困难，直接获取利用困难。

3 图书馆服务的扩展

我国各类图书馆在长期的发展中，积累了在自身领域内相对丰富的文献信息资料，并且随着信息化的发展，大多实现了其文献信息的数字化。这些丰富的文献信息在图书馆藏书建设的指导下，大多会在不同的领域形成系统、科学、完整的知识体系。同时在图书馆的长期发展中，产生了一大批具有丰富经验的信息管理人员、有科学的知识信息管理手段。通过改善图书馆的服务策略，不仅可以解决社交媒体所暴露出的问题，也进一步发挥图书馆业务服务价值。

3.1 信息内容管理服务

面对大量存在的信息辨识和侵权问题，图书馆应该可以发挥其所具有的比较完善的知识体系存储优势和人员的信息管理经验，广泛收集整理不同信息源的信息，并依据知识主题进行分类标引和主题标引，不仅可以明确信息本身在知识体系中的位置和知识源流，方便用户进一步对知识的学习，而且大量同主题的信息的收集整理和标引，能够对抄袭平台的信息内容进行标识和举报，使图书馆起到一个守门员和咨询员角色的作用。同时，很多图书馆在馆藏宣传、专题讲座等图书馆日常工作中，有与不同领域的专家学者建立了联系的优势，这里就应该发挥这些专家学者的优势，对一些具有争议性的问题、一些热点问题，或者对那些大家关注的知识学习、知识应用方面的信息阐述自己的观点，提升信息交流中用户对信息的利用率。

3.2 信息方式服务

通过图书馆进行的信息传播方式，是属于信息正式交流的范畴，在整个社会文化信息交流中具有重要的社会地位和一定的权威性，但是长期以来图书馆是以被动的方式服务于广大用户群体。在目前的信息传递的社交趋势下，图书馆应该积极参与到网络社交活动中，利用社交媒体的一对多和一对一优势进行信息服务。目前很多图书馆已经开始对社交媒体重视与参与，很多图书馆已经拥有了自己的微信公众号，并在微信公众号上开展了一些图书馆日常工作介绍、业务管理问答、新书推荐等活动。同时，图书馆同样可以广泛收集社交媒体中的大数据信息，利用该媒体一对多和一对一的能力，广泛收集用户的兴趣爱好，建立相应的兴趣群，对他们主动推送相关信息。利用社交媒体的信息定制功能，对不同的用户提供个性化的信息服务。

3.3 信息质量服务

社交媒体中的信息流量大，信息内容丰富并有巨大的价值。但是，由于信息质量问题和网络信息存在大量半结构化和非结构数据，使其在开发利用中面临很多困难。而图书馆在长期的文献信息处理和现代数字图书馆工作中，积累了大量的经验。图书馆可以利用 MARC 机读目录的处理经验和都柏林核心元数据 DC 的处理经验，对媒体信息进行元数据的识别、加工和标识。可以利用数据治理的相关经验，对信息的知识地图、利用模式和效能进行标识。如此可以大大提高信息质量，提升社交网络的知识服务水平。

参考文献：

[1] 谭天，张子俊. 我国社交媒体的现状、发展与趋势 [J]. 编辑之友，2017 (1)：20-25.

[2] 宫春泉. 浅析网络信息存在的问题及对策 [J]. 课程教育研究，2013 (28)：111-112.

[3] 董家臣. 我国社交网络论坛问题分析研究 [J]. 青年时代，2015 (17)：101.

[4] 李志刚. 中国社交网络发展面临的问题 [J]. 财经界，2012 (12)：205.

信息化时代利用学习工具助力科研浅析

邵云华[1]　王　静[2]

（1. 华中师范大学政治与国际关系学院；
2. 华中师范大学中国农村研究院；武汉，430079）

【摘　要】高校科研人员如何从海量信息中，快速获取所需信息，加以分析与利用，变成自己的成果或发明创造，从而达到高效产出科研的目的，各种学习工具是科研人员高质量、快速度产出成果的好帮手。

【关键词】科研　信息化　工具利用

信息化时代，知识的更新越来越快，一定时间内产出的信息量越来越多，高校科研人员如何从海量信息中，快速获取所需信息，加以分析与利用，变成为自己的成果或发明创造，从而达到高效产出科研的目的，各种学习软件和学习工具是科研人员高质量快速度产出成果的好帮手。

1　什么是科研

在高校，人员由三部分组成，第一部分是教书育人的教师，第二部分是接受文化知识学习的学生，包含本科生和攻读硕士学位或者博士学位的研究生，第三部分是为教师和学生提供服务的工作者或者是管理者。在这三部分人员中，教师和学生在其生活学习过程中，都要从事科研活动，而第三部分的人员中也有相当大一部分人员也涉及科研。什么是科研？科研又是培养哪些能力？

我们从小对科学怀有美好的憧憬，立志长大后要当科学家，读完大学，科研对我们来说仍然十分神秘，毕业之后进到高校工作，对科研开始有了直观的印象，不再神秘。

举一个通俗的例子，比如要做一把椅子，椅子要怎么做呢？做椅子就是一个课题，需要比照现有的椅子去选择材料准备工具，考虑加工流程，然后动手制作，直到做好一把椅子，在这样的过程中，由于有很多可以参考的东西，并不需要发挥太多创造性的劳动，所以这并不是一个很好的科研课题。如果换一种发现解决问题的思路，譬如，要做一把能够健康养生的椅子，首先需要清楚达到怎样的养生目的，无病能够起到防病的作用，有病具有调理的功能，世界上有没有健康养生的椅子，是否有这样的东西可以参考，这需要大量的调研工作，需要创造性的劳动，这样就比较接近一个科研课题了。由此可得，科研就是一个解决未知问题的过程。

从上面的例子得出，科研对已有知识的获取掌握和利用，对于任何一个需要创造解决的问题来说，思路是一致的。选择好的问题，了解相关信息，制定解决方案，这些对于科研来说非常重要。选择的问题不好，就无法获得好的结果。在高校，对于科研人员来说，研究一个没有价值的课题，会耗费时间和精力，终将一事无成。

因此，做什么样的课题很重要，一定要去做真正有价值的课题。科研是知识更新非常迅速的行业，科研需要解决的问题是人类未知的问题。科研不仅仅考虑科研人员掌控信息的能力、创新能力，还需要科研人员具备全球视野。

2 科研应具备的技能

在高校，教师是一群已经掌握了某一领域专业知识的人群，在校学习的学生则是一群不仅需要储备和掌握某一领域的文化知识，而且需要培养信息获取能力、管理和加工信息能力的群体。无论是在校工作的高校教师，还是在校求学的学生，从事科研活动，应具备以下几项技能。

2.1 高效获取信息的能力

具备信息获取能力极为重要，因为它决定我们的视野，决定我们做事的高度，对一个领域了解的信息越多，看待问题就越全面，起点就越高。

信息获取能力也决定我们的学习能力。当我们碰到不懂的问题之后，一定会去搜索，如果能够轻松地找到自己想要的信息，就可以快速解决自己的问题和困惑。所以搜索获取信息能力跟我们学习能力直接相关。

每个人可能都会涉及各种新的领域，怎样才能快速进入一个行业，关键在于对这个行业信息了解多少，在一个行业工作很长时间，了解信息依然很有限，那么在这个领域只能做一些无关紧要的工作，无法在这个领域作出重要的贡献，所以在信息社会需要具备的首要能力就是快速获取信息的能力。网络为我们获取信息提供了极大的方便，但怎么样才能够有效利用网络，在哪里可以找到，如何找到，这些都是有学问的。高效获取信息的能力是提升其他方面能力的基础。

2.2 有效管理信息的能力

当网络越来越发达，电脑存储空间越来越大，我们接触的资料也会越来越多。有时候在自己的电脑当中去找某一个信息非常困难，甚至比网上搜索更要麻烦，这说明我们在信息管理方面的能力有待提高。如果信息存储在自己的电脑上，不能够快速地找出来，那就和存储在网络上没有差异，电脑中存储再多的东西也无法好好利用。以前没有网络的时代，每个人能够接受信息的量是非常有限的，管理信息相对比较简单，随着信息量的指数增加，我们必须培养自己管理信息的能力，这样才能有效利用信息。

2.3 信息分析的能力

网络上不管是搜索引擎还是文献数据库，都会给我们反馈大量的信息。如果你在网上检索一个东西，返回的结果是十万条，甚至更多，我们不可能一条一条地看完，只能看很少的信息。如果在搜索引擎中去查找信息，通常会看前面一两页，这对我们的日常工作当中不会有任何影响。但对于从事科研活动的人员来说，就完全不同了，你检索一个资料，返回成千上万，这时候你仅仅看前面一两页就会有问题，这两页可能是最新的，但未必是最重要的。

想要提升学习效率，想要提升文献的调研效率，我们必须去关注最重要的文献。因此，如何找出重要文献就变得非常重要了，随着信息量的海量增长，从海量信息中挖掘核心有价值的内容变得更加重要。具备信息分析能力能够提升学习效率。

以上能力尽管很重要，但都不是终极目的，我们获取信息、管理信息和分析信息，都是为了应用，所以还需要具备第四方面的能力。

2.4 分享协作和团队创新的能力

创新是推动社会进步的源泉，是社会发展必需的。创新是解决我们碰到任何困难问题所必需的方式。过去很多时候我们做事单打独斗，随着网络技术的进步，协作变得越来越容易。如何与一些团队协作变得更加重要了。另外，随着多频生活的普及，如何利用不同的智能终端来协同开展工作，也是一种重要的能力。

3 助力科研的学习工具

在信息获取方面要解决的问题是去哪儿查找信息，如何查找信息，如何高效分析获取的信息，如何高效利用搜索引擎，如何管理信息，以及如何分享个人成果和团队协作，以下围绕以上几方面的内容简单介绍一下搜索引擎、文献管理工具、文献分析工具、成果分享与团队交流的学习工具。

3.1 网络搜索引擎

搜索引擎把计算机中存储的信息与用户的信息需求（information need）相匹配，并把匹配的结果展示出来。网络搜索引擎是高校科研人员获取信息的重要手段，科研人员利用它从海量的信息中查询到目标结果。

其实搜索引擎并不是万能的，很多信息无法从搜索引擎获得，譬如说我们想获得专业性的学术资料，我们需要利用各种文献数据库。如果我们想获得学术会议信息的话，我们需要利用各种重要学术会议数据库，尽管搜索引擎能够解决我们大部分问题，但每一个不同类型的信息可能会存在更高效的获取途径。

检索也不是获取信息最高效的形式，如果你需要关注很多方面的内容，显然你不可能每天都去做检索，但是利用 RSS，可以及时追踪某网站的最新更新，了解某个领域的一些进展，时刻掌握动态，了解最前沿的信息。

3.2 文献管理工具

文献管理工具可以帮助科研人员联网检索文件，自动下载全文，编排参考文献格式，不仅能够处理网页上搜索到的各种信息，还能够帮助科研人员阅读文献时，触发灵感，是科研人员管理文献的好助手。

NoteExpress 和 EndNote 是两款文献管理软件。NoteExpress 是北京爱琴海软件公司开发的文献检索与管理系统，其核心功能涵盖“知识采集、管理、应用挖掘”等知识管理的所有环节，是科研人员从事学术研究、知识管理、发表论文的帮手。

EndNote 是一个著名的参考文献管理软件，用来创建个人参考文献库，并且可以加入文本、图像、表格和方程式等内容及链接等信息，能够与 Microsoft Word 完美无缝链接，方便地插入所引用文献并按照格式进行编排。EndNote 有着易用的界面和强大的文献搜索功能，对中文也支持良好，是科研工作者不可多得的好助手，无论是文献的检索、管理、文献全文的自动获取，还是论文写作过程中的文献引用插入、SCI 期刊模板等方面，均可为用户提供强大帮助。NoteExpress 是一款国产的文献管理软件，EndNote X7 则是最经典的文献管理软件，有着更强大的功能，能够提高工作效率。

3.3 文献分析工具

从事任何一个领域的学习，都要找最重要的文献资料来学习，这样的学习是最高效的，而查找文献、阅读文献、分析文献也是这样。

Hiscite 是一款引文分析软件，具有四个特点。第一是可以分析某个研究领域随着时间推移的发展轨迹；第二是可以识别某个研究主题中的文献，通过识别联系紧密的文献之间的引用关系，来描绘该研究领域引文网络的特征；第三是可以探索某个研究者的所有文献，它可以将某个研究者的文献引文网络可视化，并显示某个研究者的著作是如何影响其他研究者的文献的；第四是支持文献综述，即可能通过软件识别出某个特定文献的被引或施引文献群，从而实现文献的系统化获取，以便于综述。

所以，文献分析软件能够针对科研人员的特定需求，帮助科研人员快速找出一个领域的里程碑式的重要文献。

3.4 成果分享与团队创作

在高校从事任何一个领域研究的科研人员，不可能单打独斗，不仅个人要深入地研究某一领域，分享个人的成果和发明创造，还要培养人才和集体协作与创新，帮助团队整体成长，提升工作效率，使学术灵魂代代相传。在当今互联网与大数据时代，团队协作与培养不一定要在课堂上教室里，通过各种软件也可以实现。

X-mind 或者 mindmanager 是不错的成果分享软件。科研人员可以利用思维导图工具能够提升思考问题和解决问题的效率，快速理清思路，实现团队协作和有效沟通。

因此，在信息化时代，我们必须保持终身学习的理念，天天坚持学习，才能适应社会的发展，跟上时代发展的步伐。对于每一个人来说，我们能够学习的时间其实是非常有限的，随着岁月的流逝，我们每个人的年龄在增长，而可以用来学习的时间并不是永远在增加的。我们承担社会的责任在增加，我们承担的工作事务在增多，我们的学习时间是越来越短的，在这种情况下，我们唯有掌握现代化的信息技术手段，运用工具来学习和从事科研活动，提升学习效率，才能达到提升科研产出的质量和速度的目的。

参考文献：

[1] 黎健杏，赖群，朱丽珍. 基于 NoteExpress 的桉树人工林专题数据库管理 [J]. 农业图书情报学刊，2009 (5)：62-65.

[2] 刘冬潇，许振亮，王春博，等. CitNetExpiorer——一款新的科学文献分析软件介绍与评价 [J]. 信息资源管理学报，2016 (2)：52.

谈谈样本书库的管理

巴三霞　方　虹

（华中师范大学图书馆，武汉，430079）

【摘　要】以华中师范大学图书馆为例，分析在大流通、大阅览、全开放的模式下样本书库管理中存在的问题，提出完善各种制度，发挥藏用并举的具体措施，使样本书库能够更好地为读者提供服务。

【关键词】高校图书馆　样本书库　管理

高校图书馆是学校信息管理中心，馆藏有丰富的学习资源，学习环境幽静，学习气氛浓厚，是高校师生科研、学习的最佳地方。为了保存图书文献的完整性、系统性，图书馆里一般设有样本书库，也称保存本书库，是馆藏文献品种最齐全的书库。

随着时代的发展，图书馆逐步实行大流通，大阅览的借、阅一体化管理模式，将样本书库跟普通书库一样对读者提供全天候的开放，但对图书只提供在本书库阅览，不提供外借。这种改革从一定程度上方便了读者的学习和查阅资料，受到读者的欢迎，却又出现图书错架、乱架、失踪等不如人意的现象。有必要采取行之有效的措施，进一步规范样本书库管理，给读者营造宽松和谐的借阅氛围。以下结合华中师范大学图书馆（简称“我馆”）的具体实际，来谈谈样本书库的管理。

1　样本书库的借阅要求

以往图书馆重藏轻用，对读者的职称和学历都有要求，样本书库只对副高职以上职称人员或者研究生学历及以上人员开放。自从2011年搬入新馆以后，样本书库进行了一系列改革，对在校读者实行全面开放，允许读者自带电脑、书包及自己的书本学习资料进入书库。

样本书库原则上是读者只能在本书库阅览、复印，但不能外借。由于学校教师、学生科研任务需要，图书馆本着藏用结合的原则，提倡人性化管理，允许在校教师短时间内可将样本图书借出使用。出于多方面原因，又补充一项附加条件，在样本图书外借的同时，其他普通图书自动锁定外借权限。待样本图书还回手续办理后，普通图书的借书权限才自动打开。同时，也允许研究生、博士生在规定的时间范围内外借复印，只是复印时质押读者证件，完成后再解除质押。

2　样本书库的设备安装

新迁图书馆时，样本书库与普通书库在设备的配备上有些区别。每一个样本书库都配有一台全新进口的自助式复印机方便读者使用，并在复印机位置上方的墙上备有使用流程及说明。读者若需要样本书库的资料，又不能借出时，可以根据本书库提供的复印设备自助实现。

同时，每个样本书库还配有两台检索机，方便读者查询自己所需的图书资料。

3　样本书库的分布与排架

区分样本书库图书的主要标志有两点：第一是印章，我馆对样本书库的图书，一般在图书的书名页盖有“保存”两字的红色印章，比较醒目；第二，通过书目数据查询，选择最小财产号对应的那本书，并且馆藏地、阅览状态与之匹配。

3.1　样本书库的分布

为了合理布局图书、优化空间结构，我馆根据各类图书种数与书库空间面积，进行组合搭配，结合样本书的使用特点，选择合适的楼层分布，如表 1 所示，将样本书库设在图书馆高楼层，使用率高的外借书库设在低楼层。（注：图书馆共计 9 层）

表 1　中文样本书库楼层分布

楼　层	样本分类
6 层中文阅览（一）	H 语言、I 文学、Z 综合性图书
7 层中文阅览（二）（西库）	A、B、C、D、E 类
7 层中文阅览（三）（东库）	理工科 O—X 类
9 层中文阅览（四）	G、K、J 类

3.2　样本书库的排架

与普通图书保持一致，样本书库的图书也是按照中国图书馆图书分类法的类目顺序，以字母加数字的层累制结构进行取号、上架，索书号结构为：“分类号/作者号＋角标”，如：I247.5/JPA1。具体排架时，先比大类，即按照英文字母从 A 到 Z 顺序，再比数字，由小到大进行排列。在逐级比排的过程中，注意索书号的复分、角标的排序规则，如表 2 所示。

表 2　索书号排序

组序	排序				
	1	2	3	4	5
第一组	H121/JYY	I-49/TGW	I0/BW	I0-49/LXT	I247.5/JPA1
第二组	I267/AL	I267/BJ	I267/BJ 1	I267/BJ 1-1	I267/BJS

说明：第一组是先按大类字母顺序排列，H 类在前；当类名相同时，如 2—5，都是 I 类，再比类目的数字，之后比著者号和角标的顺序。第二组是当分类号相同时，就比斜杠（“/”）后的著者号及角标，方法同上。

同时，样本书库还在每个书架区间贴有分类标识，读者按照书架导引牌，很容易找到自己所需要的图书。

4　样本书库面临的问题

样本书库对读者无障碍开放，读者可以与书零距离接触，虽然减轻了馆员跑库找书的工作量，但是也出现了很多问题。

4.1　读者问题

样本书库开架阅览，读者可以自由在书架上选择。但有些读者不守规定，看到有吸引力的书名就停留下来，禁不住随意翻看，最后不知道怎样将图书归位，也就随手将图书乱插、乱放。遇到特别喜欢的图书，还悄悄地带到别的书库“私藏起来”，或在本书库某个角落里“藏起来”，方便自己下次取阅。

部分读者在阅览时，习惯在书上做标注、写写画画，对样本图书污染严重。在整理书库的时候经常看到“被毁容”的图书，多次被乱写乱画，有些甚至盖住书中文字，给使用者带来不便。

4.2　馆员问题

样本书库的管理工作比较繁琐，重复性高，不具备挑战性，确实让人无趣，更谈不上什么高大上。部分馆员也不善于学习，对管理工作缺乏耐心、做事不够细心，服务意识淡薄，自然影响书库的管理效果。

对于开放的书库，每天都需要巡视、整架，读者看过的图书或是新书要及时清理上架，以维持书库正常的秩序。这些看似简单的工作都需要馆员树立正确的服务观，具有高度的自觉意识，主动服务，勤奋工作。

4.3　图书自身的原因

普通图书大多数是 32 开本和 16 开本。图书馆书架在定制、安装的时候，基本上是以常见图书规格为参照。

在整理书库的过程中，发现各种异型开本的图书也不少，比如艺术类的图书。艺术类图书除了常见的开本以外，还有许多超长、超宽、超薄、不规则的异型类画册、乐谱等，甚至还有手掌大小的“口袋”图书。如何将这些图书有序地摆放在书架上也是个问题。如果一味机械地按照中国图书馆图书分类法的顺序上架，显然是不可取的。横着平放也会占据书架一面的二分之一，而且看起来极不整齐，竖起来放置更不协调，关于此类图书的上架管理，一直是流通馆员比较关注的话题。

5 样本书库管理的措施

5.1 重视新生的入馆教育，引入学生助理和志愿者参与

在每年新生入馆之前，对他们集中进行图书馆基本知识的入馆教育，包括图书馆的楼层布局、图书分类、借阅规则以及图书馆规章制度。

许多高校图书馆流通部门，招聘家庭有困难的学生助理参与图书馆的日常管理工作，让他们在亲历中加深对图书馆工作的认识和理解，在勤工俭学过程中慢慢学会与人相处，加强自身修养。同时，通过学生助理，可以向更多的在校学生进行宣传，带动周围同学共同管理图书馆。

5.2 加强馆员综合素质的培养，加强业务工作的监督管理

馆员自身要不断加强学习，更新知识、更新观念，做到与时俱进，不断提高理论水平和业务技能。

同时，馆员唯有不断学习，才能解决读者提出的各种问题。管理书库应具有一定图书馆综合知识的积累。只有了解书库环境，熟悉系统操作，懂得索书号的结构、取号方法、排列规则，才能发现排架中的问题，也才能为读者提供更好的服务。

在条件允许的情况下，图书馆可以不定期选派馆员外出，参加有关研讨会，参观图书馆对口业务部门，与同行之间相互交流，学习他馆他人的先进经验，从而拓宽视野，提高工作积极性和创造性。

在业务管理方面，对样本书库进行科学合理的责任分工，平均分配、包干书架到个人。让每个馆员都明确自己的岗位职责、工作任务，这样才能起到监督馆员的作用。

查错架率是管理工作的一项举措。由部主任、各小组长和馆员组成的检查小组，对样本书库定期进行错架率的抽查，定期评估，并将结果及时公布，目的是督促馆员改进工作方法，及时清理错架、乱架现象，积极做好本职工作，

努力做到“读者第一，服务至上”。

5.3 在管理方法上体现一定的灵活性

对于那些厚重、超大、超薄的异型类图书，可以作出一些灵活性的安排。在不改变图书类目的前提下，集中或单独平放在同一类书架的旁边或是书架的下方。这样摆放，既方便工作人员清理整架，更方便读者索取。

此外，基于样本书库的性质和特点，图书馆在硬件设备的分配上应向样本书库倾斜，充分利用复印和扫描技术，更好地满足读者索取资料的需求。

参考文献：

[1] 王秀．高校图书馆样本书库开放阅览的管理服务探讨［J］．鲁东大学学报（哲学社会科学版），2010（11）：94-96.

[2] 王琼超．论样本书库的开放管理［J］．农业图书情报学刊，2015（5）：209-211.

[3] 张芳娟．样本书库藏书外借探析［J］．科技情报开发与经济，2006（17）：78-79.

[4] 黄玲．改革高校图书馆样本书库的管理与服务模式［J］．中小学图书情报世界，2008（3）：55-56.

高校图书馆期刊下架和期刊装订的几点思考

潘　凤

（华中师范大学图书馆，武汉，430079）

【摘　要】期刊下架及期刊装订的管理对期刊的阅读率、利用率影响很大，为达到现刊利用率的最大化，在期刊下架工作中，改变以前集中下架的做法，采用全刊下架的方法，可提高期刊利用的效率。

【关键词】高校图书馆　期刊下架　期刊装订

期刊是内容广泛、信息量大、知识性和趣味性强、出版周期短的连续性出版物，深受师生喜爱和需要。期刊也是高校图书馆重要的馆藏资源，分为中文期刊和外文期刊。期刊根据出版时间分为周刊、旬刊、半月刊、月刊、双月刊、季刊。有的期刊每本较厚，有的数量多，一年的量累积下来，刊架空间不够。

因此每年期刊下架是周期性重复性的工作，多数高校图书馆期刊下架时间一般是每年年底下架前一年的刊，我馆往年的做法是每年五月底下架期刊。流通部负责人通知期刊室馆员，定下时间，请学生助理周五下午集中下架。全的刊放在一起打捆送去装订，不全的打捆留下，并在纸上写下刊号缺期放在上面捆住，和单本配刊，配齐了放在一起，不全的缺刊放在一起，做一个缺刊登记表。这个缺刊登记表记录有刊名、架号、缺期和缺数，缺数累积起来最后的数字就表明是当年缺失的册数，这个册数包括丢失、未到、损坏、没有归还的。

为了让期刊能够得到充分的利用，也让读者能够尽快地阅览到期刊。笔者根据我馆的具体情况，谈谈期刊下架及其装订工作。

1　重视期刊下架，充分做好下架准备

期刊下架看似简单，实际上是一项艰巨、繁重且非常细致、繁琐、机械的工作。不仅仅是因为期刊的种类繁多，更是因为需要图书馆员的细心、耐心、毅力和体力，否则将会影响到待装期刊的管理、过刊的装订、馆藏、管理和利用。因此，期刊下架是图书馆的重要工作之一，需要高度重视，充分做好准备。

下架前，通知师生利用期刊，催还借出期刊，督促邮局尽快到刊。往年期

刊下架稍做变更：时间后推一个月，因为疫情原因不能复工，期刊堆积加工延迟，上架推后。下架全刊，不全的刊放在架上，等来全了再下架。这个方法较好，深得人心。有的期刊来得较晚，有的借出的刊没有归还，这就给了充足时间配齐全刊。

为了使期刊的利用率达到极致，给师生提供理想的服务，每年下架期刊的通知提前一个月告知师生读者。图书馆的馆员与院系有直接联系，图书馆的期刊下架通知在工作群中一发，与院系联系的馆员就可告知各个院系的师生，往年的期刊尽快在当月把所用期刊利用完毕，或在图书馆网站上或在图书馆门口通知，需要利用往年期刊的抓紧时间阅览。下架后会造成很多不便，甚至不能利用，影响读者学习，给读者造成遗憾，有损图书馆形象。

读者看到下架通知，应将借出的期刊及时归还到架。从思想上重视还刊，不能因为个人行为影响整个图书馆的工作，从而影响装订效果。负责订刊馆员通知邮局，下架期刊时间已到，未到期刊尽快近期到馆，配合图书馆工作，而不能任由出版商按个人意愿行事。事实上是许多刊已经来了大半年了，有的刊却才来上年的最后一期或者二期甚至三期。

合理安排期刊下架时间，提高服务质量。往年期刊下架时间承袭以往经验，时间过早，耽误毕业生和教师查阅期刊，降低期刊利用率，给师生造成不便。他们也不知道期刊下架规定，看不到图书馆的任何通知，致使他们不能查到需要的资料，影响对图书馆资源的使用，无法实现“读者第一、服务至上”的愿望。不能配齐的全刊数量过多，不能保证期刊的完整性和利用效果，更不能保障过刊的优良馆藏资源的建设。期刊下架是个工作量很大的工作，全刊下架后等待装订是个漫长的过程，一般从下架到装订好上架至少需要半年时间才能与读者见面，这半年时间会给读者带来很大不便，所以应合理科学完成下架任务。

2 采用全刊下架，提高期刊使用效率

期刊下架方式不同，给读者带来的服务和影响也不同。以前大多图书馆采取集中下架法，就是全刊和不全的刊同时下架。这种下架方式简单，做起来省事。期刊全的送去装订，不全的配全去装订，配不全的堆在一起做完缺刊登记再送去装订。许多刊架上下架后空缺，新刊还没有来，老刊已下了架，这样造成读者阅览不便，影响读者学习和阅读心情。

随着工作经验的积累，我们对下架方式也进行了改进，采用全刊下架法，就是先下架到齐的全刊，送去装订。不齐的刊仍放在架上，一方面等没到的

刊，另一方面继续供读者阅览。这也是现在很多高校图书馆采用的期刊下架方法。这样既完成了期刊装订任务，又最大程度照顾了读者的阅读需求，提高了期刊使用效率。

在配齐不全期刊过程中，依据馆藏目录最为可靠。每年不全期刊有一定数量，需要查阅馆藏才能最终确定是否到齐。比如，月刊到齐一般是十二册，某种月刊中间少了七月份的，缺刊上记录下少了七月，定性为是不齐的。可是查看期刊馆藏目录，目录中显示没有馆藏七月刊，说明本刊出版社没有发行七月刊。对于图书馆来说，此刊就是全刊，应该放在全刊一类里。这种情况很多，所以对照馆藏目录是认定不全刊的唯一根据。

最后，把不全刊做个缺刊登记目录，通过催刊、联系出版社影印或者可以通过电子期刊数据库（CNKI、万方、维普）的全文下载后打印补齐后再装订，保持期刊的完整性和连续性。

3 突出学科特色，选择性保留装订期刊

众所周知，期刊的特点是连续性，因此期刊的装订也必须是连续不间断的，这样才能保持期刊的连续性。但是，图书馆过刊库的容量不可能无止境地增加，所以如何根据学校办学特色和学科发展来决定某种期刊是否要装订保留，也就是如何筛选合适的期刊进行装订就成了一个值得关注的问题。

首先，要根据学校办学特色和定位确定一批重要期刊进行装订，比如我校的办学特色是师范教育，有关师范教育的期刊就要作为重要期刊进行装订。此外，我校发展战略是国际化和信息化，与之有关的期刊也应该进行装订保留。这样可形成我校图书馆期刊的馆藏特色。

其次，广泛征求全校师生的意见，确定制作一批重要期刊装订目录。笔者建议重点征求各学科专家和学生代表的意见，选出一批有价值的学术期刊，作为必须要装订保留的期刊。这样就可以节省很多馆藏空间，充分发挥图书馆的馆藏功能。

再次，随着数字化图书馆的发展，现在CNKI、维普、万方等期刊全文数据库已发展的比较成熟，基本从创刊开始至最新的期刊都可提供全文下载，因此可以引导读者使用数字化期刊，这样就没有必要对所有期刊进行装订。

此外，对于不是重点的学科，可将采购的期刊进行筛选，可选出影响因子较高的期刊进行装订保留。这样可以提高资源的利用率同时也减少资源的浪费。

总之，期刊整理装订工作，不能仅作为一次突击性的工作去抓，应作为日

常工作去做，它应贯穿于整个的期刊管理工作中，优良的过刊馆藏来自良好的现刊管理，优良的读者服务工作应有良好的期刊管理作基础，让我们共同努力、不断研究新问题、新方法，使期刊的管理工作更加科学、完善、合理。

参考文献：

[1] 胡敏燕. 高校图书馆期刊下架及待装期刊的管理 [J]. 贵图学苑，2017（1）：53-58.

[2] 罗丽娟. 高校图书馆期刊装订工作存在的问题及其对策——兼论电子期刊的特点 [J]. 内蒙古科技与经济，2017（10）：158-159.

2017—2019年教师个人图书验收经费使用分析

王利萍　陈　莉

（华中师范大学图书馆，武汉，430079）

【摘　要】 本文对2017年1月至2019年9月近三年的教师个人图书验收数据进行分析，以揭示教师个人图书验收经费的规律，并为提高图书验收服务水平提出相应的建议。

【关键词】 图书验收　验收经费　验收经费分析

1　工作流程

随着学校科研经费的逐年递增，教师用于购置图书的经费相应增加。从2016年5月，华中师范大学（以下简称“华师”）图书馆开始接收华师教师个人图书验收报销工作。教师个人图书验收是图书馆针对各院系的教师个人购置图书的验收工作，华中师范大学图书馆教师个人图书验收的流程为：

（1）图书馆发布通知公告，教师在图书馆网页上下载图书验收单。根据姓名、单位名称、一卡通号、开票单位、发票号、图书种数、图书册数、图书金额进行登记，打印出对应的验收单盖上姓名所属单位的公章。

（2）教师将验收所需材料（图书验收单）拿到图书馆文献资源部进行验收，具体的验收步骤有：先将纸质图书验收单交到图书验收处，然后在图书发票上盖“华中师范大学图书资产验收”章，并将电子版的图书验收单发送或拷贝到图书验收处的计算机上。最后一步，在图书验收处的计算机上填写验收明细表，明细表中需要填写的信息包括日期、姓名、院系、学科类型（自然科学和社会科学）、册数、金额等。

（3）教师将盖上“华中师范大学图书资产验收”章的图书发票，拿到学校财务处报销。

从2017年1月至2019年9月，图书验收明细表中存储了许多教师个人图书验收数据。本研究将对2017—2019年近三年的教师个人图书验收数据进行分析，以揭示教师个人图书验收数据的规律，尤其是教师个人图书验收经费使用的规律。

2 教师个人图书验收经费分析

对2017年1月至2019年9月近三年的华中师范大学的教师个人图书验收数据进行了统计分析，得到了2017—2019年近三年的总体数据的描述统计结果、近三年各季度的图书验收数据趋势，并且对图书验收经费按照学科类型（自然科学和社会科学）分别进行统计分析。

2.1 图书验收数据总体分析

从2017年1月至2019年9月近三年教师个人图书验收的总人数为7277人，总验收图书册数为33.22万册，总验收金额为1420.03万元，人均验收册数为45.7册，人均图书验收金额为1951.4元。

教师个人单次图书验收金额集中在0—5731元和5731—11450元这两个区间。近三年间，93.6%的图书验收记录中教师个人单次验收金额处于0至5731元，3.6%的图书验收记录中教师个人单次验收金额处于5731至11450元，而只有2.8%的图书验收记录中教师个人单次验收金额大于11450元。在实际的图书验收工作中，大多数情况下，图书验收处需要处理验收金额在1万元以下的教师个人图书验收单，很少需要处理单次验收金额上万元的教师个人图书验收单。由于教师个人图书验收金额的分布规律以及图书验收实际工作中遇到的问题，图书验收处对于金额较大（如单次图书验收金额超过3万元）的验收单，要求验收单上不仅要有教师所属院系的盖章证明，还要有教师所在院系的主管领导的签字证明。对图书验收金额较大的图书验收单，添加了院系领导签字证明的步骤，不仅能够在院系层面让院系主管领导对图书验收进行审核，还可以在图书验收层面减少图书验收处对图书验收金额审核的压力，给图书验收的工作带来了便利。

2.2 各季度图书验收经费分析

由于在寒假和暑假期间，华中师范大学图书馆有一定时间处于休馆状态，图书验收处也会停止图书验收工作，所以在寒假和暑假期间，图书验收数据为空。在实际工作中，为了数据统计的便利，会把验收人数较少的两个月份（如寒假的1月份和2月份、暑假的7月份和8月份）的图书验收数据进行合并，因此选取季度为分析图书验收金额变化的时间单位。

通过对2017年1月至2019年9月近三年间各季度的图书验收金额进行分析，以找出不同年份、不同季度之间的图书验收的趋势，分析结果可以得出不同年份、不同季度之间的图书验收的趋势。

（1）不同年份之间的图书验收趋势：从不同年份的角度分析，2018年和

2019 年的图书验收经费差距较小，而 2017 年四个季度的图书验收经费都明显大于 2018 年和 2019 年的图书验收经费。2017 年的总验收金额为 3285849.52 元，2018 年的总验收金额为 663007.69 元，2019 年第一季度到第三季度的验收金额为 313881.2 元。

（2）不同季度之间的图书验收趋势：从不同季度的角度分析，验收经费最多的季度为第四季度，验收经费最少的季度为第一季度。四个季度的验收经费依次为：第四季度＞第二季度＞第三季度＞第一季度。2017 年第四季度的验收金额为 1672711.17 元，占了 2017 年总验收金额的 50.9％。2018 年第四季度的验收金额为 378269.09 元，占了 2018 年总验收金额的 57.1％。如果假设 2019 年的验收金额符合 2017 年和 2018 年的趋势，则可以预测 2019 年第四季度的验收金额很可能会超过 31 万元。

2.3 图书验收经费学科类型分析

自 2018 年 1 月以来，图书验收处要求教师必须填写图书验收经费的学科类型，教师需要填写学科类型为自然科学或社会科学。图书验收经费的学科类型和教师个人所属的学院有关，如果教师所属学院为马克思主义学院、中国农村研究院等，则图书验收经费的学科类型为社会科学，如果教师所属学院为物理学院、计算机学院等，则图书验收经费的学科类型为自然科学。对图书验收经费划分学科类型，有助于分辨图书验收经费的使用用途。

本文通过对 2018 年 1 月至 2019 年 9 月的图书验收数据按学科类型（自然科学和社会科学）进行统计分析，目的在于得出自然科学和社会科学这两种不同用途的图书验收数据存在的差异。可以分析得到 2018—2019 年各月份的经费数据的变化趋势，以及不同学科类型（自然科学和社会科学）的图书验收经费的差异。

3 经验总结

图书馆对教师个人图书报销工作已是常规性的工作，也是图书馆工作人员为学校广大教师服务树立形象的体现。本研究通过对图书验收明细表的分析，统计各年份、各季度的教师使用科研经费购买图书所用的金额，反映出图书金额使用状况。通过数据揭示图书验收金额的规律，使馆员通过了解验收金额的规律，加深对教师个人图书报销验收工作的理解，提升服务水平，做好教师个人图书报销验收工作，从而保证图书馆馆藏建设的顺利进行。

参考文献：

[1] 王利萍，刘勇．高校个人图书报销验收工作简化流程的初探——以华中师范大学为例[J]．内蒙古科技与经济，2018（24）：140-141．

[2] 张志毅．浅谈新环境下高校图书馆中文图书验收工作[J]．内蒙古科技与经济，2019（12）：153-155．

[3] 薛雅欣．浅谈高校图书馆图书验收工作[J]．内蒙古科技与经济，2017（14）：111-113．

对高校资料室建设的几点思考

魏　云[1]　汪　琳[2]

（1. 华中师范大学美术学院；2. 华中师范大学图书馆；武汉，430079）

【摘　要】结合高校院系资料室的现状、特点、藏书建设、管理模式等对高校院系资料室建设问题进行探讨。

【关键词】高等学校　院系资料室　藏书建设　文献服务

高校院系资料室是学校图书馆文献资源的组成部分，是学校图书馆的补充和延伸，院系资料室为学校教学、科研服务。随着信息时代的不断发展，院系资料室需要不断改革更新才能适应时代不被淘汰，笔者就如何做好高校资料室工作，搞好资料文献建设提出几点思考。

1　高校院系资料室建设的重要性

高校院系资料室作为学校图书馆的补充和延伸，主要收集本院系专业和特色文献为本院系师生服务。院系资料室人员对本院系教学、科研情况较为熟悉，在订购资料时，能够征求院系教师和学生的意见进行订购，也可以直接将征订目录发给教师和学生收集信息，让教师勾选所需要的教学、科研用书；由学校图书馆统一采购。院系自购图书，可以根据各个教研室的教学、科研需要，采购专业书籍。资料室比图书馆更贴近教学科研活动是服务院系教学、科研的前沿，因此，搞好高校院系资料室建设尤为重要。

2　高校院系资料室的特点

（1）具有学科专业性、系统性。资料室集中了本专业及相关学科的前沿性文献资料，具有较强的学科性、专业性、针对性和系统性。

（2）服务对象各不相同。高校图书馆的服务对象是全校师生员工，服务范围大，人员层次不同，需求各不相同。院系资料室相对单纯些，只服务于本院系师生。

（3）具有位置优势。院系资料室一般设在本院系的楼栋内，更方便师生查阅文献，在师生课余时间，能随时随地为师生提供服务。

（4）具有快捷性和灵活性。随着知识的不断更新，资料室需要准确、快速、全面地掌握教学科研的文献信息需求，可根据实际需要及时不断调整补充，为教学科研提供所需要的文献服务。

3 高校资料室建设的几点思考

(1) 院系资料室人员素质的提高。首先，资料室管理人员应不断提高业务素质，完善知识结构，加强学习，并通过讲座、会议和一些学术交流等活动来提高业务素质。其次，重视资料室人员的培养和职称评定晋级，提高人员素质，从而促进资料室的发展。

(2) 文献收集要体现本专业特色。院系资料室的文献收集应以本院系的重点学科和专业特色为目的，突出专业特色。收集价值高且不易获取的内部资料，收集国外学者来校讲学赠送的图书资料、教师出国访问带回的图书资料、各种学术会议论文及论文集、院系教师撰写的论著以及具有权威性和专业性的外文书籍等。

(3) 建立完善的管理制度和规章制度。为了更好地服务于师生，充分发挥资料室文献资源的作用，提高图书资料的利用率，必须建立完善的管理规章制度，如《资料室入室须知》《资料室工作人员守则》《资料室防火制度》《资料室阅览规则》《资料室图书文献借阅制度》《读者损坏及遗失图书的有关规定》《资料室工作规范》《文明服务条例》《文明读者公约》等。

(4) 学生参与管理有利于资源开发利用。这几年来，学校的贫困生可以在学校的各个单位、各院系和后勤部门参加勤工俭学，协助同各部门共同管理事物，同时可以获得一定的劳动报酬；学生参与院系资料室管理，可以带动周围的同学利用资料室来获取文献资料信息，提高图书资料的书刊利用。最好是录取低年级的学生来做资料室学生助理，这样他们的服务时间可以更长一些，经验更多一些，对专业资料更熟悉一些，能够更好地为本院系师生服务。

(5) 设立第二课堂有利于图书资料的开发利用。采取号召教师参与资料室管理和图书的采购目录勾选工作，把教学需要的图书勾选采购，这样使教师更了解资料室图书状况，根据资料室环境情况，充分利用资料室，可以提供教师每周在资料室开设小课堂 2 到 3 次，这样可以带动更多的学生到资料室来，熟悉资料室，利用资料室，使文献资料得到开发利用。

(6) 创造良好阅读环境更好地为师生服务。院系资料室占地面积不会太大，要合理规划好图书资料区域和阅览区域，可以用绿植合理装饰环境，免费提供饮用水，给读者一个安静、放松、温暖的阅读氛围。高校资料室是高校图书馆的重要组成部分，加强资料室建设与高校图书馆建设并重，要加强自身建设，充分发挥资料室的作用。

4 结语

高校院系资料室工作看似简单，但是要做出好的成绩实属不易，只有在工作中不断摸索，不断开拓创新，积极寻求与完善师生需求的模式和机制，才能最大限度满足师生的期望，更好地为教师教学、科研服务。

参考文献：

[1] 郭红英. 信息网络时代高校资料室的发展［J］. 图书馆理论与实践，2002（3）：86-87.

[2] 袁青. 试论高校院系资料室建设［J］. 高校图书馆工作，2004（1）：92-93.

台版图书的典藏价值及采选分析

王庆雯　戴　泳

（华中师范大学图书馆，武汉，430079）

【摘　要】本文从两岸的民族共性与地方特性出发，对台版图书的典藏价值及采选现状进行研究，以优化采选行为，提高台版图书的利用率。

【关键词】台版图书　图书采访　资源建设

自20世纪80年代以来，随着中央对台湾政策的调整、台海局势的缓和，两岸关系迅速发展，各种交流、交往日趋频繁，台湾问题愈来愈受到人们的关注，对台湾的研究也发展成为一个独立、特殊而重要的学术领域。作为了解台湾地区经济、社会与科技发展的重要途径之一的台版图书，在图书馆的资源建设中扮演着重要的角色。然而，由于信息载体多样化，出版品日益增加，各图书馆图书采购经费日益紧张，台版图书的采购也变得更加困难，目前馆藏的品种和质量远远满足不了文化交流和学术研究的需要。因此，有必要对台版图书的典藏价值及采选现状进行深入研究，以优化采选行为，提高台版图书的利用率。

1　台版图书的典藏价值

（1）传承中华民族文化。大陆与台湾地区一水相连，同根同源，有共同的文字、共同的民族文化艺术和共同的民俗风情。早在1924年，台湾新文学运动的先驱者张我军从文学的角度就说：台湾文学是中国文学的一个支流[1]。那么，用中文出版的台湾书籍，贯穿着中华民族文化的血脉，是中华文献宝库的组成部分，它从不同的层面揭示台湾地区的政治、经济、社会、文化、科技、军事等内涵，对维系中华文化的传承与进步具有重要作用。

（2）展现台湾地方特性。台湾是中国的领土，但由于台湾从近代以来经历了从土著社会到移民社会，从前现代社会到殖民地社会，从农业社会到现代工商等多次重大的社会转型[2]，台湾地区与大陆长期隔离，在不同的历史道路和社会制度下，台湾的文化呈现出多元化，客家文化、近代西方海权文化、日本殖民文化、现代欧美政治文化等对台湾社会的形成发展起到一定的作用。透过台版图书，可以让读者更深入地了解台湾不同的文化状况、境遇和民众心态，有助于大陆人民、学者认识台湾、研究台湾，增强民族认同感、归属感，促进两岸的交流与交往。

（3）具有一定的文献价值和学术参考价值。台湾的历史前景和地域特征使台湾拥有许多宝贵的文献资料。在台版图书中有不少反映台湾本土特色的客家文化、土著文化及台湾考古文物等资料性文献；另外，1949 年国民党政府在撤离大陆时，带走了大量资料、文物，其中就有原保存在北平故宫博物院文献馆和国民党“中央研究院”历史语言研究所的大部分清代档案[3]。经历史研究学者整理，这些珍贵的历史文献陆续被翻印出版，如联经出版社出版的《明清内阁档案》、文海出版社出版的《近代史料丛刊》等，这些文献具有较高的史料和研究价值。台湾典藏的日据时期大量翔实具体的文献材料也成为研究台湾的重要史料和参考依据。`

2　台版图书采选现状

（1）出版自由化。台湾地区拥有约 2300 万人口，土地面积仅 3.6 万平方公里，然而它的图书出版业却十分发达。目前，台湾地区出版机构 2400 多个，其中，大型出版社占 20%，中小型出版社占 80%；官办出版社占 20%，私营出版社 80%，出版新书品种每年达 4.5 万种，主要为社会科学类图书。随着台湾出版行业的商业化、市场化，出版思路也随着社会阅读类型、经济形势的转变而改变，非原创性图书增多，不少出版社热衷于再版古籍或近代名人著作，大量引进海外作品版权，用于学术研究的深层次图书出版量大幅减少。

（2）采购单一。由于政策限制，台版图书的采选还面临着一些现实困境。一是采购渠道单一，目前高校台版图书采购主要是通过有出版物进出口资质的供应商提供，如厦门外图集团有限公司、中国国际贸易等公司。而且采选的方式是以征订目录来预选图书，加之台湾地区图书的分类与新书简介与大陆的做法不同，从书目中很难了解到图书的真实价值。尽管书商每年都提供到馆书展服务，但展出的品种非常有限。二是采购的周期较长，引进台版图书必须进行严格的审批程序，且审批程序烦琐，无法满足那些要及时了解台湾政治、经济发展动态，尽快掌握第一手资料的读者的需求。

（3）图书定价高。据我校 2017—2019 年入藏的 3766 册台版图书统计测算，平均每册图书花费约 220 元人民币，台版图书价格大大高于大陆图书。特别是一些学术性强的图书、大型丛书等价格都在数万台币以上。1993 年成文出版社出版的《清代朱卷集成》全套 420 册，38 万台币，近年来文听阁图书公司出版的《晚清四部丛刊》每辑 120 册，30 万台币，出版了 10 辑。这些图书有一个特点就是以不同的系列形式连续出版，有的要延续几年才能出完。要完整收藏，需要足够的经费支持，而经费紧张问题已成为图书馆的普遍现状。

（4）图书利用有限。台版图书多以繁体中文印刷，从右到左的竖式排版，日常用语也与大陆不同，这在一定的程度上影响台版图书的利用。目前馆藏的台版图书除了文学、旅游、生活等畅销书受一般读者的欢迎外，史、哲、政等图书的使用对象主要是本专业的研究生、专家、学者，其主要是为学术研究进行查阅、参考。

3　台版图书采选策略

采访工作是文献资源建设工作的关键环节，其工作质量直接影响图书馆的藏书质量和馆藏结构。我们了解台版图书所具有的特点和当前出版、采购中存在的问题就是为了建立一个良好的台版图书收藏体系，使图书馆文献资源收藏更具特色和价值。

（1）提高采访人员的综合素质。现在海峡两岸在政治、经济、文化等方面还存在着较大的差异，采访人员除了需要具备良好的专业素质和业务能力外，还要有明锐的政治头脑和明辨是非的判断能力。要养成利用网络信息资源的工作习惯，快速掌握两岸的出版状态及相关的政策，并根据出版的形势、读者的需求，及时调整采购方向，让台版图书的收藏更加科学合理。

（2）扩宽采选渠道。在加强与图书馆配书商沟通合作的同时，应主动与专业出版社和有影响力的出版社建立良好关系，开辟台版图书采选新渠道，缩短图书的流通与采购成本；并通过两岸单位间的学术交流平台，主动与参访人员联系，及时掌握文献信息最新动态，建立两岸间资源交换关系，为图书馆争取更多的资源。积极开展区域间的多维合作，通过协作采访，实现文献资源的共享和互补，最大限度满足读者的需求。

（3）明确采选范围。首先，依据学校专业、优势及特色学科的设置、科研人员的需求，有针对性地采购，如我校台版图书的采选重点放在语言文字学、近现代史、文献学、中外政治制度、教育学等方面；法律、经济、管理类图书视教学要求适当采购；文学作品采购精益求精，收藏具有影响力的作品；生活、漫画和言情类图书少量采购。其次，采购人员应主动介入学科建设中，及时掌握学科发展、专业变化、学科研究方向，与教师、专家建立互访机制，定期对文献的使用情况进行统计分析，并结合使用情况及时调整采购策略。

（4）加强图书入藏验收复查工作。台版新书入藏时，验收人员应按图书题名页、版权页、出版说明、序跋等著录的信息，用正题名、副题名、分题名、从书题名、题名中的关键词、译著原名、著者、译者等多渠道进行查重，使新书在加工前将同书异名、同人异署、一书多译、一书多版等不适合购进的图书挑选出来，退回书商，从而有效控制采选过程中，因数据著录不规范、出版中改变题名、著者及装帧形式等因素而造成的重复采购，提高图书经费的利用效益。

参考文献：

[1] 闻毅. 民族共质与地方特性：台湾文学性质论析 [J]. 福建论坛（人文社会科学版），1992 (2)：20-27.

[2] 庄礼伟. 百年来台湾文化的源流、属性与变迁 [J]. 东南亚研究，2005 (3)：87-92.

[3] 马明霞，路保安. 台湾现存清代档案文献史料述略 [J]. 山西档案，2010 (1)：31-33.

例谈古籍版本的识别方法

邓艺清　姚婉燕

（华中师范大学图书馆，武汉，430079）

【摘　要】 版本识别是一项实践性、经验性较强的技术工作。在一定的理论知识指导下，需要不断接触藏品、加强学习、反复比较；在识别过程中，应讲求一定的技巧性，注意方式方法，抓住书中的重要信息，如牌记、序跋、书中讳字等进行综合分析；还要善于借助工具书、网络共享数据资源进行比对和考证，才能准确识别古书版本，更好地服务读者。

【关键词】 古籍文献　版本　识别

古籍版本的定义有狭义和广义之分。狭义的古籍版本专指雕版印本，广义的古籍版本泛指包括写本、印本在内的，用各种方法制作而成的古代图书的各种本子。通俗地讲，就是同一种书各种不同的本子。日常工作中接触到的刻本、活字本、抄本、写本、稿本、钤印本、石印本、珂罗版印本、铅印本等，都属于古籍版本的类型。

识别版本是一项实践性、经验性较强的技术工作，需要有足够的理论知识和实践经验。应掌握与古籍版本有关的知识，除此之外更应注重实践积累。对一种书，要熟悉它，就得多看，百闻不如一见。要识别它，就得多比较，有比较才有鉴别。可以先易后难，首先找一些有确切版本信息的古籍反复看，仔细谛审，从中牢记每种版本的风格特点、版式风貌、印纸墨色、字体刀法，再找一些没有明确版本信息，但是已经有前人或者别人考证出来的版本书加以学习，并逐一加以判断，这样反复比勘、用心记忆、善于总结、认真积累，慢慢就会取得识别版本的实践经验。识别一书的版本，大都难以做到从头至尾的通读，这时就要讲求一些方式方法，抓住书的重要信息，如牌记、序跋、凡例以及后人的识语、藏书印等，认真读懂弄通。在古籍借阅中与学生交流总结经验，从全国古籍普查编目中提高认识，现介绍几种识别方法，与大家一同探讨。

1　根据牌记来识别版本

牌记，又称为木记，是出版者用以说明版本情况的一种专门标志，类似现代图书的版权页。牌记主要记录刊刻时间、地点、书名、刊刻者姓名等。起初牌记只是简单的方框形，后来出现了钟鼎形、香炉形、琴瑟形等不同形状的图案。甚至不少书坊形成了专用的牌记形式。牌记一般位于书前内封题名后页。如果一种古籍有了明显的牌记标识，就可以根据这些文字信息去识别该书的版本。这种方式是识别版本最常用的方法或者说是常走的门径。

明、清两代的古籍带有牌记者较多，尤其是清代，时代越靠近，牌记识版本的可靠性越强。以华中师范大学图书馆（以下简称“我馆”）为例，现收藏古籍十万余册，其中明版约105种、1777册，其他绝大部分古籍属于晚晴至民国时期。在进行全国古籍普查平台的编目登记中，发现有牌记标识的古籍较多，据此信息来确定版本应该是比较准确的。

例一，牌记。

索书号	书　名	牌　记
081.2/2528/1（我馆）	經義考：300卷/（清）朱彝尊著	“光緒丁酉仲烁浙江書局刊成”

说明：根据牌记内容，公元1897年是“光绪丁酉”年，那么此书版本应为：清光绪二十三年［1897］浙江書局刊刻。

例二，牌记（多个）。

索书号	书　名	牌　记
710.827/4443/1（我馆）	樊山集二十八卷续集二十八卷樊山批判十四卷……	樊山集：光绪癸巳冬渭南縣署開雕；续集：光绪壬寅西安县署开雕；批判：光绪丁酉春孟本衙藏板……

说明：此书是合订本，分多集，每集在内封题名后页都有对应的牌记，那么在确定版本时应该是一个时间段，刊刻时间均在光绪年间，最后版本确定为：清光绪年间（1893—1906）刻本。

当然，古书浩如烟海，情况纷纭复杂，还应注意书板易主改牌的情况。一书递传时间久了会更换牌记的现象，应该综合来判断。尤其是丛书，还要注意牌记中提到的“……藏板”字样，一般来说藏板处应与刻书处相一致，通常可依藏板处确定版本，但是再行刷印时，还会保留原有的藏板信息，这时刻书处与藏板处就不一致了，因此要认真判断。

2　根据序跋来识别版本

古籍序跋大都有版刻缘起、经过的翔实记载，也是识别古籍版本的常用方法。众所周知，古人著述完毕，或由作者自己写或请当地官绅、同乡、同年师友等写一篇序，编撰完成后，再由这些人写一篇跋。通常情况下，序跋的撰写年份与版刻年份相同或者相近。

从序跋中找出与版刻有关的描述，是有一定技巧性的。一般来说，出现如“寿之梨枣”“付之剞劂”“用锓诸木”“授之梓”“令梓行之”“镂板”“椠刊”“刊行”“镌板”等词句时，应认真读懂上下文，因为这些词句都是反映版刻情况的。如果把这些词句的含义，与序跋撰写的年份和撰写人结合起来加以考察，就能得出确切的版本结论。当然除了卷首的序文外，卷尾的后序，同样值得信赖。

例三，序跋。

索书号	书　名	序　跋
710.827/4621（我馆）	移芝室古文一卷紫霞山館詩鈔一卷九哀詩一卷	序中有“今春三月……刊之……贼掠”，又“今……鋟之”，“鹹豐六年孟秋”等字样。

说明：此书没有牌记，通读序文，有如表中关于版刻的描述，经分析确定版本为：清咸丰六年（1856）刻本。

不过，著述完毕后遇事迁延的情况也有，这是古书常有的现象。因此，看序跋时还是要读通弄懂。

3　根据书中讳字来识别版本

避讳就是在文字上避免直书当朝历代君主和自己祖父名字的一套方法。在古籍文献中，常见的避讳方法有三种：一是改字，二是空字，三是缺笔。掌握古籍中的避讳不难，关键的一环就是要熟悉历朝，特别要了解历朝皇帝的名字，并注意由这些名字的同音字所衍生出来的嫌名。

以清朝讳字为例，康熙、雍正时期大量接触了汉族的文化，特别是儒家文化，就实行皇帝的名讳，非常严格。

例如康熙的名字叫“玄烨”，就是这个“玄”字在康熙年间（1662—1722），凡是写“玄”字最后这笔讳缺，避讳不写，凡是带“玄”字作为构字部件的字，如“炫”“眩”“泫”等一律都要避讳。“烨”字，左边一个“火”字，右边一个中华的“华”字，最后这一笔不能写。

雍正年间（1723—1735），雍正的名字叫“胤禛”，“胤”字最后这一笔不写，“禛”字最后这点讳缺，或改为“祯”。雍正的几个兄弟都必须把名字中的

“胤”改成“允”。

乾隆年间（1736—1795），乾隆的名字叫“弘历”，“弘”字，缺最后一点，“历”字也换一个写法，“历”字在书写中却都要改为“曆”，这是一个异体字。

嘉庆年间（1796—1820），嘉庆的名字叫“颙琰”，前一个字不常用，避讳起来就简单一点，但是在写的时候，还要避讳末一笔，“琰”字也要换一个写法，右边的“炎”，要写成“上火下又”等。在具体运用古籍中的避讳判断一书的刊刻年代时，要找出该书最晚一位皇帝的名讳。

例四，讳字。

索书号	书名及著者	讳 字
710.827/4234/3（我馆）	南畇文稿十二卷/（清）彭定求撰	书中讳、玄、歷、琰、寧、淳等字，讳字止于淳

说明：书中“讳、玄、歷、琰、寧、淳”等字，讳字止于淳。同治年间（1862—1874），同治的名字叫“载淳”，凡是遇到同治皇帝名字中的“淳”字，就必须不能写全，把其中的“子”字去掉一横，写成一个古怪的半拉字，或者改字。此书中的讳字最晚的对应字正是“淳”字，故推断该书的版本为：清同治年间（1862—1874）刻本。

4 根据考证来识别版本

在没有牌记、无序跋这些直接信息的前提下，识别一书的版本，是有一定难度的，这就需要平时加强学习和积累，有一定的分析判断能力。可结合书内的某个信息源，借助一些工具书或者采用其他途径进行综合判断。

例五，考证（工具书）。

索书号	书 名	书中信息
081.1/7110（我馆）	皇清經解一千四百卷續刻八卷卷首一卷	正文首卷之前的銜名前有“鹹豐十一年補刊”；版心下鐫：庚申補刊；正文首卷右下方有“學海堂”三字

说明：《皇清经解》是清代比较重要的一部经学丛书，被《中国丛书综录》收录。由上海图书馆编、中华书局出版的《中国丛书综录》，是国内41所图书馆收藏古籍丛书的情况汇总，此书共分三册，第一册《总目》、第二册《子目》、第三册《索引》，比较清晰地揭示了某部丛书包含哪些古籍及其收藏情况，同时也可以通过38891种单独著作来查询其被哪些丛书收录。经过认真核

对，我馆收藏的《皇清经解》应参照《中国丛书综录》中的版本定论。据《中国丛书综录》第 603 页记录：皇清经解一千四百卷续刻八卷卷首一卷，清道光九年（1829）广东学海堂刻咸丰十一年（1861）补刊本。

5 比对共享数据来识别版本

为了推进古籍整理工作的进一步发展，实现古籍文献书目的共建与共享，由北京大学、南京大学、复旦大学、山东大学等 24 家全国重点高校图书馆合力创建了“高校古文献资源库”，简称“学苑汲古”，其内容不仅包括各参建馆所藏古文献资源的书目记录，而且还配有部分相关书影或全文图像，总体规模庞大，资源品种多样。高校成员馆古籍编目人员可以查看、比对并下载、使用数据、交换数据，是一个很好的业界数据学习平台。

对于那些信息残缺的古籍文献，或者主观判断有些模棱两可、有待进一步证实的，不妨可结合该平台提供的书影，从行款、板式、字体、首卷卷端等方面进行逐一比对，找到对应的版本信息。

例六，比对书影。

索书号	书　名	书中信息
710.827/2717（我馆）	仲實詩存二卷仲實類稿一卷	无明显的版本信息

说明：此书内封后页无牌记，序跋中也无相应的版本提示。以题名为检索条件，在“学苑汲古”中先查到相同题名、卷数一致的数据，再从行款、版式上对照书影进行比对，找出与藏品相匹配的书目，分享他馆的技术经验。故该书版本为：清末（1862—1911）刻本，版本依据：参考南开大学图书馆收藏的书影。

参考文献：

[1] 崔文印. 古籍常识丛谈 [M]. 北京：中华书局，2009.

[2] 冯方. 例谈明清帝讳字与古籍版本的鉴定 [J]. 韶关学院学报（社会科学版），2015 (1)：23-25.

[3] 李致忠. 古书版本学概论 [M]. 北京：北京图书馆出版社，1990.

[4] 毛春翔. 古书版本常谈 [M]. 上海：上海古籍出版社，2002.

[5] 严佐之. 古籍版本学概论 [M]. 上海：华东师范大学出版社，1989.

基于“互联网＋”的高校图书馆用户信息需求特点与服务模式探析

戴　泳[1]　邹　霞[2]　林　琳[1]

（1. 华中师范大学图书馆；2. 华中师范大学历史文化学院；武汉，430079）

【摘　要】探讨在“互联网＋”环境下用户信息需求的变化与特点，提出以用户需求为导向，对图书馆的服务模式进行变革，通过与互联网的有机融合，促进高校图书馆的建设。

【关键词】“互联网＋”　高校图书馆　用户信息　服务模式

在“互联网＋”环境下，高校图书馆用户的信息需求也在发生变化，呈现出许多新的特点。网络技术和信息技术的发展促进了用户个性化的信息需求，用户在进行信息活动中，既受用户的心理、认知及个人素质等主观因素的影响，又受学历、职业、地位、所处社会环境和利用信息的条件等客观因素的影响，不同用户之间存在明显的个性差异。因此利用大数据、互联网技术深度融合各类信息资源，是图书馆必须开展的服务。随着互联网进程的不断深入开展，高校图书馆应对其服务模式、服务内容有所创新，加强对用户需求变化的研究，制定相应的解决方法，是提高图书馆信息服务水平的前提和保证。

1　“互联网＋”环境下图书馆用户信息需求的特点

“互联网＋”与互联网密不可分，“＋”意味着深度融合。在“互联网＋”环境下，高校图书馆用户信息的需求变得越来越多样化，获取信息的途径也越来越便捷。具体表现在以下几个方面：

（1）用户范围的广泛化。“互联网＋”环境所具有的广域性特征，使得图书馆能检索到世界各地的信息资源，信息需求的用户也是可以来自四面八方，这就改变了传统图书馆的服务对象一般局限于本地区、本系统和本单位的相对稳定的用户群的特点。用户可以不用到图书馆，只要遵守一定的协议和规则，便可在家、在办公室、在公共场所随时检索和利用图书馆的信息资源，打破了传统信息索取的时间和空间限制。通过互联网技术的运用，高校图书馆的用户人群将会不断扩大，用户类型的结构更加多元化，用户地理分布也更加广泛。

（2）用户信息检索手段多元化、互联网的高速发展带来了知识总量的不断增长和知识领域的不断扩展，网上信息的多元性优势同样促使用户信息需求不断扩大并呈现出信息需求多样化特点。传统的馆藏信息服务已不能满足用户需求，迫切需要内容新颖、来源广泛、类型完整的信息服务。过去，用户在检索相关信息时主要依靠的是纸质文献，时效性比较差。现在，用户通过互联网检索信息，可以在不同的数据库，各种电子资源库中更及时、更全面、更准确搜罗到信息。同时，馆员还可利用微信公众号、邮件、QQ 等互联网即时工具将用户需要的信息推送到用户手中。

（3）用户信息需求的精准化、互联网环境的形成，一方面极大地推动了社会信息化的发展进程，促进社会信息总量激增，使得信息资源日益丰富；另一方面也造成“信息爆炸”。各种无效信息、垃圾信息不仅给用户带来了困扰，也给网络信息环境造成了污染，削弱了社会有效的信息服务。面对庞杂无序的网络信息资源，用户往往很难找到精确的符合自己需求的信息。由于用户时间宝贵、经费有限，促使用户信息需求的精准意识增强，用户不再追求全面掌握与解决问题有关的一切信息，只希望能迅速、准确地获得决策所需的关键信息，以求得对问题满意的解决。由此可见，用户信息需求正从大量的一般信息需求逐渐转向对解决问题起关键性作用的精准信息需求的方向发展。

（4）用户信息需求的个性化和专业化。“互联网＋”时代，用户信息需求是多样的，而通过多样化的方式和手段获取信息成为满足用户需求的直观体现。高校图书馆的服务对象多是从事教学科研和高科技领域研究的专业技术用户，图书馆只有与时俱进，抓住机会与互联网进行融合，构建与用户间的亲密关系，形成新的服务内容和服务模式，并能有效地将分散在本学科、本领域及相关学科和领域的知识信息加以集中组织，从中提炼出对其研究、开发与管理创新思维至关重要的信息，并通过网络传递给他们，让他们运用到研究和产品开发中去，这种信息服务必须与用户职业工作的各个方面相适应。因此，迫切希望图书馆能针对性地为用户提供全程化、全方位的知识信息保障，满足他们专业性、系统性的信息需求。这些网络用户信息需求所表现出的个性化、专门化特点，将是图书馆在互联网环境下为重点服务对象开展个别化服务的重要依据和内容。

（5）用户信息需求的高效化。用户信息需求的高效化是长期以来图书馆与用户共同追求的目标，也是传统图书馆信息服务工作中较难解决的问题。在互联网发展的当下，知识更新的步伐加快，知识应用的时间在缩短，信息时效性日益增强，这些都促使用户在利用信息资源时对信息时效性表现出强烈需求。互联网信息资源的时效优势及服务快捷、便利、高效的特点，一方面进一步激发用户对高效化信息服务的需求，另一方面也为图书馆实现高效化信息服务提供可靠的保证。

(6) 用户信息需求的人文化。用户在接受图书馆信息服务时，对精神服务的需求不断提高，期望得到更多的人文关爱和尊重，期望在服务理念、服务行为、服务视觉上得到最大心理满足。同时，根据图书馆服务中的平等原则，用户更加关注代表个体利益和权力的认知自由权、文献信息资源获得权、个人隐私权等权力的维护和保障。“互联网＋”服务在图书馆中的应用，往往会涉及用户的个人隐私信息，所以图书馆工作人员在对用户信息进行分析过程中，应当对用户信息进行必要加密处理及安全保护，以防用户信息的泄露。

2 “互联网＋”环境下高校图书馆创新服务模式

(1) 服务模式个性化。“互联网＋”环境下，高校图书馆用户服务模式应由被动服务转变为主动服务，即以用户为中心的服务模式，根据每一位信息用户的年龄、身份、专业、研究方向等个人特点，以及他们过往的信息需求行为和偏好等因素，因人而异地提供独特的信息和针对性服务，通过互联网推送定制的数据资源，为其提供定向化的预订信息和服务并帮助用户建立个人信息系统。其根本就是尊重用户，研究用户的行为和习惯，为用户选择更为重要的信息资源，提供特色服务。个性化信息服务这一建立在“互联网＋”环境下的基于用户需求、信息资源变化及信息技术发展三位一体的全新信息服务方式，必将成为图书馆信息服务的一个发展趋势。

(2) 服务方式特色化。建立特色数据库，实施深度细分的定题服务。通过提供服务的载体，采取计算机对文献信息进行管理、开发和利用，借助网络传输技术和设备，对资源进行技术加工整合。特色数据库可以提供网上检索、浏览、下载，改变了传统的服务模式。因此建立具有馆藏特色的数据库，有针对性地实施定题信息服务，可以节省用户检索信息的时间，并满足其最大需求。

近年来高校图书馆加大了电子资源的采购力度，如“学术期刊全文数据库”“中国期刊网”“中国科技论文在线”“超星移动图书馆”等都是深受用户欢迎和熟知的数据库。同时，也根据本校特色自建了不少特色数据库，如华中师范大学图书馆就建有“中国农村问题研究文献数据库”“华大文库”“桂子文库”等，使信息用户足不出户就可以找到理想的信息和最优化的信息组合。

在“互联网＋”的背景下，高校图书馆只有不断创新才能把握用户的需求，才能抓住机会与互联网进行融合，构建与用户的亲密关系，实现用户信息诉求的深入挖掘，制定专属服务方案。

（3）多种媒体融合化。“互联网＋”的时代也是多种媒体全开放的时代。高校图书馆与互联网不断融合与交互，突破了时间与空间的限制，构建了较为开放的网络服务体系。各种媒体传播技术互相融合，使信息流通高质高效，馆藏资源不断丰富，特别是大型资源平台的辅助作用，实现了信息传播途径与方式的多元化，使得互联网信息的全覆盖和信息资源的共建共享得以实现。

3 “互联网＋”环境下图书馆创新服务需注意的问题

（1）用户隐私保护。“互联网＋”服务在图书馆中的使用，往往需要读者在使用时输入个人信息，以验证的形式保证个人信息的真实性，实现对读者信息的核对。这就涉及用户隐私问题，为此，图书馆网站在进行个性化信息服务的初期就应制定较为详细的用户资料保密策略，提供设定用户隐私公开程度的工具和运用保证隐私不外泄的保护技术等。

（2）馆藏资源与数字资源的对接问题。图书馆的纸质资源分布和“互联网＋”服务中精确性还存在一定的差距，图书馆在运用“互联网＋”服务时，和馆藏资源之间在结构上会有一定缝隙存在，一些读者在使用时难以获得比较准确的信息，因此在“互联网＋”服务中应注重个性化服务的设计，使得数字资源能够为用户进行针对性服务。

（3）服务反馈。这不仅仅反映用户的满意度，更是对今后如何进一步开展个性化信息服务工作的重要依据，这其中包括用户信息、访问频次、反馈信息等内容。通过统计和分析，评价服务效果，总结和分析服务中存在的问题，进一步提高服务质量。

4 结语

图书馆用户信息需求的研究是一项基础的也很重要的工作，只有充分了解用户需求特点并制定相应的对策才能更好地为用户服务。在“互联网＋”的环境下，高校图书馆通过和互联网的有机结合，对传统服务模式进行变革创新，才能应对互联网的发展带来的冲击，提升高校图书馆服务质量和水平。

参考文献：

［1］李霞．“互联网＋”和大数据背景下高校图书馆服务模式的转变［J］．卷宗，2018（17）：75，44．

［2］高媛．基于大数据分析技术的智慧图书馆信息服务模式研究［J］．农业图书情报学刊，2018（6）：189-192．

大学生阅读能力培养与图书馆馆员的作用

陈立新　陈　莉

（华中师范大学图书馆，武汉，430079）

【摘　要】本文分析了大学生的阅读兴趣爱好及特点，以及高校图书馆馆员自身的工作能力、优势和不足，提出培养大学生阅读能力是高校图书馆文化建设的主要任务之一，由此达到强化校园学风建设和精神文明建设的目的。

【关键词】大学生读者　图书馆馆员　阅读能力

高校图书馆作为学校教育教学和教研服务的一个非常重要的服务性机构，主要承担着整理书籍资料为师生提供阅读和查询服务的重要职能，如何更好地发挥高校图书馆的服务职能，是所有图书馆管理人员和从业人员共同的研究课题。这一问题关系着高校图书管理的效率，以及能否为高校教师和学生提供更完善的资料和更贴心的服务，以及在促进学校文化建设上能否有所作为。因此，高校图书馆的文化建设问题对于高校的整体工作至关重要，需要广大的图书馆管理者付出更多的努力，对高校图书馆文化建设积极研究。

培养大学生阅读能力是高校图书馆文化建设的主要任务之一。社会发展离不开人才，科学进步离不开创新。创新是社会前进发展的基石，是取之不尽的动力，更是一个民族进步的灵魂。大学生作为社会活动中最具活力的群体，有着强烈的求知欲，渴求着获取知识改变命运的能力。而阅读是学习的开始，是认知过程，是知识学习、完备知识体系的一种重要手段。阅读素养是学习能力的体现，通过阅读过程能获取独立思考、思想传递和思维想象。阅读能力的高低直接影响着学习效率。图书馆通过组织开展创新学习活动，培养学生的阅读能力，不仅仅是为了帮助他们更好地学习专业知识，实现个人能力的转换，还是为了培养独立思考，养成良好学习习惯，培育创新精神。因此，高校图书馆作为人才培养基地和信息资源集散中心，对提高国民素质、培养创新人才具有不可估量的作用。

1　如何促进大学生的阅读能力

高校图书馆是为大学生服务的，做好服务工作是图书馆最重要的工作，高校图书馆不仅要提供给学生需要的优秀书籍，更要对大学生的阅读进行有效指导。这也是高校图书馆应尽的任务。那么，如何才能做好大学生阅读指导工作，要做到以下几个方面：

（1）从大学新生开始培养阅读能力。新生入馆教育是对大学生进行阅读能力培养的关键环节。刚进入大学的学生，对学校的一切都充满好奇，图书馆必须抓住这一有利时机，先入为主地开展入馆教育活动。举办新生入馆专题讲座，给新生发放《读者手册》《馆藏图书资源介绍》《图书馆规章制度》等有关资料，对图书馆的馆藏文献资料、图书检索方法以及其他的服务内容进行逐一介绍，并组织大学新生参观图书馆，由图书馆专业人员进行现场讲解，使他们了解图书馆，喜爱读书；通过对图书馆的功能、馆藏目录体系等有一个全方位的了解，为以后有效利用图书馆文献资源打下良好基础。古人云："授人以鱼不如授人以渔"；"渔"这里讲的是学习的方法。大学生阅读能力的培养就是要培养他们良好的阅读思维、阅读方法。

大学生的需要永远是我们的出发点，阅读指导是在图书馆进行的，是由图书馆馆员来完成的工作，由于不同年级的大学生对于阅读的需要也不尽相同，所以，图书馆馆员必须要注意到大学生的年级特点，结合他们的实际情况，对大学生进行分类指导。

（2）通过阅读课提高大学生的阅读兴趣和阅读能力。高校图书馆要经常有针对性地举办阅读课，这是对大学生进行有效阅读指导的重要方式。可以经常组织大学生参加有趣的阅读活动，提高大学生的阅读兴趣。在校园中形成"多读书、读好书"的良好氛围，实现图书馆文化育人、阅读育人的功能。阅读活动可以采用以下几种方式：①每年举办"阅读活动月"活动，吸引更多大学生参与；②举办专题讲座，邀请有关专家学者对大学生进行阅读方面的指导，提高学生理论素养；③组织读书会，会员定期汇报读书进度与读书心得，互相交流经验，取长补短。可以针对大学生在阅读活动中出现的问题进行有效的指导，促进大学生阅读能力的提高。

（3）培养大学生良好的阅读习惯和终身学习意识。大学生的阅读能力不是一朝一夕能够形成的，必须要经过长时间的培养和训练。培养大学生的阅读能力要着眼于培养他们良好的阅读习惯和终身学习的意识。高校图书馆馆员应该经常性给大学生介绍图书馆藏书情况、目录使用方法以及借阅手续等，培养大学生掌握独立查找书刊、选择图书和借阅图书的方法，使他们学会在同类书籍中进行比较分析，从中选择出优秀的书刊。同时，大学生也能够根据自己学习的需要和个人的兴趣爱好，有目的地查找自己所需的知识，进而养成独立寻找知识的能力。这些有助于大学生养成良好的学习习惯，使大学生终身受益。

2 逐步完善高校图书馆的功能，促进大学生阅读能力的提高

要促进大学生的阅读能力，仅有阅读方法的指导还远远不够，图书馆工作要勤练内功，进行自我修养和升级。为了保障和完善高校图书馆的功能，图书馆必须要对馆藏图书资料和图书馆的硬件设备进行升级，同时还要对图书馆的软件环境进行有效的整合，让它们发挥更好的作用。所谓的软件指的是高校图书馆的人员和环境建设，提高图书馆馆员的业务素质、服务意识、道德水平。这些都有助于高校图书馆创建良好的阅读环境，培养大学生良好的阅读习惯。为此，我们要对图书馆加大资金的投入，购置大学生需要的优秀书籍和刊物；要加强图书馆的管理和建设，强化图书馆馆员的服务意识和服务水平。因此，高校图书馆要经常对图书馆馆员进行业务培训，努力提高他们的业务水平和为读者服务的意识。

（1）提高图书馆馆员素质。信息时代背景下，高校图书馆馆员应具备广博的知识，既精通某一学科，熟悉各种信息源，具备信息检索能力，又具有高尚的责任感和使命感，能为读者提供更广泛、更有针对性的阅读辅导。在阅读教育中，图书馆馆员应具备一定的阅读学理论知识，掌握当代大学生阅读素质、阅读需求和阅读习惯等特点，通过自身阅读经验与学生交流。图书馆应制定培养阅读教育师资队伍的长期规划，组织馆员积极参加各类教育与培训，外出参加学术会议，开拓学术视野，完善知识结构，加快知识更新，提高科研能力，打造高素质馆员队伍。

（2）充分利用图书馆文献资源。图书馆馆员依托丰富的馆藏图书资源，通过开展各种形式多样的导读活动，调动大学生的读书积极性，引导他们好读书、读好书。把馆藏图书中思想艺术性较高的经典名著重点推荐给大学生读者，使他们在读书中丰富自己的文化底蕴，提高自己的人格素养；让他们明白读经典名著就是和智者对话，培养他们做智慧型的学生；在读书过程中，做到读书与反思相结合，读书与批判、继承、创新相结合，让读书成为大学生的自觉行动，使学生们在人人爱读书的书香校园氛围中幸福成长，在潜移默化中升华审美情趣、思想觉悟、道德情操，由此达到强化校园学风建设和精神文明建设的目的。

（3）图书馆馆员形象有待提升。馆员的形象代表着图书馆的形象，关系到图书馆的生存与发展，良好的馆员形象是图书馆实力的体现。馆员的服务质量水平是衡量图书馆形象的核心。图书馆的作用和价值是通过读者服务来体现

的，而服务的手段、方式和质量是衡量图书馆效益最直接的因素。馆员的导读服务是最直接、最重要的手段方式之一；通过馆员的导读可以吸引大学生阅读书籍的欲望，图书馆可以经常举办读书节、书评以及专题讲座等图书导读活动，加深大学生对图书馆的印象，让越来越多的大学生认识到，图书馆不仅仅是单纯提供图书借还服务的场所，而是一个丰富大学生文化内涵的精神家园。

3 图书馆员对大学生阅读能力培养的重要性

图书馆馆员的导读工作很重要，高校图书馆的藏书至少几百万册，而且图书的种类、科目也不一样，大学生对图书馆馆藏图书情况不了解，不知道图书馆的馆藏特色，特别是一些对大学生非常有用的专业类图书，由于查询时间等原因，很难准确地进入他们的视野，使馆藏图书不能发挥应有的作用。这就要求图书馆馆员通过各种导读形式，把馆藏图书文献信息充分地展示给读者，让大学生了解馆藏图书状况和馆藏资料特色，使各类馆藏图书最大限度地进入读者视线，增加读者的挑选余地和兴趣，并能够激发大学生对有关书籍的关注，诱发他们读书的欲望，从而多方位多层次地满足大学生阅读的需要。

为了达到良好的阅读效果，提高大学生的阅读能力，高校图书馆必须围绕学校的教学和科研任务和大学生所学专业相关书籍高质量地完成图书采购工作，保证图书馆的藏书优质丰富。同时建立一支业务素质高、思想作风过硬的馆员队伍；定期邀请有关方面的专家教授对馆员进行指导培训，对学科最新动态有所了解，掌握更多的信息和专业知识，不断更新自身知识结构和理念，这样才能便于随时与读者沟通交流，对大学生进行详尽的导读。要为大学生划定阅读的范围和类型，引导他们阅读经典名著、专业书籍和教材；其次，指导他们制定阅读目标，处理好阅读数量和质量的关系；再次，指导他们掌握和运用阅读的基本方法，针对不同的专业书籍、教材、经典名著等不同类型的图书，采取泛读、粗读、细读和精读等不同方法。此外，图书馆要有计划邀请文学功底深厚的专家教授现身说法，向大学生介绍读书体会和科学的阅读方法，潜移默化地培养他们良好的阅读习惯和兴趣。

图书馆必须经常在宣传栏、电视屏幕、微信博客上进行书目推送。反映图书馆新近购置的图书主题内容，包括图书的名称、责任者、出版社、索书号等，以方便读者了解馆藏变化和借阅。

总之，在校大学生读者的学习生活中，高校图书馆占据着重要位置。可以说图书馆是他们在学校生活的活力源泉。因此，图书馆馆员的一言一行会深深地影响着他们，他们对图书馆印象的好坏在于图书馆馆员的语言和行动。因此图书馆馆员在工作中要注意保持良好的形象。充当好大学生读者的良师益友，引导大学生读者正确阅读，研究大学生读者心理和所需，在平凡的岗位中体现自己的价值，以自己高尚的人格行动来感染读者。帮助大学生读者在图书馆知识海洋畅游，陶冶情操，获取灵感，让他们学会自尊、自立、自强。

参考文献：

[1] 张玉莲．大学生阅读需求分析与阅读指导［J］．河南教育学院学报（哲学社会科学版），2006（3）：137-138.

[2] 郭琪．当代大学生阅读能力的调查分析［J］．图书馆工作与研究，2009（5）：93-96.

[3] 呼翠侠．高校图书馆促进大学生阅读的策略研究［J］．中国成人教育，2014（12）：67-69.

让阅读回归读的本质

郭昕茹[1]　邓映虹[2]

（1. 新疆博乐第九中学博尔塔拉蒙古自治州，833400；
2. 华中师范大学图书馆，武汉，430079）

【摘　要】 广泛地阅读、熟读、诵读书籍是储备语言材料、发展语言能力和提升语文素养的一个必不可少的环节。同时，新课标也要求我们的课堂教学要重视朗读、默读，逐步让学生学会精读、略读和浏览，以利于学生积累、体验、表达和培养语感。因此，语文课堂教学只有将阅读放在首位，实施以读为本的阅读方式和教学方式，只有引导学生借助文本进行多形式的反复阅读实践，让学生在眼到、口到、心到中把书读准确通顺，入境悟情，才能提高学生口头表达和书面表达能力，才能让学生在读后对文本产生共鸣，才能再谈分析和理解文本，品味它的精美，体会它的内涵。

【关键词】 课堂阅读　朗读　默读　速读　表达能力

1　“四读法”语文课堂教学模式提出的背景

随着教育事业的深入发展，面对新一轮的教材改编，全国语文阅读课堂教学出现了种类繁多的新教法，然而不少语文教师却感叹“语文课没法教了”，“越来越不会教语文了”。

语文课堂从过去一讲到底的“满堂灌”，到一问到底的“启发式满堂问”，再到音像画面的十足“科技直观展”，无数的课堂都注重了教学形式的新，却忽视了语文的本，忽略汉语言学习的特点和规律，忽略了语文最重要的目的是在传授基本知识的基础上，同时要提高学生的各种能力，尤其是口头表达能力和书面表达能力。

语文是一门交际性很强的学科，语文也是有声的艺术，语文与读息息相关。语文课堂教学有责任把读放在教学首位，让学生在读中体验文章的美感，感悟文章的内涵。

然而现在有的学生，多年的语文课堂学习，在生活中却说不了一句完整的话，写不了一篇通顺的文章，抒发不了一段真挚的情感。归根结底是教师在课堂上没有重视培养学生对语言的朗读能力、感知能力和表达能力的训练。课堂上教师再多的教授引导，不如放手让学生去阅读。只有真正落实以生为本，让学生在借助文本进行多读的基础上，他们才会有理解，有所赏析，有所感悟；只有阅读才是学习语言的源头活水，才能体味语文文字的魅力，才能促进其素养的提升，才能更好地将丰富的语言运用于生活的表达中。因此，读——朗读、诵读、默读、速读等是语文教学和学习的本质，是语文教学和学习亘古不变的法宝。

2 “四读法”语文课堂教学模式的理论依据

2.1 认识论中的“整体论”

作为提升学生能力的文本中的语言汉字，不仅仅指一个单独汉字，还包括一大段汉字，甚或一个篇章。我国天人合一的哲学思想，强调的是在对待事物的认识上，要有对事物整体的直接体验和感受。马克思在《政治经济学导言》中，以人口为例说明人的认识过程是从感性再到理性的，即从混沌的关于整体的表象（感性）——分析的理性所作的一些简单的规定（知性）——经过许多规定的综合而达到多样性的统一（理性）。

现代阅读教学论研究专家刘守立先生指出：“阅读心理的发展是一个整体认识的心理发展过程，即浏览语言文字，形成整体印象，然后揣摩文章的谋篇布局、遣词造句，最后再回到文章整体上去，才能获得对知识的掌握。”

可见，人们在阅读时应遵循这种认识规律，结合整篇文章进行整体感知，达到对文章中的细微的字、词、句、段、篇进行理解和把握。

2.2 传统的诵读教学理论

韩愈提出“读书反复诵读，反复玩索，深入理解词语和思想内容，汲取精华”，朱熹也指出“诵读已足，而未成诵。遍数未足，虽已成诵。必满遍数”。王守仁还概要地说明了教学的内容和步骤，特别强带了诵读的环节。清朝的陆世仪还特别指出学生应终身诵读。古人之所以强调朗读，是因为朗读符合汉语文字的特点——汉语具有很强的表意功能，还具有声音优美、音乐性强的特点。由此，朗读文本是古人时间和探究的智慧和结晶，为今天的阅读教学提供了丰富的理论依据。

2.3 朗读，符合心理学有关言语的理论

心理学研究表明，声音信息比文字符号更具有可感性，学生在诵读课文时，口、耳、眼三种器官协同参与活动，有助于增强语感。诵读可使平面、静态的文字变成立体、动态的言语，符合语文教学规律，也符合言语习惯的心理

规律。诵读是多功能的言语活动，其中有视觉感官的活动，有发音器官的活动，有听觉器官的活动。这种言语活动，通过沿口、耳、眼三条神经通道同大脑之间构成的一种网状信号传递，从而促进口头表达和书面语言能力。

2.4 读，符合素质教育的要求，有助于发展学生的思维

叶圣陶说："多读作品，多训练语感，多静心思考，必将能驾驭文字，必能有所获。"新课程标准实施建议中写道："各个学段的阅读教学都要重视朗读和默读。各学段关于朗读的目标都要求'有感情地朗读'，要让学生在朗读中通过品味语言，体会作者及其作品中的情感态度，学习用恰当的语气语调朗读，表现自己对作者及其作品情感态度的理解。朗读要提倡自然，要摒弃矫情做作的强调。"因此，有效的朗读和默读指导和训练，可以使学生从中受感染，从中去主动思考，能调动学生学习的积极性，并使他们养成良好的朗读和默读习惯，这对全面发展和提高学生的形象思维和逻辑思维的能力能起到很好的促进作用。

3 "四读法"语文课堂教学模式的教学目标

"四读法"语文课堂把读——朗读和默读，作为最根本的学习手段，将读始终贯穿整个教学过程，以读促说，能体现语文教学的本质，真正把学生当作读的主体，充分体现生本教育的理念。

（1）让学生通过阅读，享受读书的快乐，探寻语言的魅力，真正体现语言文字所追求的本质。

（2）语文教学是一门有声的艺术，语言不是静寂的字符，将读作为主体是语文教学的主要任务之一。通过朗读，使枯燥的视觉文字转化为生动的听觉声音，以情动人，使学生在爱与憎、悲与欢，心灵火花的撞击中与课文内涵的理念相沟通，产生共鸣效应，随之而来的就是对文本内容的深刻理解、领悟和审美判断。在语文阅读教学中，通过朗读进行一种最活跃、最直观、最经常的训练，培养语感，以读促说，提高学生的口头表达能力和书面表达能力，进而将这种能力迁移运用到生活实际的表达中。

（3）静心默读，静心思考。学生的阅读速度与其语文成绩成正比，同时也和其课外阅读量及知识面成正比。通过默读，不仅可以提高学生阅读的速度，还可以提高学生在短时间内获取信息、整合信息的能力，更重要的是可以使学生在静心默读中，进行思考、分析、归纳，理解文本的内容，体味感情，明白事理，从而提高学生思辨能力。

4 “四读法”语文课堂教学模式授课过程及要求

“四读法”课堂教学模式分四个环节，即默读感知—朗读表情—速读思考—扫读交流。其中要保障课堂教学顺利进行的前提，是要求学生提前做好文本的预读。

4.1 默读感知（5—8分钟）

默读课文，疏通文意，把握基础知识。

该阶段主要落实生本对话，属于放声朗读和理解前期的感知性层面读，以默读为主。结合课前的预读，再次默读课文，巩固基础字词，整体把握文本，感知文本，把握文章的情感基调，酝酿情感，同时为课堂流畅的朗读、用声音表现作者的情感态度做好准备。这个阶段顺利完成必须做好提前预读的准备。

4.2 朗读表情（5—10分钟）

这里的读指的是声情并茂地大声朗读文本。此阶段教师为辅，着重注意生—本的对话，朗读中要以声传情，传达出文章的喜怒哀乐。通过朗读，初步感知作品的感情基调、作家的创作风格等等。运用声音给其他学生传递文字中的信息和情感。此环节要做到以下三点：

（1）能正确地朗读，要用普通话，发音清晰，响亮，不读错字，不丢字，不添字，不唱读；

（2）能流利地朗读，朗读的速度基本接近平时说话的速度。

（3）能有感情地朗读，即根据文本灵活地处理自己的声音，读出不同的语调，读出词语之间、句子之间、段落之间的停顿，并注意抑扬顿挫，轻重缓急。适当运用一些朗诵的技巧，用富有感染力的声音表现作品的情节、人物形象和思想情感，从而也感染听者，让其他学生产生直观上的共鸣。

在这个教学环节中，为了激发学生的学习兴趣，要给学生更多展示的机会，要根据文本特点采用不同的朗读方法，让朗读形式丰富化。如教师范读片段、听读跟读、伴读、轮读、齐读、分组读，交互读、指名读、对话读、配乐读、表演朗诵等。教师同时也要指导学生相应的朗读技巧和方法，促进学生朗读水平的提升，教师要适时地对学生的朗读给予及时的评价与纠正。

4.3 速读思考（8—15分钟）

此阶段再次注重生—本的对话，属于理解中期的咀嚼性默读。通过自己默读，自己感悟，速读课文，运用分析、综合、判断、归纳等思维方式，思考并明确文本各段的核心内容，自我理解和赏析重点词语、句子，把握文章层次结构和主旨。此环节要做到以下四点：

(1) 速读每段，思考并把握好每段的核心语意，做好勾画和旁批。

(2) 整合文章各段的内容（最好能根据每段核心语意做到简要地复述课文），能思考和批注重点句子的理解和感悟。

(3) 理清文章的层次和关联，把握篇章的结构，从而提炼和把握文章的主要内容。

(4) 借助文本内容和关键句子，感悟文本写作对象的内涵，明确文本主旨。

整个速读过程，教师要多巡视、多指导，适当给予启发和积极的评价；还可以传授学生相应的理解、分析和归纳的方法，例如根据文体特点快速地把握文章的内容。在写人叙事的文章中的表达顺序一般为时间顺序、空间顺序、事物发展的逻辑顺序，人物的情感态度的转换顺序、事件问题的变化顺序，快速找出文章的叙事线索和情节的划分。指导学生边读边思考，思考作者写了哪些内容，为什么写这篇文章，作者又是怎么写这篇文章的，“我”生活中有这样的人、事、情、景、理吗，等等。启发学生多问几个为什么，能激发学生的探究知识的欲望，能拓展学生的思维空间，这样有助于学生养成独立思考、勤于思考的好习惯。通过默读，自主学习，静心思考和探究，完成对文本的理解和感悟。

4.4 扫读交流（10—15分钟）

针对问题，定向定位，扫读课文，思考、探究和表达。此阶段属于通过快速默读相应内容，思考、理解、交流讨论、反馈和表达的阶段。这个阶段教师要注重师—生—本三者的交互式对话，检测阅读效果，重视启发引导，强化表达。

扫读落实的具体要求：

(1) 能依据文本资源快速地分析具体问题，甚至提出问题。

(2) 能依据文本资源与教师的引导，综合理解文本的核心问题。

(3) 能概括性阐释和提出某些问题。

(4) 能结合文本和生活实际，交流和表达自己的理解和感悟。

(5) 能根据问题检测和评价自己阅读的效果。

(6) 能流畅、有条理地表达自己的想法。

此外，要注重在课后布置相应朗读和书面作业，拓展知识，迁移提升能力。可做摘录，品味文章中的优美句子；可仿写段篇，背诵文章中优美的片段、引用的诗词歌赋、名人名言等，积累素材，为写作打下基础；还可拓展相应基础阅读的书面训练，巩固和提高学生的书面表达能力。

5 “四读法”语文课堂教学模式的策略

把握好以下几个原则才能使四读法语文课堂教学模式每一个阶段得以顺利进行，并取得良好的效果。

（1）课前预读原则。遵循先默读后朗读和整体感知的原则，如使朗读表达这一环节顺利进行，必须在课前布置预读任务，让学生初步整体感知读——包含默读和朗读，以默读为主，朗读为辅。课前预读，要求学生在默读课文中，标出自然段的序号，并把读不准或不认识的字词用笔圈出来，用查字典、词典或网络搜索来明确字词的内涵，从而扫清文字障碍，积累基础知识，整体把握文本结构和大意。还可了解课文的出处、作者及其生平，了解作者创作背景及创作意图，把握文章的情感基调。也可根据自己对文本的把握，放声朗读，为课堂朗读表达的展示做好预热。

（2）方法性原则。语文是工具性和人文性的统一，工具性是语文的第一任务。无论是放声朗读表达，还是速读和针对性扫读的默读，都有很多方法和技巧，教师可先进行一系列的指导或课堂进行及时的指导，从而促进学生阅读方法的快速掌握。教师的指导，可以是有针对性的专题训练，也可借助文本针对某一个知识点的适时指导，循序渐进地让学生掌握一些方法，使他们有法可循，并将学到的方法运用到自己的读和表达中，提升学生的各种能力。比如朗读符号的标注，朗读如何做到控制气息，如何通过处理声音的轻重缓急、抑扬顿挫来表现情感，如何概括文本的核心语意等。

（3）情感投入激励原则。在朗读表达中教师的范读要充满激情，要做到“动其人，必先感其己”，要用范读去感染学生。学生在各个学习环节中，教师要给予正确的引导和积极的评价，同时也要指出不足，学生要在互动评价中自我反思和修正；教师尤其要注意对成绩暂时落后的学生，细心地挖掘他们读和说中的闪光点，增强其信心，激发其兴趣，消除其压抑感，增添其成功感。

（4）主体性原则。真正做到以生为本，发挥学生的主体作用，让学生读中悟、读后说，教师要多组织、引导、点拨和评价。朗读表达要多给学生展示的机会，扫读交流要结合启发性、探索性、开放性的问题，让学生多讨论，多表达，促进学生主动思考感悟、积极探究、大胆提出问题，从而培养有理有据、有条理的口头表达和书面表达能力，提升他们的理解、分析、归纳的思辨能力。

（5）针对性原则。每一个阶段都要进行针对性的训练和达标要求。课前的预读以梳理文本、感知文本为主，主动掌握相应的基础知识和有关文本的相关知识；课堂上第一环节的默读感知，以再次感知文本、酝酿情感为主；第二环节以训练口头表达、检测学生读的效果为主；第三环节的速读，以思考、理解文本，把握内容和主旨为主；第四环节教师必须针对文本精选一些问题，以分析、归纳、解决问题、讨论为主。每一个环节都要结合任务，了解学生学习的效果，给予评价，从而提出新的要求，改善教学内容。

总之，语文课堂教学模式并非一成不变，但读——诵读和默读，是语文教学的根本。没有读的讲，学生只会觉得干瘪枯燥；没有读的悟，学生只会觉得毫无所获。“四读法”语文课堂教学模式，只是抓住了学习语文的本质将知识最有效、最科学地传递了给学生，提升学生的能力。

参考文献：

［1］李卓．中国教育科研与实践［M］．香港：中国文献出版社，2009：180.

［2］张艳丽．中国教育科研与实践［M］．香港：中国文献出版社，2009：203.

浅谈高校图书馆读者管理与创新

李志刚

（华中师范大学图书馆，武汉，430079）

【摘　要】图书馆员对读者实施管理是图书馆服务工作非常关键的一个组成部分，高校图书馆的价值是通过不断完善服务方式、持续满足读者的需求来实现的。因此，高校图书馆如何适应不断变化的新形势，建立有竞争力的、可持续的服务体系，已成为高校与广大读者共同关心的问题。

【关键词】读者　人性化　服务　创新

网络时代，高校图书馆的服务对象和用户需求发生了很大变化，因而高校图书馆的服务内容、服务手段和服务方式在当今网务方式及服务理念也必然要随之发生变化，从这个意义上讲，探讨新时期高校图书馆的服务体系，具有十分重要的现实意义。

1　实现以人为中心的服务理念

图书馆服务在当前新的形势下，图书馆应从传统服务观念的禁锢中走出来，确立与和谐社会相应的图书服务新理念，为读者提供优质的馆藏借阅服务。在图书馆诸要素中，人是第一要素，为读者、教学、科研服务放在第一位，并以此发挥图书馆工作人员的主动性与创造性。树立以人为中心的管理观念，服务育人的理念，为教学服务，为科研服务，为读者服务，使图书馆要成为教学的第二课堂。

读者第一，服务至上，是图书馆的服务宗旨。为读者服务，不是一句抽象、空洞的口号，而是要在实际行动中贯彻执行的，要求图书管理员热心、耐心、细心为读者服务，时时、处处、事事为读者着想。在图书管理工作中，可为读者开展多层次、多方位的服务。改变服务方式，变被动服务为主动服务，如文献信息咨询、网上信息、课题跟踪服务等。利用网络、宣传栏等介绍馆藏信息资源等，为读者推荐优秀图书，帮助读者确立阅读目标和范围，加强与读者的交流与沟通。设置读者意见箱，倾听读者的心声。开通网上通道，实现查阅、续借、预约、新书通告、催还、咨询、文献检索等网上服务，节约读者来馆时间；通过延长开馆时间，满足读者的借阅需要。总之，图书馆要把丰富的馆藏资源，以最便捷的服务方式、最优良的服务质量、最充足的服务时间，为读者提供最有价值的信息，这样才能充分体现图书馆人性化服务的真谛。当今信息时代图书馆的工作重心应从书本位向人本位转移，读者不再是图书馆的客人，而是图书馆真正的主人。网络信息时代面对日新月异、瞬息万变的信息世界，图书馆服务如果停留在延续旧制的收藏和墨守成规的借还上，那么最终将被这个多变的时代所遗弃。高校图书馆工作人员必须从根本上更新观念，一切以读者的需求为准则，从读者的利益出发，为读者服务，对读者负责。图书馆的整个业务环节，应该自始至终贯彻以人为本的思想，只停留在微笑服务上是不够的，应从藏书楼的形态中脱胎出来，逐步向现代化、信息化的图书馆方向迈进。

2 重视入馆教育的重要性

入馆教育是新读者认识、了解图书馆的第一堂课，图书馆要重视并有计划地对新读者进行入馆前的教育。向读者介绍图书馆的各项服务功能，传授馆藏资源的检索和利用图书馆的方法，积极发挥图书馆的教育职能，对读者进行思想教育，教育读者爱护图书报刊，尊重图书馆工作人员的劳动，自觉地维护图书有序排列，养成爱护图书的好习惯，做文明读者。

（1）介绍图书馆馆藏结构使用方法及分布。全面、概括地介绍图书馆的藏书结构，详细介绍中国图书馆分类法索引，每类图书分布在哪个书库，怎样识别架标提示，通过各类图书读者能学到什么知识、掌握什么技能，激发读者自觉、主动地利用图书馆的积极性和热情，读者在图书馆的学习也会由被管理转变为自我管理、自我约束、自我完善。

（2）学习图书馆借阅规则及规章制度。利用课堂培训和网上图书馆，对新入学的读者讲解图书馆的规章制度、借阅规则，如通俗易懂的入馆指南，详细具体的读者服务，读者荐购、网上预约续借图书、网上新书通报，中国知网、维普数据库、数字图书馆等资源和数据库，满足读者对图书馆制度的知情权。通过引导读者对图书馆读者手册的学习，了解图书借阅规则，认识和明确对书刊污损、撕裂、批注、勾画、遗失等的处罚办法，帮助读者更好地遵守图书馆的规章制度。

3 创新服务内容、服务方式及模式

不断增长的多样化的社会信息需求使得图书馆必须从单一、封闭的传统服务方式中走出来，拓宽视野，创新图书馆服务内容，拓展图书馆服务功能，全方位地为用户提供文献信息服务。以人为本、读者至上的服务理念是图书馆生命之所在。在当前信息时代，图书馆不能只满足借还图书，应更新观念，改变传统服务模式，开展创新服务。

（1）推进图书馆服务现代化。要将网络技术和信息资源等现代科学技术广泛应用到图书管理工作中，努力推进图书馆服务现代化。切实将实体馆藏服务与数字图书馆服务结合起来，在搞好传统服务的基础上，充分利用现代信息网络平台，提供各种特色数据库服务、虚拟参考咨询服务、网上借阅浏览服务、网上信息资源导航服务，以及网上馆际互借、大众阅读等现代化服务。

（2）推进图书馆服务特色化。要改变传统图书馆大同小异的服务模式和千篇一律的服务内容，根据图书馆承担的任务和读者对象的独特性，挖掘和发挥自己的特色优势，开发有特色的服务项目和服务形式。图书馆服务应由信息服务向知识服务延伸与拓展，通过对知识信息的吸取、整合、集收、创新，形成符合用户需要的知识产品。

（3）推进图书馆服务个性化。为全校师生提供所需要的、个性化的信息精品。读者需求信息主要是利用信息解决自己的特殊需求。人们所处的环境、特征和知识水平不同，问题各异，需求的信息也不同。针对这一情况高校图书馆要按照特定用户的信息需求和兴趣爱好，通过信息挖掘、知识发现、智能代理等技术，对各种信息资源进行筛选和过滤，对文献资料进行深层次加工，从中提炼出有参考价值的信息，满足不同层次用户的不同需求，为不同的人找其所需的书，为不同的书找需要它的人，把各类知识与社会精神需求结合起来，充分体现出图书馆尊重读者的正确定位，以多样性的知识充实各式各样的个体，充分发挥图书馆作为知识交流桥梁的作用。

（4）变文献服务为信息服务。随着社会的快速发展，读者对信息的需求越来越大、越来越精。图书馆要按照高、尖、精的要求，对原始的文献信息进行深加工，使之有序化、浓缩化、精细化，并形成书目、文摘等二次文献和三次文献，使读者能准确、及时、迅速、快捷、灵活地查找到所需的信息资料。

（5）变单纯服务为全面服务。图书馆要随着人们求知欲望高涨的要求，积极拓宽服务领域，开展送书上门、帮购图书、文献报道、情报调研、文献复制等服务；应从单纯的文献服务转向收集文献、查询文献、文献传递、参考咨询等为一体的全方位信息服务，使图书馆成为一个能够开展借阅文献、检索信息、读书娱乐、读者培训、开展陈列等多种服务的活动场所。

4 完善图书馆内部的奖惩措施，建立高质量的馆员队伍

要提高图书馆服务水平，必须建立严格的奖惩制度，通过制度进一步明确图书馆内部的奖惩关系，将服务水平与奖惩相联系，以此来激励馆员全心全意为读者服务。笔者认为，在具体实施时，要把图书馆员的绩效同精神奖励和物质奖励有机地结合起来。一方面，物质激励可以增强图书馆员的物质收获，使其在生活上和收入上得到适当的满足；另一方面，也可以带给馆员以成就感，使其感受到自我价值的实现和被认同，获得精神满足的同时，也可以提高他们为用户服务的积极性。

高校图书馆专业人才队伍应包括图书馆学专业人才、既懂传统工作方法又精通现代信息技术的专业人才、情报信息及各学科高层次的专业人才，这些人才的加入，将为图书馆满足读者多层次、全方位、个性化的信息需求提供高质量的服务。因此，首先，要想尽办法招聘优秀的人才加入高校图书馆工作队伍中来；其次，要鼓励图书馆员树立终身学习意识，同时要建立一套完整的继续教育体系，全面加强现有图书馆人员的业务素质，使其充分体现自身的价值。

先进的理念、优越的制度为馆员的发展和服务提供了良好的平台。而馆员也必须与时俱进，除馆内组织的学习和培训外，更要自觉地更新知识，接受新鲜事物，培养敏感的职业素养，提高自己的综合服务技能。积极研究读者的需求和动向，充分利用馆内的信息资源，为读者提供人性化、个性化的服务，将馆员的自我价值实现与服务相融合，最终实现双赢。

综上所述，高校图书馆工作的重心是服务，为适应21世纪图书馆信息服务发展的要求，我们广大图书馆工作人员必须不断学习、不断更新知识结构、工作方式和服务观念。我们只有抓住机遇，适应知识发展的要求，不断提高自己的服务理念与服务能力，才能取得读者乃至全社会的广泛认可，把高校图书馆办出水平、办出特色。

参考文献：

[1] 李青．浅谈图书馆在构建和谐社会中的作用 [J]．科技情报开发与经济，2005 (17)：9-10.

[2] 王慧玲．论高校图书馆人性化服务 [J]．湖北教育学院学报，2007 (11)：130-132.

简议高校院系图书资料室怎样为师生服务

邹　霞　陈亚敏

（华中师范大学历史文化学院，武汉，430079）

【摘　要】 高校院系图书资料室是院系文献资源的中心，是学校图书馆的一个组成部分，是相应专业的教师和学生最便捷获得专业文献资料的场所。在实现文献资料为教学服务的过程中，高校院系图书资料室应着力以下方面：一是努力为教师的教服务，二是努力为学生的学服务，三是努力提升资料员的服务认知和能力。

【关键词】 高校院系图书资料室　服务　教学

高校院系图书资料室（亦称资料中心）是院系文献资源的中心，是学校图书馆的一个组成部分，其功能与学校图书馆是一致的。但院系图书资料室毕竟是一个专业的资料室，因而其功能、职责和服务方式等方面又具有自身的特点。本文拟根据这些特点，对院系图书资料室如何为师生服务这一问题进行探讨。

1　努力为教师的教服务

在学校教育中，教师是教学的主体，是决定教学质量、培养合格学生的首要条件。教师在教学过程中，不仅要把已有的文化知识和技能传递给学生，而且要不但吸收新的教学思想、教学内容和教学方法。而院系图书资料室是对应专业文献资料的中心，因此，教师的教需要院系图书资料室的文献资料，院系图书资料室又能为教师的教提供相关的文献资料。在这种情况下，院系图书资料室便担负起了为教师教服务的重要作用。作为院系图书资料室，在为教师的教服务的过程中应做好以下几方面工作。

第一，跟踪课程的资料需求，整理好资料室与具体课程相关的文献资料和购置与具体课程相关的新的图书文献资料。一般说来，由于历史的积累，院系图书资料室都库藏有一定量的与专业相关的多门课程的文献资料。为了更好地为教师的教服务，院系图书资料室应努力做好库存文献资料的目录，尽量以课程为序陈列相关文献资料，以便任课教师便捷地获得相关文献资料。与此同时，院系图书资料室还要根据课程需要，及时地、不断地购置与课程需要相关的最新文献资料，为教师的教提供源源不断的资料来源。

第二，关注院属教研室和研究中心的资料需求，为其提供经常性服务。教研室是承担院系教学和科研的基层组织，研究中心多为隶属院系和挂靠院系的科研机构，这些组织和机构在自身建设尤其是资料建设方面希望得到院系图书资料室的支持。这样，教研室和研究中心成为院系图书资料室服务于教的又一对象。对其支持和服务的途径是多方面的。其一，在收集资料过程中，由教研室和研究中心负责人与院系图书资料室资料员共同筛选或订阅资料，由院系资料员集中带领教研室和研究中心负责人直接到相关书店选购相关图书资料。其二，根据教研室和研究中心的需要，将一部分图书资料交由教研室、研究中心及相关教师代藏。其三，经常性地咨询教研室和研究中心的负责人，听取其有关收集什么样的资料和需要什么样的服务等方面的意见和建议。

第三，追踪院系承担的科研课题，多方面为课题研究人员提供针对性的个性化服务。著名科学家钱伟长曾指出："教学没有科研做底蕴，就是一种没有观点的教育。"具有较高科研水平的教师，均对教学内容思考得更为深刻透彻，对知识的把握更为准确，教学更易做到深入浅出，有助于向学生传递知识。因而，在为教师的教服务的过程中，院系图书资料室应追踪教师承担的科研课题，多方面为课题教师提供针对性的个性化服务。随着高校教师科研能力、科研水平的不断提高和国家对科研扶持力度加大，院系逐渐承担起多项重大课题，而这些重大课题均需要大量的文献资料支持，在这种情况下，学校图书馆、院系图书资料室就有责任追踪这些重大课题，给予针对性的个性化服务。为配合这些重大课题研究，院系图书资料室不仅要尽力收集相关资料，而且在能力范围内参与其中某些项目的研究工作。

第四，倾听教师个人对院系图书资料室建设的意见和建议，更好地做好为教师的教服务。教师是教学的主体，教师在具体的教学过程中能最深切地感受到需要哪些文献资料，需要什么样的文献资料，这就为院系图书资料室建设尤其是购置新的文献资料提供了最准确的依据。因此，院系图书资料室在实现为教师的教服务过程中，应主动倾听教师个人对院系图书资料室建设尤其是对新购什么样的文献资料的相关意见。

2　努力为学生的学服务

学生是教学的受体，是教师传递文化知识的对象。资料工作在实现为教服务的过程中，同样也要服务于学生的学。那么，院系图书资料室怎样服务于学生的学呢？

对所有本科生、研究生新生集体进行入室指导阅读指导即导读。入室指导包括以下两个方面的内容。一是专业指导。即向这些读者介绍图书馆、资料室的基本功能，馆藏、室藏文献资源及其特色，馆藏、室藏文献资料的布局，怎样运用数据库信息资源等。二是规章指导。即向这些读者介绍查阅、借阅文献资料相关规章制度，如怎样爱护文献资料，怎样按时归还文献资料，怎样遵守阅览室的纪律等。三是学术规范指导。即向这些新读者宣传知识产权法，介绍在引证文献资料、引证他人学术成果内容时应遵守的学术规范，避免抄袭。由于每年都有新生，这就要求这种入室的集体指导要制度化。资料员应该主动热情为读者服务，向他们介绍所需的文献资料的分布，帮助学生读者进行相关资料检索，帮助学生读者运用、操作电脑寻找文献资料数据库等。以多种方式及时向学生读者提供最新的文献资料信息。其一，当新书和文献资料入藏时，及时在资料室设置墙面宣传栏、校园网和学生自办的刊物发布新书入室通报，告知广大读者前来阅读和借阅。其二，参与学生的读书会或读书小组的活动，探讨读书心得体会和利用学校图书馆、院系图书资料室的方法和经验，帮助他们解决在阅览中遇到的问题。其三，与院系辅导员、班主任、学生导师一道组织专门的座谈会，听取学生读者的意见，不断完善资料建设工作。其四，关心学生毕业论文的撰写，为其提供个性化服务。撰写毕业论文离不开文献资料，毕业论文的撰写又多集中在同一时间段，这给院系图书资料室带来很大的工作量。对此，院系资料员需要给这些学生提供必要的个性化服务。这种个性化服务包括：一是要热情地接待这些读者。在这里，热情不仅是职业道德的需要，而且还可以减轻读者在撰写毕业论文过程中的思想压力。二是主动关心读者的毕业论文选题、写作进度及其需要，热心提供所需文献资料。三是收藏历年来的论文，为应届毕业生提供范文。四是工作日延长上班时间，双休日开放资料室，便于读者在尽可能多的时间入室查阅。此外，实时向读者提醒论文写作的学术规范，避免出现一些缺憾。另外，对于留学生这一特殊的读者群，由于他们中文语言和阅读能力有限，资料员应给予特殊的服务。一是要提高自己外语语种的表达能力，以便同这些留学生读者交流。二是要热情、耐心地听取他们的需求，最大限度地满足他们愿望。

3 努力提升院系资料员服务教学的认知和能力

院系资料员是院系文献资料的管理者，是直接为院系师生读者服务的工作人员。资料员服务教学的能力是保障教学的重要因素之一。要提升院系资料员的服务教学的能力，应做好以下几方面工作：

第一，不断充实专业知识结构，全面熟悉馆藏和室藏。院系图书资料室一般是应相关院系的设立而设立，院系图书资料室的文献资源具有很强的专业针对性。这一特点决定了院系资料员应具有相应学科的系统专业知识，熟悉相应学科的文献资料。只有这样，才谈得上为教与学服务。正因为如此，近年来很多高校先后实施了学科馆员制度。也正因为如此，长期以来院系资料员的选聘均有专业知识结构的要求。只有这样才能做到对室藏资料有真正意义上的了解，即对本室的藏书体系和具体布局，以及收书范围和藏书特色做到心中有数，对入藏书刊、文献资料的年代、种类、复本、内容、周转状态、使用价值等情况了如指掌，以此为基础，才能更专业地为教与学提供服务。与此同时，随着近年来学科的不断发展，专业的不断调适，馆藏室藏资料的不断充实，这就还要求院系资料员不断拓展自己的专业知识结构，以适应学科发展，专业拓展、调适的需要。随着学科的这种发展，专业的拓展、调适，院系文献资源越来越丰富，这就要求院系资料员不断扩充自己的专业知识结构。

第二，不断充实相关学科知识，提高相应的工作能力。一般人尤其是专业圈之外的人认为，院系资料员只要有所属学科、专业的知识就够了。其实不然，作为一个合格的馆员、资料员，除了具备所属学科、专业知识外，还应具备图书馆学、情报学、文献学、读者心理学等方面的知识。只有这样，才能更深层次地了解自己的职业，更深层次地了解读者的需求，为教与学提供更好的服务。此外，随着现代技术在图书馆、资料室的广泛应用，图书馆、资料室处在由传统图书馆、资料室向现代图书馆、资料室的转变，由传统的服务方式向现代服务方式的转变。在这种形势下，院系资料员要不断提高与职业相匹配的现代技术能力，即在熟悉计算机基础知识的基础上，具备较高的信息加工处理能力，以便在数据库中筛选和评价信息资源，分析读者信息要求，为教与学提供相应的文献资料。

第三，不断提升服务教学的认知。提升资料员服务教学的认知要做到以下两个方面。一是全身心投入。在高校内部，有教学、科研、行政、教辅、后勤等不同的岗位。应该承认，这些具体的岗位在人们现有认识中是存在一定差别的。其中，作为教辅性质的图书馆、资料室的工作，被认为是一种低层次的工作。作为院系资料员应不受这种认识偏差的影响，热爱自己的职业，确认服务教学的工作性质，只有这样，才能以积极的工作态度和饱满的工作热情，投身服务教学的工作中。二是乐于奉献。文献资料是教师从事教学、科研的资料源泉，许多教学人员就是通过查阅图书馆、资料室的文献资料丰富了自己的讲稿，走上课堂。许多科研人员也是通过查阅图书馆、资料室的文献资料丰富了课题研究的资料，形成相关的著作、论文等研究成果。应该说，无论是教学人员还是科研人员，在图书馆、资料室查阅借阅资料的过程中，毫不例外得到了图书馆员、资料员的服务。这些服务包括提供现存相关资料、帮助收集相关资料、帮助整理相关资料等。但在通常情况下，无论是课堂讲稿还是研究成果，都没有能显现出图书馆员劳动、服务的痕迹。对于图书馆员来说纯粹是奉献，是“帮人做嫁衣裳”。华中师范大学副校长逢广洲在图书馆编印的《馆员手册》题词中曾写道：“虽然每一项科研成果、没一个显赫项目、每一本毕业证书中都没有提到图书馆，没有提到你们的名字，但你们的心血已沁入其中。”正是因为如此，要求图书馆员要始终具有乐于奉献的精神，不断升华甘为人梯的思想境界。

服务教学是高校图书馆、院系图书资料室工作的宗旨，但在新形势下怎样更好地为教师的教、学生的学服务仍是一个值得继续探讨和实践的课题。院系资料员要从理论到实践、实践到理论的反复过程中，不断总结经验，把院系图书资料室为教学的服务工作做得更好。

参考文献：

[1] 张慧玲．论高校图书馆员的职业道德修养 [J]．陕西教育，2008 (6)：117.

[2] 李金环，塔娜．略论加强高校图书馆职业道德建设的重要意义 [J]．哈尔滨体育学院学报，2006 (6)：145-146.

[3] 黄润芬．大学生阅读现状与高校图书馆导读工作探究 [J]．图书馆理论与实践，2007 (3)：86-88.

[4] 马永宽．和谐社会的图书馆服务创新之探索 [J]．图书馆工作与研究，2006 (5)：106-107.

浅谈课外阅读的意义

魏　云[1]　汪　琳[2]

（1. 华中师范大学美术学院；2. 华中师范大学图书馆；武汉，430079）

【摘　要】随着教育事业的不断发展，素质教育给了学生更大的学习空间，进行广泛的课外阅读成为广大学生的必修课。课外阅读，不仅可以使学生开阔眼界，增长知识，培养良好的自学能力和阅读能力，能进一步巩固课堂知识，提高学生的认读水平和作文能力，有助于形成良好的道德品格，对整个学科学习也起着非常重要的推动作用。

【关键词】阅读　课外阅读　意义

1　课外阅读有助于学生形成良好的道德品格和健全的人格

大语文观就是要以人的发展为语文教学的根本目的，培养具有良好的道德品格，诚实、善良、美好的心灵，尊重真理，富有责任心的健全人格。学生大量阅读富有人文精神的童话故事、人物传记、世界名著缩编本等，内心世界很容易产生共鸣。一部英国小说《哈利·波特》，竟然征服了全世界。多读中国文学、优秀中华人物事迹更有必要：从屈原“伏清白以死直”的忠诚，李白“安能摧眉折腰事权贵”的傲骨，范仲淹“先天下忧而忧，后天下之乐而乐”的胸怀，文天祥“留取丹心照汗青”的豪情到鲁迅“我以我血荐轩辕”的赤子之心……几千年的民族精神，在这些文字中呼之欲出。学生在自己阅读课外书时，读懂其生动有趣的情节，心中再现栩栩如生的形象，体味关于爱、友谊、忠诚、勇敢、正直乃至爱国主义等永恒的人类精神，从而开启自己的内心世界，激荡起品味人生、升华人格的内在欲望，达到“此时无声胜有声”的效果，促进学生独立、自然地成长，其效果远胜于教师口干舌燥的说教。

2　课外阅读有助于在阅读中积累语言

所谓“书到用时方恨少”，这“少”字的含义有二：一是读的少，二是记住的少。所以说话、作文时便没词儿了。如果让学生多读点，多积累些，天长日久，待到自己说话、作文时便能呼之即出，信手拈来。“熟读唐诗三百首，不会作诗也会吟”说的就是这个道理。可现今学生课外阅读大多徒有其名，初中、高中学生他们整天被练习压得抬不起头来，而有些大学生却整天埋头手游，很少有学生光顾阅览室，报廊、报架也形同虚设。这样的现实，极大地限制了学生的语言积累。许多文字上有造诣的作家、学者总结自己成长经历时，总少不了青少年时期博览群书。因为，只有博览，才能让大脑皮层形成多侧面的语言刺激，而且，在阅读过程中，能再次强化大脑皮层已有的语言信息，使大脑中业已形成的联系系统更为完整、严密。这就要求语文教师精心指导，比如介绍课外读物，指导课外阅读做笔记，组织课外阅读交流比赛等等。

3 课外阅读有助于理解和运用语言

很多家长甚至部分老师都存在着一个认识上的误区，总觉得学生看课外书是看“闲书”。他们恨不得孩子每分每秒都在听写、背诵、写作文，似乎只有这样，才能提高学生的语文学习水平。这种想法，其实还是应试教育衍生出的怪胎。试想，学生每天用半小时时间抄3遍字词，以确保听写不错一个字和让他们每天用10分钟有的放矢地练习难字，用20分钟读课外书，哪个更好呢？课外阅读对于语文水平的提高有着极其重要的意义。且看古今部分大师们的看法：

读书破万卷，下笔如有神。——杜甫

退笔如山未足珍，读书万卷始通神。——苏轼

（读书）必须如蜜蜂采蜜一样，采过许多花，这才能酿出蜜来，倘若叮在一处，所得就非常有限，枯燥了。——鲁迅

多读，可以改进你的写作技能。——老舍

到寒假暑假期间，各就自己的需要与兴趣去多阅读，那一定比不经略读的训练多得吸收的实效。——叶圣陶

问语文学得好的人，无一不得力于课外阅读。——吕叔湘

这些大师的话，足以证明课外阅读在提高人的语文实际能力中所发挥的不可替代的作用。叶圣陶先生认为阅读语言文学材料可以实现六个“获得”：

①获得间接经验作为写作材料；

②获得作者的思想、道理形成观点可供思索和立意；

③获得作者的感情以陶冶情操；

④获得认识事物的方法，以便自己会观察、会思考；

⑤获得表达方法，布局谋篇、铺陈比兴有所借鉴；

⑥获得语汇有了语言积累。

有了六个“获得”，语文能力何愁不会提高。

4 课外阅读有助于培养自主学习的良好习惯

从传统语文教学观到大语文教学观是一个从知识本位向人本位的转化过程。它不再以“传道、受业、解惑”为教学的根本目的，而是以学会学习，促进人格与个性全面发展为重点。从这一理念出发，学生的主体地位必须得到保证，自主学习习惯必须得到培养。让学生自由选择自己爱读的书籍，本身就是尊重学生个性的表现。而学生由封闭式读书转为开放式阅读，本身又极大激发其自主学习的积极性。通过大力推动课外阅读，让学生自己去获取，去探求，去寻觅，去掌握，从而感受读书的乐趣，激发更强烈的读书欲望，最终形成习惯。课外阅读把追求学问变成学生自觉自愿的行动，有助于实现增强学生的主体意识，发展学生的主体能力，塑造学生的主体人格的目的。可见，加强课外阅读，不仅是时代对语文教学的呼唤，更是世界范围教育成功的经验。在我们的语文教学中，要认真在大语文观的指引下，把课外阅读纳入语文教学的轨道，充分利用现实生活中的语文教育资源，优化语文学习环境。开展丰富多彩的语文学习实践活动，拓宽语文学习的内容、形式与渠道，使学生在广阔的空间里学语文、用语文，丰富知识，提高能力。

5 阅读是现代社会终身学习的需要

学校教育除了要接受必要的课本知识以外，培养阅读技能、养成良好的阅读方法都是非常重要的。教师在教授文化知识的同时，把阅读的意义和方法传授给学生，积极倡导终身阅读，构建社会书香氛围。当学生走出校门，走向各自岗位把自己的工作、学习和阅读有机结合，用新知识、新理论、新技能和新方法来不断充实自己，提升自己。中国教育学会副会长朱永新教授曾说过：“一个人的精神发育史就是他的阅读史；一个民族的精神境界取决于这个民族的阅读水平；一个没有阅读的学校不可能有真正的教育；一个书香充盈的城市必然是一个美丽的城市。”总之，作为图书的“导航员”有责任和义务把学生领进书籍的世界，让学生对阅读产生兴趣，让他们在阅读中拥有自由快乐、奋斗的一生。

参考文献：

[1] 魏杏典. 大学生阅读素养现状及高校图书馆对策研究 [J]. 石家庄学院学报，2011 (4)：113-118.

[2] 朱建亮. 论阅读的动力 [J]. 公共图书馆，2012 (3)：66-71.